珍藏本·增订本

纪念版

汉译世界学术名著丛书

政治经济学的自然体系

〔德〕弗里德里希·李斯特　著

杨春学　译

王进邦　校

商务印书馆
SINCE 1897
The Commercial Press

Friedrich List

SYSTÈME NATUREL D'ÉCONOMIE POLITIQUE

1837

参考弗兰克·卡斯公司 1983 年英文版译出

汉译世界学术名著丛书
（120 年纪念版·珍藏本）
增订本出版说明

2017 年 10 月，为纪念商务印书馆创立 120 周年，本馆推出“汉译世界学术名著丛书”（120 年纪念版·珍藏本），计七百种。近五六年来，仰赖学界同人倾力支持，订正旧译，增补新译，拓展新著，积累日多。为满足读者需要，本馆在七百种的基础上，继续推出“汉译世界学术名著丛书”（120 年纪念版·珍藏本·增订本）三百种。至此，“汉译世界学术名著丛书”累计出版已达千种。

今后，本馆将继续推进丛书的翻译出版工作，在积累单本名著的基础上陆续分辑刊行，汇印出版。为促进中外文明互鉴、推动我国学术发展，使“汉译世界学术名著丛书”这项对我国学术文化有基本建设意义的重大工程发挥更大作用，诚望海内外学术界、翻译界继续给予支持，帮助我们把这套丛书出得更好。

商务印书馆编辑部

2024 年 2 月

汉译世界学术名著丛书
（120 年纪念版·珍藏本）
出 版 说 明

2017 年 2 月 11 日，商务印书馆迎来 120 岁的生日。120 年前，商务印书馆前贤怀揣文化救国的理想，抱持“昌明教育，开启民智”的使命，立足本土，放眼寰宇，以出版为津梁，沟通中西，为中国、为世界提供最富智慧的思想文化成果。无论世事白云苍狗，潮流左右激荡，甚至战火硝烟弥漫，始终践行学术报国之志，无改初心。

逐译世界各国学术名著，即其一端。早在 20 世纪初年便出版《原富》《天演论》等影响至今的代表性著作，1950 年代后更致力于外国哲学和社会科学经典的译介，及至 1980 年代，辑为“汉译世界学术名著丛书”，汇涓为流，蔚为大观。丛书自 1981 年开始出版，历时三十余年，迄今已推出七百种，是我国现代出版史上规模最大、最为重要的学术翻译工程。

丛书所选之书，立场观点不囿于一派，学科领域不限于一门，皆为文明开启以来，各时代、各国家、各民族的思想与文化精粹，代表着人类已经到达过的精神境界。丛书系统译介世界学术经典，引领时代思想，为本土原创学术的发展提供丰富的文化滋养，为推动中国现代学术和现代化进程做出了突出的贡献。

为纪念商务印书馆成立120周年，我们整体推出“汉译世界学术名著丛书”120年纪念版的珍藏本，寄望既利于文化积累，又便于研读查考，同时向长期支持丛书出版的译者、编者和读者致以敬意。

两甲子后的今天，商务印书馆又站在了一个新的历史时间节点上。我们不仅要铭记先辈的身影和足迹，更须让我们的步伐充满新的时代精神。这是商务人代代相传的事业，更是与国家和民族的命运始终紧密相连的事业。我们责无旁贷，必须做好我们这代人的传承与创造，让我们的努力和成果不仅凝聚成民族文化的记忆，还能成为后来人可以接续的事业。唯此，才能不负前贤，无愧来者。

商务印书馆编辑部

2017年10月

中译者前言

一

弗里德里希·李斯特(1789—1846)是19世纪上半期德国著名的资产阶级经济学家，曾任图宾根大学经济学教授。他的著述颇丰，涉及面很广，就经济学方面而言，最重要的论著有三本:《美国政治经济学大纲》(1827年)(以下简称《大纲》)、《政治经济学的自然体系》(1837年)(以下简称《自然体系》)和《政治经济学的国民体系》(1841年)(商务印书馆已于1961年出版中译本，以下简称《国民体系》)。

早在19世纪20年代担任公职期间，李斯特就非常注意对各种现实问题的研究，并以“请愿书”等形式著文抨击当时德国封建专制政权的官僚主义，竭力主张对政府行政管理制度、政治制度、出版法等方面进行改革；同时，在经济方面，提出废除德国内部的各种关税、对外“实行建立在报复原则基础上的全德关税制度”、解除农民沉重的封建负担等主张，并为实现这些主张而游说于德国各邦。这些主张触犯了政府当局，以致被以“冒犯和污蔑符腾堡政府、司法行政当局和国家公仆罪”的罪名判处监禁和强制劳动。他曾上诉要求政府特赦，未获批准，于是潜逃到法国和瑞士流亡两年（1822—1824年）。正是在潜逃期间，他遇到法国拉斐特将军，后者邀请他前往美国访问，他未同意。出于爱国心，他返回符腾堡，入境后被逮捕。最后，他被迫以放弃符腾堡公民身份并立即离境为条件获得自由，于1825年举家经法国到美国定居。

在美国，李斯特受到拉斐特将军的亲切接待，经过拉斐特的引见，与当时美国的政治名流约翰·昆西·亚当斯、亨利·克莱、丹尼尔·韦伯斯特、W. H. 哈里森等人成为好友，还与宾夕法尼亚制造业和工艺促进协会建立起密切的交往关系，成为所谓“美国体系”（当时美国人对保护关税政策主张的称呼）的主要支持者。1827年秋，他在《国民杂志》上以致这一协会副主席英格索尔的十二封公开信的形式，阐述他对当时美国报刊争议颇为激烈的关于自由贸易和保护贸易之间论战的立场和观点。这些书信发表后立即引起强烈的反响，同年，协会就以《政治经济学新体系大纲——弗里德里希·李斯特致查尔斯·英格索尔的书信》为题汇编出版。

1830年10月，李斯特获得美国国籍。美国总统杰克逊作为对1828年竞选总统时李斯特对他的支持的回报，于1831年任命李斯特为美国驻汉堡领事，但遭到参议院的否决。1832年，李斯特终于以美国驻巴登领事的身份重返德国。回到德国后，他把主要精力用于宣传和实现建立铁路系统的设想。但德国封建势力仍不能容忍李斯特，他被迫于1837年秋再次离开祖国，移居法国巴黎，希望引起法国对他关于铁路建设计划的兴趣。到巴黎后，他获悉法国“道德和政治科学院”正在就贸易政策举办有奖征文活动的消息，于是写出《自然体系》以应征。这部手稿在长达90年的时间内下落不明，直到1925年才被研究李斯特的德国学者阿图尔·佐默尔在巴黎的“法兰西研究所”的档案室中找到，并于1927年以《李斯特选集》第4卷的形式第一次公开出版。

李斯特得知《自然体系》未获奖后，决定要对自己的经济学说作出更全面的阐述，其结果就是《国民体系》的问世。此书的出版使李斯特的声誉达到生前的顶点。1843年，他创办《关税同盟报》，继续宣传他的经济学说和关于德国政治经济统一的观点。然而，学术上的成就并未给他带来什么好运，物质生活的贫困，加之德国封建反动势力一直没有放弃对他的迫害，终于促使他于1846年以自杀的方式结束了他那颠沛流离的苦难生涯。

二

《国民体系》是李斯特最成熟的理论思想的表述。但这一事实绝不会贬低《大纲》和《自然体系》的学术价值。从两部论著中，我们可以基本上了解到他的经济思想的演变和成熟过程。可以说，《大纲》是他对其早期经济思想的第一次系统总结，《自然体系》是对他进一步深入思考实践经验和研究经济学文献之后形成的更成熟的经济思想的第二次全面表述。

李斯特到美国之前就已经作为一位贸易保护主义者而闻名于德国实业界。但那时他基本上还是亚当·斯密学说的忠实信徒和宣传者，致力于国内统一的自由市场的形成，而且他的关税保护主张是立足于“报复原则”的。到美国之后，对美国现实经济生活的考察和对汉密尔顿等人的著述的研究，使他找到贸易保护的新的理论基础和新的论据，修正了他自己的一些观点。例如，在20年代初，他还认为，个人经济利益和国家经济利益之间不存在什么冲突。《大纲》却明确地指出这两种利益并不必然是一致的，有时甚至会发生尖锐的对立，在对外贸易活动中尤其如此。

在《大纲》中，李斯特公开批评斯密、萨伊等人只研究个人经济学和世界主义经济学，忽视对国家经济学的研究。他认为，他们根本就没有剖析各国的特殊国情，既没有考虑到个人利益与国家利益之间、世界经济利益与国家经济利益之间不一致甚至冲突的现实，也没有公正地分析"智力资本"对物质生产的真实影响，也没有对物质资本在生产过程中的作用给予恰当的评价。

按照他的看法，"国家经济学探讨的是一个国家根据自己的国情可以通过什么样的方式指导和管理个人经济，限制人类经济以防止外国的限制和外国的势力阻碍本国的经济，发展本国的生产力，……"（《大纲》，本书第211页）正是在《大纲》中，他第一次提出，国家的职责在于扶植本国工业，促进本国生产力的发展，并且指出国家促进工业和生产力发展的各种方式：以航海法和海军保护航运业的发展，以专利法鼓励新发明和新创造，改善交通运输条件以促进各种产业的发展，保障人身和财产的安全以激励人们努力工作，健全金融制度以防止物价波动危害国民经济的发展，等等。特别是，当外国的经济势力危害本国工业发展时，政府就必须实行关税政策以扶植本国工业。

但是，《大纲》毕竟是根据当时美国贸易政策的需要而写的，旨在论证关税保护政策的合理性，因而有很大的局限性。例如，李斯特的"生产力"概念尚处于一种雏形状态，并且明显地从属于论证贸易保护政策的需要。至于经济发展阶段学说只是隐含在他关于各国促进经济发展需要各种不同的方式和手段的论述之中。

《大纲》尚只是以较粗糙的形式提出李斯特的各种学说，而10年后的《自然体系》则把这些学说发展到了新的高度，标志着他的经济学体系基本形成。

在《自然体系》中，李斯特已以“生产力理论”这样明确的名称和标题来阐述他的核心经济思想，不像《大纲》那样仅仅列出一些影响生产力的要素，而是详尽地分析到各种因素如何影响生产力。他的分析逻辑是这样的：要对生产力及其得以发展的途径获得准确的认识，就必须从探究促使人们努力劳动的原因和使这种努力获得良好结果的条件入手。在探讨这些问题的过程中，他指出，国民生产力的最终决定因素是人，特别是人从事经济活动的愿望和能力。凡是影响到这种愿望和能力，以及它们发挥效果的因素，都应列入生产力的因素。因此，在他看来，决定国民生产力的因素，首先是劳动者的素质，包括他们的文化水平、技能和科学知识、进取精神、道德水平等等；其次是可供利用的物质资源，包括自然资源和以前物化劳动的成果，特别是机器设备等物质资料；最后是各种社会制度，包括公共管理、人身自由程度、法律制度等等。他还指出，要使这些因素有效地发挥创造或促进财富生产的作用，不仅要求这些因素之间形成一种有机的结合，还有赖于包括交通运输和工业在内的健全的国民经济体系，由此而产生的综合力是生产力持续发展的基本源泉。（特别参阅《自然体系》，本书第十二章。）

《自然体系》还以大量的篇幅详尽地讨论了以生产力为主线的经济发展阶段论。对这一学说，即便是《国民体系》也只是以粗略

的形式提出，以致引起人们的不少误解。从《自然体系》中，我们可以看到李斯特的经济发展阶段论绝不是以“部门变迁”为标准，而是以生产力为标准来考察一国社会经济的发展程度的。当然，作为这种标准的生产力概念，是根据他自己的理解来使用的。他不仅把农业的发展划分为四个阶段，也相应地把工业的发展划分为四个阶段。换言之，他把一国经济的发展划分为四个阶段。其中，第一阶段是一种自给自足的经济状态。在这一阶段，一个国家的经济以农业为主，唯一的工业是原始的手工业；生产力极为低下，人的智力资本根本就没有得到开发和利用，几乎没有什么剩余产品；就社会政治方面而言，“从农奴制、贵族统治、神权政治到专制主义时代都属于这一阶段”（《自然体系》，本书第 44 页）。在经济发展的第二阶段，占统治地位的仍然是农业经济，但是，由于对外经济交往关系的发展，社会经济生活开始发生巨大的变化：“农产品本身最终获得可以交换的商品性质”（本书第 48 页）；农业中出现各种改良，如新的作物、较好的劳动工具，产量大大提高；工业也开始发展起来；人的素质和观念也开始发生变化，人们开始为人身和财产的安全而奋斗，要求改进社会政治制度。在经济发展的第三个阶段，“本国工业虽然没有完全控制国内市场，但已占支配地位”（本书第 88 页），工农业之间开始形成一种和谐的平衡发展；人们的智力资本不仅得到较充分的开发，而且也可找到较多的发挥作用的机会；农业开始向专业化方向发展；交通运输条件已有改善；等等。总之，经济已接近工业化。经济发展的第四阶段是成熟的工业化经济阶段，在这一阶段，国内外贸易都已在工农业生产高效率的基础上达到相当大的规模，工业再也不怕其他国家的竞争，人的智力资本得到充分的开发和利用，社会政治制度是一种开明、自由的制度。

李斯特的经济发展阶段论旨在强调，并非同样的政策措施都必然适用于所有的国家，每个国家在发展生产力的过程中都必须根据自己的国情走自己的道路。

即便是对贸易保护学说的阐述，《自然体系》也要比《大纲》完善得多。《自然体系》不仅坚持像《大纲》一样以生产力理论来论证落后国家保护民族工业的合理性，而且还联系到经济发展阶段学说，讨论了如何从无贸易保护过渡到贸易保护、从贸易保护过渡到自由贸易的技术性政策问题，总的原则是采取渐进的方式。此外，李斯特还明确地指出，贸易保护政策确实有许多弊端，但对落后国家来说，面对较先进国家的竞争，要建立和发展民族工业，舍此绝无他途。“如果有人能提出一个使关税扬长避短的建议，我们会很乐意支持这种建议的。遗憾的是，我们只有准备忍受关税的弊端，才能获得关税的好处。”（《自然体系》，本书第 102 页）

当然，就总体而言，对《大纲》和《自然体系》的评价是绝不能高于《国民体系》的。《国民体系》毕竟是李斯特思想成型时期的代表作。例如，《大纲》和《自然体系》是分别为美国人和法国人而写的，当时在这两个国家，落后的或前资本主义的社会政治因素对经济发展的束缚没有德国那样明显和浓厚，因此，对这些因素的考虑较少，不像《国民体系》那样明确地把它们提到极端重要的地位而冠之以“政治生产力”。但是，这三部论著的基本理论观点是非常一致的，对“流行学派”的批判、对生产力理论的强调、宣扬贸易保护学说、把工业化视为落后国家跻身于先进国家行列的必由之路等等一直是它们的中心论题。

三

正如他本人在《大纲》中承认的那样，李斯特曾经是斯密学说的忠实信徒和热情传播者。然而，拿破仑大陆体系崩溃之后，英国工业品的竞争使德国在战争期间初步发展起来的工业面临着被摧毁的危险。正是这一残酷的事实使李斯特开始怀疑斯密及其追随者的自由贸易学说的正确性。根据古典自由贸易学说，在自由竞争的国际环境中，由于价值规律的作用，各国自然会专注于那些自己具有绝对优势或相对优势的产品的生产，从而形成合理的国际分工，各国的资源由此会得到最佳的配置，各国的国民经济由此会获得相应于其资源的最充分的发展。但是，李斯特时代的德国现实情况却是：德国工业技术的落后，不仅使它的工业品在国际市场上无竞争能力，即便在国内市场上也遭到英法产品的排挤，某些工业因遭到英法优势竞争力量的摧残而面临被毁灭的危险。

李斯特最初看到的就是这种理论与现实的矛盾。在试图寻求这种矛盾产生的基础时，他发现，像德国这类落后国家所面临的问题与古典经济学派的母国的问题是根本不同的。斯密学派是对当时发达的经济的理论探索，他们关心的是如何保持和强化英国经济的发展势头，因而只是在现代社会经济关系的存在作为既定前提的条件下，研究资本积累、价格、生产资源的有效配置等等问题。因此，他们所提出的理论和政策主张不完全适用于像德国这一类落后国家。在德国，各种前资本主义的生产关系和上层建筑严重地阻碍着社会生产力的发展，政治上四分五裂，现代社会经济的力量极为微弱。德国所要解决的问题是远比当时英国的问题要广泛得多的从社会到经济的转变历程。因此，需要一种新的理论来剖析德国的经济问题。

李斯特试图提供的就是这样一种新的分析。作为一位具有强烈的爱国主义情感的经济学家，对处于落后状态的祖国经济发展问题的关心，推动着他从对以往历史的考察中探索经济发展或衰退的性质和原因。为什么德国这类在中世纪曾强盛一时的国家，其经济发展到近代却远远落后于英国？这类国家应该走什么样的道路才能摆脱落后地位？在探讨这些问题的过程中，他敏锐地看到经济发展实质上就是一个生产力的发展问题，各国经济发展水平的高低和国际政治力量的强弱归根到底就是社会生产力发展水平的差别。

基于这种认识，李斯特提出了一个落后国家如何发展本国经济的理论和政策体系。这一体系以发展“国民生产力”为中心，包含着对影响一国经济发展的社会、经济、文化、政治等一系列因素的分析。他指出，影响一国生产力和经济发展的因素是多种多样的。他把这些因素划分为四大类：物质资本、精神资本或智力资本、自然资本和社会政治环境。其中，他特别强调精神资本的作用。他认为，物质资本和精神资本发挥作用的结果都是增加社会的物质财富，但是只靠物质资本和人的体力劳动，不仅所能增加的财富是有限的，即便是现存的物质资源和自然资源也无法得到充分的利用。精神资本的增进却是生产力增长的不竭的源泉，它能提高现有物质资源的利用程度，并使开发和利用新的自然资源成为可能，因此能促进物质财富的无限增长。然而，国民获得精神资本的程度以及这种资本得以实现的程度都取决于社会政治经济环境。因此，他还强调社会政治制度、法律、社会经济各部门之间的分工协作的协调程度、政府所执行的经济政策等等对经济发展的影响。

他认为，发展经济和国民生产力的措施很多，例如引进外国先进科学技术成果、建立良好的教育体系、改善交通运输条件、改革社会政治制度等均属此列。但是，就当时德、美等相对落后国家的实际情况看，最为迫切的是对外实行贸易保护政策，使本国的幼稚工业不致在英国产品的竞争中毁于襁褓之中，让它们充分占有国内市场并借此获得发展，显示出它们潜在的能力。一旦民族工业有足够的力量与外国资本竞争时，就必须逐步恢复自由贸易政策，让本国产业在国内外市场上与他国进行无限制的自由竞争，使国民在精神上不致松懈，鼓励他们不断努力保持优势地位。

他指责“斯密学派”只片面地强调交换价值，无视各国的特殊国情和特殊利益。他认为不同的国家各有自己特殊的历史、特殊的文化和社会法律制度，具有不同的自然和经济条件，生产力发展程度也不同。一国的经济发展正是在这种具体的特殊环境中进行的。因此，受这些因素的影响，各国有效的经济发展道路必须具有特殊的民族性，各国应根据各自不同的历史条件选择不同的方针政策。就是说，工业化经济的内容基本上是相同的，但走向工业化的道路却必然因国情不同而异。

四

西方经济学界一直有学者在研究李斯特的经济思想，特别是20世纪20年代十卷本的《F. 李斯特选集》出版以后，发表和出版了许多有关李斯特的研究文章和专著。到50年代又出现一次研究高潮，以致有学者把这次高潮称之为“李斯特的复兴”。最近十多年，我国经济学界又有不少学者发表文章，对李斯特的某些经济思想给予肯定的评价。为什么人们对李斯特的思想会有如此大的兴趣？关键在于他的著作所研究的是落后国家的经济问题。关心落后国家发展问题的学者想从他的著作中寻求启示。

的确，虽然李斯特的目的在于促进后进资本主义国家的经济发展，但不论在资本主义或是社会主义条件下，经济发展的基本特征和方向是相同的。因此，李斯特针对落后国家如何发展生产力和经济的分析，特别是科学技术、教育和管理对经济发展的决定性影响的分析，发展本国独立的工业体系的思想，一国必须根据国情走符合自己条件的发展道路的观点，以及变革与现代生产力的发展格格不入的社会政治制度和思想意识的观点，对于当今不发达国家考虑本国经济发展战略，仍然具有参考价值。

同时，我们也要看到，受阶级和时代的局限，李斯特的学说中存在着严重的错误。例如，他的生产力概念十分庞杂，把上层建筑和经济基础都统统包括在内，没有把生产力的源泉和影响经济发展的因素分别开来。再如，他对经济关系和社会政治结构始终缺乏科学的阶级分析，因而他的整个研究都是以各阶级的利益与国家所代表的“民族利益”一致为根本出发点的。特别是，他认为并非所有国家都能够同等地选择发展道路，只有“正常国家”才有资格和权力也才有可能走上独立发展本国经济的道路。所谓“正常国家”所必须具备的基本条件是：共同的语言和文字、广阔的领土、多种多样的自然资源、合宜的国境和稠密的人口。他的“正常国家”概念意在为强国吞并弱小国家造舆论。例如，他说，荷兰和丹麦在“血统和一般特征”上属于日耳曼民族，疆土和人口太小，不具备正常国家的条件，它们成为独立国家是违反自然趋势的，应回归德意志（参阅《国民体系》，商务印书馆 1981 年版，第 153—155 页）。这充分暴露出李斯特学说的阶级本质。他的这种思想后来曾被德国军国主义者和法西斯主义者利用。

为了使读者能较全面系统地研究李斯特的经济思想的发展过程，在翻译出版李斯特的《自然体系》一书的同时，也将他的《大纲》附在后面一起出版。

本书的译事得到李宗正教授、高鸿业教授、王涌泉同志和张宗理同志的热心支持和协助，谨在此表示深深的谢意。

杨春学

目　　录

弗里德里希·李斯特

政治经济学的自然体系
1837年

既爱国又充满人道主义

对法国道德和政治科学院所提出的问题的回答

假若一个国家要实行自由贸易或修改其关税政策，应该考虑到哪些因素，以便以最公平的方式协调生产者与消费者的利益？

自　　序

在经济科学中，理论和实践实际上是彼此分离的——这既有损于理论，也不利于实践。经济学家谴责实干家纯粹只会按照常规行事，既不能鉴识真理，也不会珍视经济学家们博大精深的学说。而实干家把经济学家视为完全无生活现实、沉醉于凭空想象的经济理论的梦幻世界里的十足的教条主义者。

因此，经济科学一直没能实现其最崇高的目的：解释经济现实，并阐明如何改善经济现实。实干家至今依然如故，只会按照常规行事。

所以，可以肯定，要是在一个更完美的世界里，经济学家一定会给实干家阐明正确的、合理的和有用的规则，以便他们遵行，而实干家一定会给经济学家提供事实和结果，以证实他们的理论，并使他们能够创立新的学说。

在一个既从事经济理论研究又从事经济管理实践的人看来，双方都错了。到目前为止，所有新经济思想流派的创始人及其追随者都没有对实务界获得的经验——所有从事经济实践活动的人都可以确证的经验给予足够的注意。经济学家们从来都太自信自己得到的结论——固然是高深的，但却是孑然索居闭门研究的结果——即使当他们的结论与人们公认为明智、正确的原则相左时，也自信不疑。甚至令人尊敬的亚当·斯密也会毫不犹豫地污辱敢于用实践经验向他的错误理论挑战的人是“阴险狡诈的动物”。这位著名经济学家的法国信徒和阐释者们，在谈到实干家时，同样也使用了辱骂性的语言。然而在先进国家，古往今来，有多少实干家，他们的聪明才智、经验、判断力和爱国精神使他们被同时代人公认为伟大的领袖。难道任何一个公正的人会怀疑他们服务的价值或以为这些优秀人物在各个世纪所扮演的只是白痴或傻瓜的角色吗？

当然，必须承认，从整体上说，实干家也往往太容易只凭自己的观点来判断经济问题了。他们不屑于对经济学说作透彻的研究，如果他们愿作这种研究，本来是可以暴露经济学家的错误，并整理论据用以在自己熟悉的领域对理论家们的论点进行驳斥的。

要证明上述看法，有一个法国著作家[①]是个很好的例证。他把理论知识和实践经验结合起来，他的观察常常导致惊人的结论。可惜的只是他的论点是以一些早被证明是错误的原理为基础的。

政府界肩负着重大责任的人之所以排斥教条主义理论家们所提出的明显与日常生活经验相悖的原理，其原因有三：

1. 经济理论已经汗牛充栋，而新学说又不断涌现。新学说一经提出总是把前人的思想一概斥为不充分的、错误的。

2. 自科尔伯特之后，没有一个人能够成功地把一种新的经济学说付诸实践。

3. 经济学家们从来众说纷纭、莫衷一是。[②]

就这样，重农学派证明重商主义者的理论是站不住脚的，亚当·斯密和 J. B. 萨伊又批评重农学派的理论不充分和有错误。在美国，实行自由贸易的两次尝试都已经失败。在法国，杜尔哥缔结的条约本来是指望尽快地朝着自由贸易的目标迈进，以此造福于国家，但是，结果正好相反。德国一向都奉行自由贸易学说，然而，它非但没有从这种政策中获得任何益处，反而遭受到大部分生产力崩溃的折磨。

虽然教条主义经济学家已经进行过把最新理论付诸实践的实验，但很遗憾，其实验结果，也像医生把最新医学理论付诸实践时的某些实验结果一样，没有什么确定性可言。每当理论原理违背合理的常识并且与公认为明智的、必需的实用原则相左时，实干家就要谨慎地避免采取任何可能危害社会利益的行动，要谨慎地考虑到，经济学说可能是错误的，从而，在进一步的研究对理论的正确性作出证实或证明之前，不要贸然改变政策。

对待魁奈时代以来一直流行的所谓自由贸易学说，就得采取这样的态度。教条主义经济学家们甚至没有说清自由贸易学说的意义，就力促管理经济实务的人采取自由贸易政策，而所有国家面对待解决的实际问题的领导人却总是发现，以各种方式管理商业和限制贸易是必要的、明智的。

当许多有知识、有经验和明智的经济领导人在面对一个不影响他们私人利益的问题并相信采取某一具体行动方针是必要的、合乎需要的时候，我们可以认为，他们的决策是以常识为基础的。这是事实，即使那些在智慧和良好教育方面享有盛誉而缺乏实际经验的人把他们的行为斥为不合理和违反事物本质，他们的决策也确实是以常识为基础的。

也许，我们应该注意到，公众接受哪怕是最明智的经济改革建议的两个方面的情况。第一，这样的经济改革建议几乎总会遇到怀有偏见的、仅凭经验办事的保守派的反对。第二，一种新学说之所以被人们所接受并广为流传，如果仅仅是由于这种学说简单明了，那就会严重地阻碍对这种学说的领会。因为，它的支持者中还有许多人缺少推动能力，却又希望被人尊敬为有知识的人，因而，他们会毫无根据和不假思索地信奉这种学说，以便得到这种学说的创始人的光荣余荫的庇护。因此，即使是最伟大的经济改革理论家，他们的学说所产生的良好效果也会在某种程度上被这样一个事实所抵消，即：他们的谬误，也像他们所阐明的真理一样，获得人们迅速的普遍接受，因而造成不良的影响。某种获得广泛赞同的新思想的阐发技巧越高，这种学说越简单，越能激发人们对知识和完美的自信，那么要试图批评这种新思想的错误也就越艰难，越有可能失败。在许多观点上，这也正是本文作者所面临的处境。

虽然笔者完全承认亚当·斯密和 J. B. 萨伊的伟大贡献，但本人以为，为了以令人满意的方式回答科学院提出的问题，我必须证明（Ⅰ）这两个伟大的经济学家的学说中存在着重大的缺陷；（Ⅱ）这些缺陷正是经济理论和经济实践之间之所以不一致、理论家和实干家之间之所以各执己见的原因所在；（Ⅲ）真理介于目前占支配地位的自由贸易理论和现在进行的正规商业实践之间。

笔者自知所进行的工作之困难，因为笔者本人也承认自己敢于批评的这些经济学家们备受称颂的天赋，笔者也知道他们的学说已为许多出类拔萃的人们所接受。要不是笔者认定道德和政治科学院在提出问题的形式和给参赛者的建议中就明显地假定亚当·斯密和 J. B. 萨伊的学说能够成功地付诸实践，笔者可能会由于对自己的能力信心不足而对是否进行这样艰巨的任务犹豫不决。

事实上，一切新思想的历史表明，人类的进步并不是靠不加批判地全盘接受伟大思想家的学说来推动的。不加批判的接受只会使伟人的后继者们不可能弥补前辈著作中的缺陷。随着日推月移，任何地方的有识之士都会准备接受这样一个事实：后继者对大思想家们的学说加以充实完善是理所当然的[③]。

因为笔者既是一个经济学家又是一个从事经济实务的人，所以就具有某些优势，可以弥补自己知识的局限。笔者不仅多年研究各种经济学说，而且也考察生活的实情。笔者访问过世界上所有的先进国家，并研究过它们的贸易、工业、财政和农业。

谈到自由贸易，这可能是造成经济理论和经济实践分隔的最大鸿沟。

自由贸易学说最初是由魁奈及其信徒重农学派提出的。他们的论点是以世界主义原则为基础的。他们提出三个明显错误的、站不住脚的命题——一是只有农业生产财富；二是工业不需要保护；三是只有商业摆脱一切限制，农业才可能繁荣。

亚当·斯密通过一种不同的推理过程得到与魁奈相同的结论。他宣称，刺激经济的有力方法就是自由放任。应该让私人企业自由经营工农业生产和商业。政府干涉只会把工业和资本引入较无利可图的渠道。亚当·斯密认为，如果要使国家繁荣，政府只有让生产和对外贸易摆脱一切限制。他建议，为确保国家最大的福利，应建立国内和平秩序，保障商业和交通。他认为，每个国家都拥有特殊的优势，只要建立世界自由贸易体制，就可以充分发掘这些优势。按照他的观点，出口总是与等值的进口相平衡，货币交易与其他商品交易没有差别。他争辩说，尽管英国实行限制性的贸易政策也变得富有强大，但并非因为限制性的贸易政策才变得富有强大。他坚持认为，英国的进口关税造成了特权和垄断，使特殊集团获得益处，但损害了消费者和整个社会的利益。他谴责了针对其他国家的关税而课征的报复性关税，因为征收进口关税的国家所受到的损害不比他们想伤害的国家所受的损害少。

鉴于这些考虑，亚当·斯密及其信徒和继承者对任何禁运、任何限制和为保护工业而征收的任何高额进出口关税都加以谴责。他们也承认，在目前的条件下，马上一举废除所有的贸易限制是不可能的，但他们力促逐渐消除这类限制。全世界的商人都只考虑自己的利益，因而赞同自由贸易理论，但是他们却不作出努力去考察支持关税政策的论点的正确性。由于商人的利益完全来自交换产品，所以他们把所有的关税和限制都视为有害于商业，他们发明并忠实于“放任自由、自行其是”的座右铭——只有船主是例外，后者认为补贴和特权对于海运业和渔业是必不可少的，因为(照他们的说法)没有商船队就不可能有海军。

靠薪金或退休金为生的人会采取与商人同样的态度，支持自由贸易。因为，在最便宜的市场上购买所需要的东西正是他们的利益所在。

制造商对自由贸易的态度与农场主的意见很不相同。制造商认为，在食物、燃料和原材料方面，自由贸易是合乎需要的，因为，这些商品的成本越低，他们就越能成功地与外国对手在国内外市场上竞争。然而，要满足制造商的要求是困难的，因为“原材料”到底包括些什么，众说不一。

农场主则不同，一方面认为，使制成品成本增加的任何禁运或限制都会严重损害社会的福利，另一方面，又坚持必须建立关税壁垒以限制食物的进口。他们提出百般理由证明这种要求的合理性。他们宣称，他们比外国竞争对手支付的工资更高，承担的赋税更重。

所有政府都夹在这种来自相互对立利益集团彼此冲突的压力之中。一方面，政府可能赞成更大程度的贸易自由，另一方面，政府会认识到有必要维持和保护现存利益格局以避免可能危及国家财政、信用或安全的任何激烈的骚动。

然而，政府可能会在口头上热情地赞许自由贸易学说之深刻。所有的政府都知道，口头上说说要建立自由贸易体制，比实际采取一项要克服所有困难以实现预期目标的政策要容易得多。它们既没有时间也没有愿望去详细考察自由贸易学说，它们不断地被各种压力集团的要求和国家所面临的实际局势所困扰。面对如此棘手的、窘迫的局面，政府应采取最容易的办法以克服困扰自己的难题也就是很自然的了。这就是政府之所以言行有巨大差距的原因。

在英国这个自由贸易学说诞生和获得最大支持的地方，最近想将这种理论付诸实践的一次尝试失败了。在谨慎地把利弊权衡一番之后，英国一度决定对贸易采取自由放任政策。显然，支持自由贸易的主张只是想当然罢了。

自由贸易的伟大拥护者们——如坎宁、赫斯金森等人——可曾为把他们如此热情倡导的理论付诸实践做过点什么呢？他们只不过是使几条已被证明是无用的、形同虚设的法规得以通过罢了。他们使几种进口关税降低了，但又担心降低后的关税是否足以保护国内市场。他们使过高的关税壁垒降低了，但又总是让进口关税壁垒保持足够的高度以避免进口商品充斥英国。当他们废除某些禁运时，他们就代之以高到与禁运相当的进口关税。他们甚至以这种方法来处理谷物法，虽然废除谷物进口关税本来对英国有极大的好处。他们可曾做过什么来降低法国、德国或瑞士想在英国市场出售的产品的进口关税吗？没有，他们什么也没做。

这些人竟然宣布他们向自由贸易迈出了一大步。但是，他们的虚伪是显而易见的，他们的真实目的只是要骗取那些进口英国商品的国家作出关税让步。甚至于像美国这样一个世界上最年轻、然而已经运用我们这个时代最现代的原则和发明取得前所未有的经济增长的国家，也一直没能采取自由贸易政策。

明智公正的观察家们应该承认，虽然英国鼓吹自由贸易，但它的所作所为却完全是另一回事。英国所谓的自由贸易，是英国有权在全世界自由地销售它自己的制成品及其殖民地的产品，同时又壁垒高筑，以阻止外国产品在本国市场与它自己的产品竞争。公正地说，英国对付世界其他国家的方式与其他国家对付无力报复的弱小邻国的方式没有什么不同。

因此，真正的危险是，最强大的国家会以“自由贸易”这一口号作为托词，采取某种政策，使自己能够控制弱小国家的贸易和工业，把它们置于受奴役的地位。[4]

“自由贸易”一词在全世界被人滥用了。他们滥用此词欺骗人民，同时在爱国主义的幌子下中饱私囊。而一般大众是不会懂得高层政治的全部含义或贸易自由、政治自由和社会自由之间的差异的。

在一国之内，假如自由贸易的意思只是公民想造什么就造什么、想在哪里卖产品就到哪里卖，不受任何限制，那么这是有益的。

但是，对于外贸来说，自由贸易就远远不是有益的了。自由贸易的确就等于受贸易奴役。这样的自由贸易——如果是单方面采用的话——就是允许外国竞争者毁掉本国工业，而又剥夺了本国制造商在外国市场上与外国对手平等竞争的权利。这样的“自由”会使我们成为受外国摆布的可怜虫。我们的工业和商业只好听任他们的法规的左右了。

为了对科学院提出的问题作出令人满意的回答，我有必要首先对经济学理论的一些发展变化作一介绍，这些变化将会引起经济理论和经济实践的变革。

注释：

① 费里埃。

② 参见J. B. 萨伊(J. B. Say)和亚当·斯密学说的差异。

③ 在读过各种经济思想流派的代表人物们彼此的批评之后，我对经济学说的绝对可靠性更怀疑了，而且甚至感到有权提出我对过去那些杰出的经济学大师们的看法。J. B. 萨伊把百科全书派称为梦想家——他们也的确是梦想家。萨伊对百科全书派富有灵感的观点、宗派主义的精神以及武断抽象的语言都进行了抨击。

所以，当今占统治地位的自由贸易学说的支持者们没有任何理由反对别人对自由贸易理论的基本思想进行批评。J. B. 萨伊对亚当·斯密的猛烈抨击不亚于他对百科全书派的抨击。就算他一般对占支配地位的斯密学说还是表现了应有的尊敬，他也毫不犹豫地对斯密学说的一些具体内容进行了抨击。萨伊认为，亚当·斯密没有对农业和资本的作用给予充分的重视；斯密实际上夸大了劳动分工——斯密最先发现的原理——的重要性。萨伊宣称，亚当·斯密太过分地把劳动强调为财富的主要源泉。萨伊以为斯密的这种观点太偏狭，并坚持说，亚当·斯密该说“勤劳”是财富的主要源泉，而不该说“劳动”是财富的主要源泉。萨伊批评道，亚当·斯密没有对财富的分配方式进行全面的阐述。照萨伊看来，财富的分配方式是一个尚未得到充分探讨的理论问题。总之，萨伊认为亚当·斯密的基本原理还没有得到证明。他指责亚当·斯密没能说清自己的观点。然而，萨伊在其《早期论文集》（*Discours preliminaire*）的序言中却说，虽然亚当·斯密的论著奠定了"经济学的最合理的基本原理"，同时也存在着许多思想混乱。萨伊还说，斯密著作中有许多表述精确的思想和可靠的事实。对萨伊著作缺乏研究的读者真不知对亚当·斯密这样杰出的经济学家该怎样评价。

因此，在法国，那些举足轻重的人物对各种各抒己见的经济学说简直无所适从。例如，查尔斯·迪潘写道："我并不宣称自己发明了任何经济学说或理论，我没有傻到要用我杂乱无章的猜测去愚弄我的同胞的地步。"

④ 孟德斯鸠（Montesquieu）在他的《论法的精神》（*Esprit des Lois*）中写道："自由贸易并非特许商人想干什么就干什么，而是强加在他们身上的苦役。如果国家对商人加以限制，那是为了商业的全局利益。贸易在专制国家所受到的限制从来都不比在自由国家所受到的限制多，在自由国家所受到的限制也从来都不比在专制国家所受到的限制少。"孟德斯鸠还说："英国限制了商人，却促进了整个商业。"

第一章　世界主义经济学*

人必须从自然界索取满足自己物质需要的东西。个人从事艰苦劳动的智力越好、能力越大、态度越认真，就能越好地实现满足自己需要的目标。然而，个人只靠自己是无法实现这一目标的。因为个人的能力和活动范围非常有限。他需要别人的支持，以补充自己能力和可以支配的资源的不足。与他协作的人越多——他们从事艰苦劳动的智力越好、能力越大、态度越认真——他实现自己的目标就越容易。

通过互惠的物品和劳务交换，个人可以根据自己的体力、智力、教育、经验及可以支配的自然资源，全力从事最适合于自己的职业。按照这样的方式，个人的产出会达到自己能力许可的最大限度，同时可以用自己的剩余产品最大限度地交换别人生产的产品。这就叫劳动分工。

社会生产力的发展越快，可以活动的范围越广，从事生产的人数越多，那么个人可以生产和利用的物品种类和数量就越多。随着经济的发展，个人可以生产更多的产品以换取外国商品。这样，他就可以变得越来越富。但是，财富生产的首要条件是，个人能完全

* 或称个人和社会经济学。——编者

自由地生产和交换产品。

如果一个或一批城镇或许多省份的居民能自由地相互交换产品，他们的生活水准就会在一定程度上得到改善；如果商品的流动受到关税或禁运的限制，就不可能得到这种改善。同样，如果实行全球自由贸易，世界各国的财富就会达到最大量。

在某些情况下，可能不同的各个生产者生产的各种产品供求不平衡。这种情况之所以可能发生，是因为各个人有按其意愿从事经济活动的自由，有生产他认为适合的商品数量的自由，以及在出卖其产品时有按其最有利可图的方式讨价还价的自由。个人并不知道决定与自己生产同种产品的竞争对手是多还是少；也无从判断对这种产品的需求是在增加还是下降。恢复由于这种原因而被打乱的供求平衡的最好方法，就是在全世界所有国家之间尽可能实行最大限度的自由贸易。

如果农产品和工业品可以自由地交换，那么就会各自在那些具有自然优势条件的地方生产。耕作的现状、可以利用的科学技术知识，以及居民的社会和政治条件，都是刺激经济增长的因素。然而，制造业的充分发展只有在工业各部门间密切合作到尽可能一个程序紧跟另一个程序时才有可能。对于工业持续稳定的发展，合作原则和劳动分工原则都是必不可少的。

经验告诉我们，要使一国的工业生产能力达到一种高度完善的程度，必须有高度的文明和代代不息的努力。为了实现这一目标，必须最优先保证产出和销量的稳定增长——虽然也许增长率较低。必须不惜一切代价避免任何倒退。

个别国家可能会由于居民具有专门才能，或工艺过程得到改进，或占有自然优势而获得压倒一切的工业优势。简言之，自然或历史赋予的优势能使一个国家成为——并保持——伟大的工业强国的地位。这样的国家将能以最低的价格为世界提供最好的商品。这样，整个世界的制造能力将会迅速达到前所未有的不可想象的高度而造福于全人类。

与此同时，农业国的经济进步将会以最自然的、最合理的方式发展。随着农业国把原材料和农产品卖给工业国；又从工业国购买所需要的制成品、工具和最有效率的机器，农业国的繁荣也会蒸蒸日上。随着财富的增加和与工业国的接触，会促使农业国改进自己的政治和社会制度。农业国也成为工业国的时代定会到来。况且，当农业国工业发展的时机成熟时，工业国家的过剩资本和劳力也会不可避免地流向农业国。

随着农业国走向繁荣和高度文明，农业国也会获得工艺技术，到一定的时候就会成为工业国。

为了让每个国家和全人类都获得这样的繁荣，需要世界和平。各国之间的冲突——不管是以武力还是以其他方式解决——必须代之以所有民族的联盟，并受全世界适用的法律的支配。正如 J. B. 萨伊所设想的，为保证实现自由贸易者的梦想，需要有一个世界共和国。

第二章　国家经济学*

我们在第一章概括地介绍了我们时代最为广泛接受的经济学说的主要特点。这一学说显然只考虑到个人和一个包容全人类所有成员的全世界共和国，却忘了个人和整个世界之间还有一个重要的中间舞台，这就是国家。国家通过爱国主义的纽带将其成员结为一体。

目前，世界被划分为许多不同的国家，每个国家都有其特殊的民族特点。个人——不论是制造商、农民、商人、专业人员还是领取抚恤金的人——都是他所在国家的一员。国家保护他，并且帮助他实现个人所追求的目标。

多亏国家，个人才有自己的文化、语言、工作机会和财产安全。最重要的是，在与其他国家人民的关系中他们依赖于国家。他们与国家荣辱与共；他们与国家一起缅怀过去、憧憬未来；他们与国家贫富与共；从国家那里，他们获得文明、教育、进步、社会和政治制度，以及艺术和科学发展所带来的利益。如果国家衰落，个人就得承担其败落的灾难性后果。

所以，个人应该随时准备为国家利益而牺牲个人的利益。这种

* 或政治经济学。——编者

牺牲是正当而崇高的。

既然现在还不存在世界共和国，那么目前所谓的“国际法律制度”，就只是未来世界共和国的胚芽而已。诚然，常识以及——如第一章中所说——共同的利益应该导致各国消除彼此之间的妒忌和不信任。常识告诉我们，各国之间的战争就如同个人之间的决斗那样愚蠢和残酷。共同的利益会使我们想到建立永久和平与实行各国之间的自由贸易，这会给我们大家都带来最大的繁荣。但是，现在就让羔羊和狮子躺在一起还不安全。

到目前为止，即使在最开明的国家也只有为数很少的人真正领会到永久和平与全球自由贸易是合乎需要的、必要的。各国尚不具备使这种改革成为可能的政治和社会发展条件。况且，只要存在着拒绝接受全人类和平繁荣的思想和醉心于征服、奴役其他国家的势力，世界上文明开化的国家就不会解除武装和放弃战争。

正如黑色火药的发明使当时的国家能在城镇和偏远地区建立法律与秩序一样，现在似乎只有出现某种新的（目前尚不知道的）发明，才能促使人们相信建立一种在世界范围内和平共处的法律制度的可能性——更准确地说是必要性。

就国与国之间的关系而言，目前对国家的看法有两种截然不同的观点：

（1）一种是，国家是一个独立自主的政治实体。其使命是努力保护和维持自己的独立。其职责是维护和发展国家的繁荣、文化、民族性、语言和自由——一言以蔽之，维护和发展它在世界上的整个社会政治地位。

（2）另一种是，国家是人类社会的一个分支。国家的职责——

在其特殊利益许可的范围内——是与其他国家一起共同促进全世界的繁荣和福利。

按照第一种观点，国家应该实行独立的“国家经济学”。按照第二种观点，国家应该实行“世界主义经济学”。按此推理，“国家”经济学和“世界主义”经济学主张两种不同的法律制度。一种是对具体国家有效的“国家的”法律制度，另一种是对整个世界有效的“世界的”——国际的——法律制度。

世界主义经济学——或世界自由贸易理论——目前尚处于最初发展阶段。各国只能慢慢地逐步向世界自由贸易的目标迈进。只有在实行自由贸易政策有利无害时各国才会这样做。

拆除要塞、遣散军队的国家不可能得到永久和平的利益，尽管我们的宗教要我们彼此相爱和互相帮助。同样，在其他国家还保留着关税的情况下，废除自己的关税的国家也不可能享受到世界自由贸易的利益。

国家经济学认为，希望获得最高度独立、最高度文化和物质繁荣的国家，应该在其权力范围内采取一切措施，捍卫其经济安全免遭任何外国的攻击，不管这种攻击是采取敌视性法规的形式还是采取军事行动的形式。一个国家要能保护自己，应该尽其可以利用的物质和人力资源，建立工业，并促进工业发展。

如果没有工业的发展，国家独立赖以存在的基础就是极不充分的。一个农业国家绝不可能维持工业国家可以维持的那种军事力量——或保卫自己的人力和物质手段。一个农业国可能在需要保卫自己时找不到自己的农产品市场和得不到创建新工业的资本而处境艰难。而且，侨商——已经是半个外国人——在战争中决不会像全部生计都仰赖于维持国家独立的制造商和农民那样坚定地爱国。

在战争时期，每个国家都被迫建立工厂，生产战前用本国产品交换的那些进口品。其结果与和平时期使用禁运和关税手段所实现的目标没有两样。为了创建新工业，国家在别无选择时就会被迫要求消费者作出巨大的牺牲。如果战争一停就实行自由贸易，新建工业就会落入外国竞争者的股掌之中。国家就会失去战时获得的全部资本、全部经验和全部就业机会，倒退到从前国势衰弱和依附于外国的境地。

如果发生战争或受到战争威胁，要想强大就必须创建自己的工业。在和平时期，政府应该推动各种新制造业的建设，以维护本国的经济繁荣和文化发展。

我们在第一章中已经看到实行自由贸易政策会怎样促进劳动分工和生产力的合作。但是，如果经济的自然增长遭到其他国家敌视性政治行动的阻碍时，还指望如果存在世界自由贸易就会获得相同的增长，那就愚蠢了。在这种情形下，只有通过政治行动采取保护性措施，才能指望工业经济部门的增长。如果国家以适当的关税刺激制造业的建立和发展，就会扩大劳动分工的范围和促进工农业之间的适当平衡。工农业的合作会刺激经济的不断增长，保证国家经济免遭任何衰退的可能性。

根据这种观点，实施保护性关税决不会阻碍经济的自然增长。关税的目标就在于，挫败外国人以政治或战争行动危害本国经济的任何敌视性活动。在实现其直接目标的同时，保护性关税还会促进国内工业的自然正常的发展。作为世界自由贸易的一种替代方法，保护性关税会促成在一国边界范围内的自由贸易。在我们所生活的世界，目前要实行世界自由贸易是不可能的。因为各不相同的国家都在一心追求各自的经济利益。

因此，鉴于目前情况，如果有人坚持认为，国家控制外贸的商业政策无论如何会侵害个人的权利和利益，那么他就不懂国家与个人关系的本质。我们已经看到，个人的祸福全系于国家的独立和进步。我们已经发现，国家可以借助于专门制订的关税来保证经济增长。因此，显然，个人应该接受出于国家整体利益而采取的限制。同样清楚的是，为了保证全体国民的自由，必须限制个人的自由。国家这样做与国家要求个人拿出部分财富支付政府行政费用或要求公民冒险以生命和血肉之躯服兵役保卫国家独立并无不同。

第三章　生产力理论

为了确定该使用哪些经济学原理作为一国商业制度和关税的行动指南，必须对个人的经济进行考察。这涉及两个因素。一是能够生产某种东西的技能或体力。二是已经生产出来的、可以交换其他东西因此具有某种价值的物品。两种不同的经济学说——世界主义经济学和国家经济学——都以承认这些因素的存在为基础。虽然两种学说出自不同的原理，但却有许多共同之处。[①]

为阐明两种学说的差异，我们可以举几个例子。一个用自己的积蓄让孩子受良好教育的父亲损失了“价值”，但却会大大提高下一代的生产力。可是，一个将自己的积蓄用于投资而忽视孩子的教育的父亲，虽然会通过投资而增加他可支配的“交换价值”，但却是以牺牲国家未来的生产力为代价的。根据国家经济学的生产力理论，培养未来的公民的父亲或教师是生产者，但根据世界经济学的价值理论，却只是一个消费者。从增加国家财富的意义上说，拥有奴隶的种植园主是“生产性的”，但从生产力角度看，却是削弱国家生产力的。有许多产品，譬如酒精，虽然增加国家的“交换价值”，却削弱其生产力。

牺牲生产力以获得“交换价值”是可能的，同样，放弃“交换价值”以获得生产力也是可能的。为了更大的生产力而放弃“交换价值”，效果较慢，但是，我们可以在下一代或下几代人所增加的产出中看到这种效果。

如果一个大农场主决定不让他的儿子待在农场工作以增加产出，而让他到国外学习新的耕作方法、带回新作物、新品种和改良家畜，那么，他会损失很多“交换价值”。这种眼前利益的损失会由土地所有者的后代（而不是土地所有者本人）所获得的生产力的提高而得到弥补。

当瓦特和阿克莱特在发明和改进新机器的时候，他们的“交换价值”有所损失，但是最终这些先驱者不仅极大地提高了英国的生产力，也极大地提高了整个世界的生产力。多数发明者和从事专门知识研究的人损失自己的积蓄，却使国家经济大大得到加强。再如，美国等国为实现政治独立而蒙受了巨大的经济损失，但它们的牺牲最终却换来了生产力的巨大发展和国家的高度繁荣。

仰赖于外国制成品的农业国家——如果具备必要的精神素质和自然优势——可以通过实行保护性关税促进本国工业的创建。如果其新工厂的产品质次价高，可能暂时会牺牲许多“交换价值”。但是，工业定会极大地提高未来生产力，因为工业的发展会促进大规模的劳动分工，保证农业和工业之间的永久合作。这样，国民经济就会增长，人民的福利就会提高。

这就是我们支持保护性关税和反对自由贸易学说的主要论点。在后面我们会看到教条主义自由贸易理论家们在诋毁赞成保护性关税的人时的那些华而不实的论点是如何混淆两种颇为不同的经济学说的。

国家经济学说的生产力理论不仅阐释保护性关税何以必要，而且还说明保护性关税该如何运用。不应该只是为了财政收入而征收关税，因为这可能会严重地损害国家的生产力。为国家筹集资金应该只是关税的次要目标。也不应该出于吸引货币流入和留在本国的考虑而征收关税。这是重商主义者所采用的丢脸的政策。这样的政策只可能削弱而不会增强国家的生产力。

为了保护和逐渐发展国家的生产力，应该征收进口关税。在考虑到这一目标的条件下，所课征的关税率应该适合本国的具体需要。我们将在第五章详尽讨论这一问题。

注释：

① J. B. 萨伊肯定意识到了独立的生产力理论的重要性，但他对生产力理论和价值理论的区别没有进行清楚的区分。在他的第一本著作《政治经济学新原理》（*Nouveau principe d'economie politique*）第二章中，萨伊对他的所谓"高层政治学"和"政治经济学"进行了区分。他写道："前者涉及文化需要，后者涉及物质需要。"只是在他的第二本著作《政治经济学概论》（*Traité d'economie politique*）中，萨伊才把"文化生产"归在"非物质商品"和"非物质产业"的总标题下。但萨伊并不把"文化生产"仅仅视为物质商品生产的一个因素。在他的最后论著《实用政治经济学》（*L'economie politique pratique*）第1卷第211页中，萨伊写道："当人们提供智力服务时，这些服务是有价值的、可交换的非物质产品。这种智力服务从来都是将人类知识用之于人类所需的物质的一种活动。"萨伊认为，"文化生产"不创造生产力，但有助于物质商品的生产。巴伦·查尔斯·迪潘（Baron Charles Dupin）在其著名的《关于法国的生产力》（*Les forces produtives de la France*）一书中第一个充分认识到生产力的重要性。他强调生产力的真正实际价值。J. 德罗兹（J. Droz）在给迪潘著作所写的附录（《迪潘著作选集》，德罗兹编，第4卷，第四章）中写道："我遗憾地发现，有好几位学者所使用的措辞都明显地含有我们的一切需要都具有物质特性的意思。"

这种对物质的强调已经如此过头，以至于一位杰出的美国经济学家托马斯·库柏竟然以个人花在教育上的钱的多少来估价人的价值。他宣称一个律师值3 000到4 000美元。甚至连德罗兹也曾试图以这种方式证明生产力和价值理论之间有联系。他引用我们已经引述过的库柏的例子来说明，当一位父亲供儿子受教育时，他为获得“生产力”而牺牲了“价值”。

第四章　价值理论[1]

当代最杰出的英国经济学家 J. R. 麦克库洛赫，给以亚当·斯密和 J. B. 萨伊的教义为基础的学说取了个恰当的名字——“价值理论”。萨伊明确地把价值理论包含在他给“政治经济学”所下的定义中。在他看来，政治经济学是考察财富的生产、分配和消费的知识分支。但是，这一定义表明萨伊并不打算对生产力怎样建立、怎样发展或怎样可能被摧毁进行探讨。

我们并不否认亚当·斯密和 J. B. 萨伊承认生产力对创造物质财富的重要性。但我们希望说明，他们不仅没能认识到生产力理论和价值理论之间的差别，而且没能认识到世界主义经济学和国家经济学之间的差别。他们混淆了生产力理论和价值理论，而且，在他们寻求对自由贸易政策的支持时，还颇为能干地用从一种学说中推论出的命题去反驳另一种学说。

此外，亚当·斯密（比 J. B. 萨伊更有逻辑）在分类时把不生产任何物质财富的人——教授、教师、法官、艺术家和演员等归为非生产性的。如果孤立地考察价值理论，这是完全合理的。但是，如果正确评价这些社会成员的工作是多么有助于一国生产力的发展，就会认识到，他们实际上比那些制造物质产品的人具有更大的生产力。法官维护个人的安全和财产的神圣不可侵犯性，教师为未来的知识(包括技术知识)发展铺好道路，而艺术家为社会文化的巩固和发展作出贡献。

萨伊确实意识到——尽管是模糊的——这在他的理论中是一个重要空白。他把这些生产力的创造者只看作是文化(或非物质的)价值的生产者。由于他的学说在概念上完全是物质第一主义的——他只关心物质产品的“交换价值”，所以，他试图用纯粹物质第一主义的术语定义这些生产者的活动，以证明自己的观点合理。萨伊坚持认为，这些生产者只创造“非物质的价值”，这些价值一创造出来就被消费掉。如果情形果真如此，那么这些生产者所从事的就是一种无实在意义的生产，也就根本不值一提了。萨伊还认为，“文化价值”的生产者是用自己的服务获得“交换价值”。这种说法也没有根据，因为这等于说，“文化价值”的生产者没有对这个国家的财富作出贡献。

萨伊学说的基础是物质财富概念。他的整个体系都是以物质为基础的。因此，他的注意力都集中在价值理论上，只是在与他的学说有直接联系的限度内，他才对生产力感兴趣。

另一方面，要是萨伊能清楚地区分世界主义经济学和国家经济学，要是他能把生产力理论置于比价值理论优先的地位进行研究，要是他对价值理论的探讨只限制在物质财富会创造有助于未来经济发展的东西的范围内加以考察，那么，他对外贸和关税的评价肯定会极为不同。

萨伊在谴责关税、认为关税不会促进工业进步时，他所运用的论据只能用来批评重商主义，而且他的论点全都是以他的价值理论为基础的。他以为，每个国家都应该在最便宜的市场上购买其所需要的商品。他以为，以高于可以从外国人那儿买到的成本制造产品，对国家和个人来说都是愚蠢的。这种论点显然只适用于以交换商品或“交换价值”为生的商人。商人是不管什么生产力理论的，或许根本就不知道有这种理论的存在。而且，萨伊的论点甚至也不适用于个人，因为个人也该始终保护和发展自己个人的生产力。

首先，我们必须指出，萨伊只提到征收进口关税时消费者必须牺牲的暂时利益。他没能考虑到实行保护性政策的长期好处。如果为长期利益而牺牲短期利益就一定愚蠢的话，那么，种植梨树就是一个错误，购买梨子才是明智的。因为种植梨树的成本是如此之高，以至于第一年底所采摘的每个梨子可能都比在市场上购买一篮子梨子还要贵得多。对这种教条主义的论点，务实的农民可能会回答说，他种树并不是为了获得第一年的果实，而是为了采摘上百年的梨子。种植一棵树的成本应该与它整个结果生命期所能结出的全部果实的价钱相比较。何况一个国家建立工业还不止造福百年，而是造福于国家存在的整个时期。再者，农业从工业的建立中得到的间接利益，是社会从工业经济部门的发展中所获得的直接利益的一种额外奖赏。最后一点，国家不该只从纯经济的观点看待工业进步。制造业是国家政治和文化遗产的一个非常重要的组成部分。

萨伊的论点还有一个破绽。他认为，一个以低于国内制造价格从国外购买产品的国家，如果能一年或数年有足够的货币支付从国外购买的产品的价款，那么它就会永远保持进行这种购买的金融条件。

对于萨伊的另一个错误观点，我们将在下面给予更详细的讨论。他断言，制成品的进口关税是以牺牲农民和消费者的一般利益为代价而使工业企业家获得垄断权利。事实上，这不是以牺牲一个团体的利益、从而使某个团体得到垄断，而是以外国人的利益为代价使整个国家获得垄断。通过进口关税保护工业可以得到的长期结果如下：假定通过保护性关税使自己获得垄断的国家的人们可以自由选择职业、自由调换工作、得到普遍的教育、有充足的资本可以利用，那么，经过长期的努力，本国的制造商定能生产出其售价低于外国商品价格的产品。再考虑到随着工业发展农民可以从工业对食品和原材料不断增长的需求中获得的利益，最初消费者由于关税保护而对本国制成品所支付的高价，与拥有强大的本国工业的最终利益相比，是微不足道的。

我们相信，大家已经注意到亚当·斯密和萨伊由于混淆价值理论和生产力理论而在进口关税的认识上所犯的错误，我们在下面将作进一步的论证。

萨伊著作的第一页就清楚地反映出他对生产力理论是多么无知。他断言，所有国家无论其政体形式如何都能够变得繁荣。事实上，对所有民族各个历史时期的研究表明，一个国家的繁荣在很大程度上依赖于其政治制度的性质。②

萨伊的再一个离奇的论断是，他认为政治学与经济学没有任何关系。这跟他的学说的名称就有矛盾。既然他把自己的学说称之为“政治经济学”，那么对政治学的关注就该不亚于经济学。亚当·斯密和 J. B. 萨伊两人完全把政治学排除于他们的学说之外的做法，是他们只关注世界主义经济学和价值理论而忽视国家经济学的最清楚的证据。

当然，作为世界主义经济学理论和价值理论的创立者，亚当·斯密和J. B. 萨伊已经作出了非常有益的贡献。他们的声望并不会因为他们未能弥补自己学说的某些不足，或因为他们的信徒一再重复他们混淆两种不同理论的错误，或因为他们的理论与现实商业界的实际有出入而降低。

我们应当感谢亚当·斯密和萨伊，因为他们清楚地提出了个人经济学和世界主义经济学的原理。我们可以把这些学说视为各国应该努力实现的目标。但是，经验告诉我们，亚当·斯密和萨伊并没有指明各国为实现世界自由贸易的崇高理想所要遵循的正确道路。他们的贡献并不会因为他们没能认识到生产力理论的意义（虽然他们已经把价值理论发展到其最大程度）而泯灭，也不会因为他们用基于错误原理的错误论点来攻击保护政策而受到贬损。

我们认为价值理论是在一切时代所有民族中始终不变地存在着的涉及物价水平、地租、利润、工资、供给与需求、资本以及利息的永恒原理。因为对价值理论的讨论不属于科学院所提问题的范围，所以我们将只在涉及我们自己的国家经济学和生产力理论的范围内对其加以考察。

注释：

① 李斯特在完成本文时为本章所写的注释，见附录。——编者

② 萨伊在其《政治经济学概论》（1824）序中写道："长期以来政治经济学被混同于经济学了。政治学应该被看作对社会组织的研究才适当，而经济学则考察的是满足我们所需的财富是怎样生产、分配和消费的。一国的财富确实是不依存于其政治组织的。不管其政体怎样，只要管理得好，国家就会富强。专制君主国家已经繁荣了，而平民议会国家的经济却崩溃了。与专制相比，政治自由对经济繁荣和文化进步可能只有间接的促进作用。"全部历史都证明了

这种观点的谬误。事实恰恰相反。没有任何一个国家会没有高度政治自由而能成为工业国，也从来没有哪个受暴君统治的国家建立过大规模的制造业和实现了经济繁荣。自由的民族之所以衰落、贫弱，正是因为他们丧失了自由。暴君有时也会给自己的臣民带来一定程度的繁荣，但只有在他有幸任用许多才能卓越的大臣和官员为国出力时才有可能。不过，如亚历山大皇帝所说，那只是碰巧罢了。一旦不能再得到能干的官员的服务，经济就会衰落。自由和工业是共生的，二者无法分开。唯有社会中强大的民主因素能给君主政治国家或贵族政治国家带来富裕。威尼斯的贵族们在有效地削弱了威尼斯城邦国家的民主因素之后，他们很快就自取灭亡了。工业需要民主政府。这种政府才能持之不懈地、数百年都实行同样的经济政策。

这种观点的正确性不仅已为历史所证实，而且也得到真正的权威孟德斯鸠的支持。他在其《论法的精神》(第二部分，第 192 页)中写道："在没有自由的国家，人们工作并非为增加财富，而是为保护已经得到的东西。在一个自由的社会，人们工作是为获得财富而不是保护财富。"

第五章 各国及其国民经济之间的差异

世界主义经济学的支持者们既不亲自考察具体国家的经济状况，也不考察如何改善具体国家的经济的途径，他们只希望表明，在一个世界共和国的范围内实行普遍的自由贸易，就会保证最大限度的繁荣。他们相信，只要各国废除一切关税和让个人按自己的意愿绝对自由地进行贸易，就能实现这一目标。

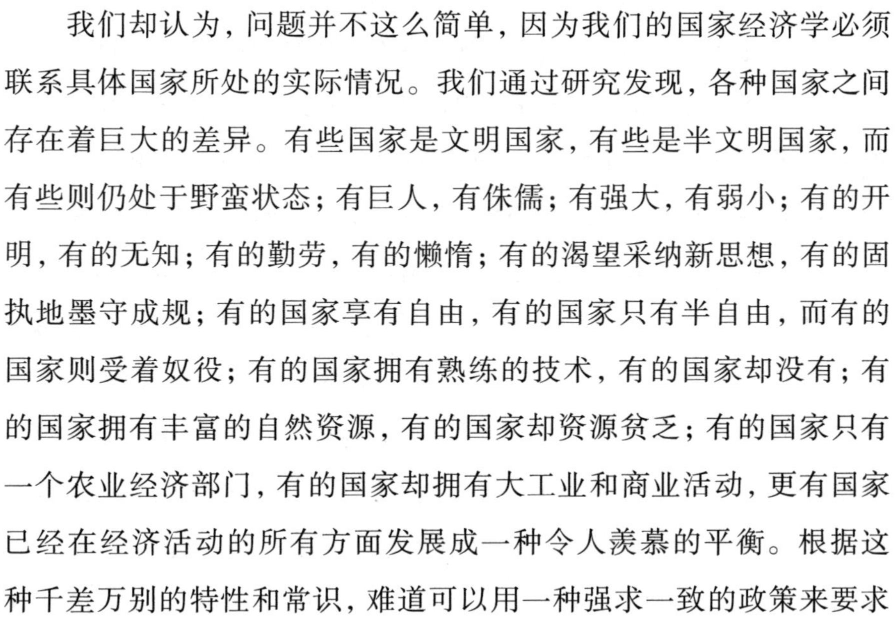

我们却认为，问题并不这么简单，因为我们的国家经济学必须联系具体国家所处的实际情况。我们通过研究发现，各种国家之间存在着巨大的差异。有些国家是文明国家，有些是半文明国家，而有些则仍处于野蛮状态；有巨人，有侏儒；有强大，有弱小；有的开明，有的无知；有的勤劳，有的懒惰；有的渴望采纳新思想，有的固执地墨守成规；有的国家享有自由，有的国家只有半自由，而有的国家则受着奴役；有的国家拥有熟练的技术，有的国家却没有；有的国家拥有丰富的自然资源，有的国家却资源贫乏；有的国家只有一个农业经济部门，有的国家却拥有大工业和商业活动，更有国家已经在经济活动的所有方面发展成一种令人羡慕的平衡。根据这种千差万别的特性和常识，难道可以用一种强求一致的政策来要求所有不同的国家吗?

我们认为,如果让各国根据自己的国情采取自己的政策,国家实现经济成熟的速度会最快。历史的教训证明我们的这个与世界主义经济学派的论断正好相反的观点的合理性。对各种制造业起源的研究表明,工业的发展常常可能是由于机遇。可能正是机遇引导着某些人到某一特定的地方去促进曾经是弱小而微不足道的某一工业的发展——就如同偶然被风吹落的种子可能有时会长成参天大树一样。但是,工业的发展是一个可能需要几百年才能完成的过程,不该把一个国家通过法律和制度所实现的成就纯粹归之于机遇。在英国,爱德华三世创建了毛织业,伊丽莎白建立了商船队和进行对外贸易。在法国,科尔伯特曾培养出一个强国发展经济所需要的一切条件。每个负责任的政府都应该仿效这些例子努力排除那些阻碍文明进步的障碍,促进国家生产力的发展。

健全的法律制度和有效的管理能够消除狂热、迷信、懒散、无知和浪费行为,废除特权和有害的制度,改进教育,促进自由,提高道德水平。健全的法制和有效的管理能吸引外国的技术和资本,能为国家的利益创造新的经济资源。显然,如果没有国家的支持,个人凭自己是不能实现这些目标的,即使能实现一点,那也微乎其微。

例如,如果一个弹丸小国要实行关税政策,那可能是愚蠢的,因为其自然资源在数量上和种类上也许都不足以使其能完全依靠自己生存下去。它的国内市场可能太小而不能支持工业的发展。但是,一个小国无法孤立地完成的事情,可能与其他国家联合来完成。最近德国关税同盟的建立已经证明了这一点。普鲁士是一个大国,但是它的各省太分散,不与较小的邻国合作就无法建立有效的关税制度。瑞士将永远不会考虑实行保护性关税，但是，瑞士的各州能以各种方式保障生产力相当大的发展，能传播技术知识，改进国内交通，与外国缔结商业条约，以及建立贸易公司。

那不勒斯、西班牙和葡萄牙王国可以通过扩充教育设施、保护个人和财产、改进农业和采矿业、鼓励人们努力工作、改善政治制度、吸引外国资本和熟练劳工，以及用自己生产的产品交换外国制成品等方式促进生产力发展。这一切比征收高额进口关税都可能好得多。

南美各国的情况颇为相同。它们采取保护性关税政策所能得到的结果与拥有进步、勤劳、具有创造力的人口的国家（像美国那样）采取保护性贸易政策所得到的结果可能相反。在南美，保护性关税无法一举把愚昧无知的人民转变成为受过良好教育的、勤劳的、有创造力的人民。在南美，在关税庇护下只要几个星期就可以建起工厂，但生产出来的只会是质次价高的商品。国内没有形成竞争机制，不能促进制造业以较低的价格制造较优的商品。在此情况下，外国人对把其资本和技术投入落后的南美国家会瞻前顾后。南美诸国甚至不能对人身和财产安全提供充分的保护。偶尔也有例外。如果有哪个外国人敢于把资本和技术投入南美国家，他的目标也只是尽快捞钱后回国。

在落后国家，工业的发展可能会损害农业，而不是使农业得益，因为工业所生产的制成品质次价高。这样的工业企业所购买的原材料或食物量不足以使农业获得任何真正的利益。但是，如果落后国家的政府鼓励外国廉价制成品的进口并鼓励原材料和食物出口，那么，就会渐渐刺激国内对制成品的多样化的需求。当人们渴望获得购买外国制成品的财力时，就会出现这种情况。为了有能力购买外国的制成品，人们就会致力于提高农场的产量，努力工作，积蓄钱财。随之，人们就会扩大教育设施，提高道德水平，改进政治制度。这样，落后的国家就能够发展成为先进国家。

但是，对于美国这样的国家，情况就不同了。美国有很发达的农业经济部门，丰富的自然资源，很大的国内市场，还有富于进取的、有知识的、富于创造力的、有技能的和富有冒险精神的人口以及极有效率的政治制度。在美国，保护性关税的实施已经促进了以机器和本国生产的原料为基础的主要工业的发展。至于至今仍由工匠操作的制造行业——诸如丝织业，只要劳动成本高于其他国家，就不会那么令人满意。如果美国从国外购买这类手工制作商品，并出口原材料和食物进行支付，就会刺激生产力发展。

在俄国，存在着阻碍通过保护性关税发展工业的因素。这些因素是国家落后、缺乏政治自由，没有中产阶级。因此有必要废除农奴制和通过城镇自治鼓励中产阶级的发展。只有做到这一点以后，关税才会有明显有益的效果。

法国和比利时的情况颇为不同。法国和比利时拥有实现最大程度的工业化所需的一切前提、一切条件、一切手段和一切力量。一度阻碍法、比现代制造业发展的障碍实际上都已经排除。工业的发展已经取得了巨大的进步，只需坚持已经取得的成就进一步发展就行了。然而，与英国相比，法国和比利时只算得上第二流的工业国。

德国拥有成为工业国的能力和自然资源，但是，还有许多仍然有待于克服的阻碍工业化充分发展的困难。就工业的进步而言，德国仍然落后于法国和比利时，因为只是最近建立了关税同盟才使实施统一的关税成为可能。可以把德国算作第三流的工业国，它有能力成为第二流的工业国。

我们已经说明不同的国家工业发展过程所达到的不同阶段。由于这些差异，不同的国家应该采取不同的保护性关税政策，只有这样，这种政策才能起到最好的促进作用。

第六章　占支配地位的英国

英国当今的地位显然大大不同于所有其他国家。英国的农业和工业、海军和海外殖民地、国民财富和进出口以及有效的交通工具，都远远超过它的所有竞争对手。怀疑英国的优势也许可以满足自尊，但落后国家一味抱着这种自我中心主义不放，是既无益也不明智的。不能正视明显的事实，会使自己的国家不能正确判断与英国的差距，看不清英国的工商业优势怎样损害自己的经济利益。

英国有两方面的发展先于世界其他任何地方。一是中产阶级获得了自由。二是君主、贵族和资产阶级在谋求发展国家生产力和扩大世界贸易的共同目标下联合起来。结果，农、工、商业都获得最高程度的发展和达到和谐的平衡。在这里，我们看到了这个岛国所实行的保护性关税政策获得了多么实际的成功。英国的生产力除了一段短暂的时期以外，几个世纪以来一直稳定地发展，这弥补了国内战争期间所蒙受的损失。在长期的国内和平促进了国内工业进步的同时，海军的优势又防止了海外贸易的任何下降。英国所进行的每一次战争都带来了英国对外贸易的进一步扩大。

英国不仅占有全球每个区域最富裕的殖民地，而且还控制着世界的海洋。它的贸易公司和渔民受到世界上最强大的海军的保护。而海军的优势又以庞大的商船队和渔业为基础。英国强大的对外贸易并不是靠不定期的、不确定的转口贸易支撑的，而是建立在巨大的工业经济部门的坚实基础之上的。英国的制造业是以高效率的政治和社会制度、高效力的机器、巨大的资本资源以及高于所有国家的产出和完备的国内运输设施网络为基础的。

英国拥有世界上最大的资本资源和巨大的制造能力，从而可以创造出新的财富以交换其他国家的金银。因此我们似乎觉得，英国就是世界的银行。英国不必担忧贸易平衡问题，因为英国决不会缺乏可以转化为货币的商品。也许有人会将英国在世界贸易中的地位与一国之内最富有的资本家作一类比，他从来勿需持有现金储备，因为任何时候他都可以出售他的部分证券和债券，以换取现金。

一个能以低于任何其他国家的成本制造商品、资本比任何其他国家多得无法计量的国家，也能给其顾客提供比任何其他国家数量更大、期限更长的信贷，从而，在与对手的竞争中，也就能控制贫穷、落后国家的大部分市场。

英国作为一个工商业最发达的国家，通过接受或排斥经济落后国家的原材料和其他产品进口的手段，就会给这些国家的经济带来巨大的利益或造成巨大的伤害。对英国的所作所为该如何评价，要看英国的商业政策是仅仅受自身利益、民族情绪和偏见的驱使，还是出自较高的道德观念和较高尚的目的。但无论任何时候和任何情况下，都不会是后者。

保护自己的工业免遭在世界经济中占支配地位的英国的任意破坏，是所有国家的共同利益。

另一方面，以其先进的经济，英国可以逐步开创更大程度的世界自由贸易。但是，这种自由不能建立在要求处于工业化第二、三阶段的国家开放国内市场、承受英国制成品的无限制竞争的基础上。

如果英国想实行这种政策，就会装出为了促进全人类更广泛的利益的样子，而实际上是促进自己一国之利。英国先进的工厂和其他工业国的相对落后的工厂之间的自由竞争——正如我们已经说明的——只会导致较弱国家的工业的毁灭。这意味着，较弱国家不仅会丧失未来经济发展的一切希望，而且实际上会丧失它们过去为建成更先进的经济而已经取得的进步。

完全有理由认为，国家不该为了试图促进人类未来的经济进步而牺牲自己为实现国家经济独立所取得的进步。牺牲国家利益的政策，决不会有益于全人类，只可能有利于经济上占优势的国家。

已经达到工业化第二、三阶段的工业国家，可能会希望与经济上占支配地位的英国进行联合，以此扩大自由贸易，但是，只有当有关国家的特殊经济利益得到充分的保障时，才能采取这种政策。

第七章　所有工业国家在自由贸易中的共同利益

我们将在本章说明，除特殊情况外，即使工业国也没有必要——或没有多少必要——对原材料和食物的生产给予关税保护。

此外，至少我们已经在前面以部分证据说明，有些国家最好满足于单纯的农业经济。在农产品出口到工业国或从工业国进口制成品没有任何限制的前提下，单纯的农业经济是一种吸引人的目标。

经验表明，在亚洲、非洲和南美洲的那些野蛮民族中，开化得最快的往往总是那些得到工业国家所提供的稳定的内政、人身和财产安全及自由贸易的保障的民族。工业国家以这种方式给落后民族提供了获得便宜的制成品和以最有利的条件出卖自己产品的机会。这正是将世界主义经济学的原理付诸实践的极好机会。这非但一点也不会损害任何国家的利益，还会在极其可贵的共同事业中把每个国家的特殊利益维系在一起。

乍一看，指望英国向所有国家开放它的殖民地市场，指望英国放弃它通过强大的海上力量迫使远方落后国家——诸如南美各国——签订条约而在这些国家市场上所享有的贸易特权，似乎是太奢望了。

但是，这样做，对先进的国家和野蛮落后的民族的未来繁荣都是非常重要的。如果站在比一个急于享受垄断果实的商人那种利欲熏心的观点更高的境界看待这个问题，那么就会看到，实行尽可能最大的贸易自由不仅会使处于工业化第二、三阶段的国家受益，而且也会使英国得到比任何其他国家更大的利益。

美国的例子说明，一个以前在世界贸易中无足轻重的国家如何通过发展自己的农业和在经济与社会方面所取得的巨大进步而造福于所有的国家。美国的例子还说明，工业国向所有国家开放其海外殖民地市场比垄断其殖民地市场能更大地促进其海运、商业和制造业的发展。

欧洲、北美的最先进的国家在促进南美、非洲、亚洲和大洋洲所有地区的开放和文明中都可能获得最大的利益。它们这样做会极大地增加其制成品的出口、外国产品的进口及转口贸易和海运。

反过来说，对于落后国家的文明进步，最大的障碍莫过于世界上各种相互竞争的国家所奉行的自私而贪婪的政策了。先进国家一直试图完全控制殖民地或对落后地区的政府施加全面的影响。有时，它们通过与落后地区的统治者签订商业条约获得特殊贸易权。世界上所有先进的工业国家不该采取这种政策，而应在南美、亚洲、非洲、葡萄牙、西班牙和两个西西里采取自由贸易和权利平等的原则。这种自由贸易政策会冲击经济上自私的邪恶根基，从而，无疑会导致所有工业国都在从事把进步带给野蛮民族的事业这样一种令人愉快的局面。

因此，只有当法国表明对整个北非进行保护或德国着手进行促进土耳其和黎凡特的文明进步的工作时，英国才会得益。只有当所有先进国家的过剩人口能够在这些落后地区使用他们的技能，先进国家才会互利。

实行这样的政策，英国的所获会远远超过所失。因为所有工业国联合起来的制造能力会远远比英国独自孤立的工业力量更为有效率得多，特别是当英国的工业力量受到其他先进国家出于嫉妒的敌对行为的阻碍时更是如此。

显然，美国正在发展成为一个不久以后定将超过英国的海上强国。同样十分清楚的是，加拿大的经济力量有朝一日会与美国并驾齐驱。面对这样的局势，英国最好自愿放弃这种肯定维持不久的霸权。而且，等到英国在世界上的经济霸主地位为另一个国家所取代时，它就会发现这种霸权与今天它对待其他民族的政策一样，让人讨厌和不愉快。因此，为了自己的利益，英国现在应该准备与其他先进的工业国分享它的优势地位，应该建立一种盟主权，以便获得比目前更多更长久的利益。此外，英国享有地处孤岛的地理优势，但运输和武器的新发明总有一天会使它丧失这种优势。到那时，它的海军和海运力量就会大大削弱，特别在不得不面对敌对势力的联合时尤其如此。这就是英国现在应该准备与处于工业化第二、三阶段的国家结成商业联盟的极好理由。

第八章　各国对在工业、商业和海上力量方面占支配地位的英国的抵制

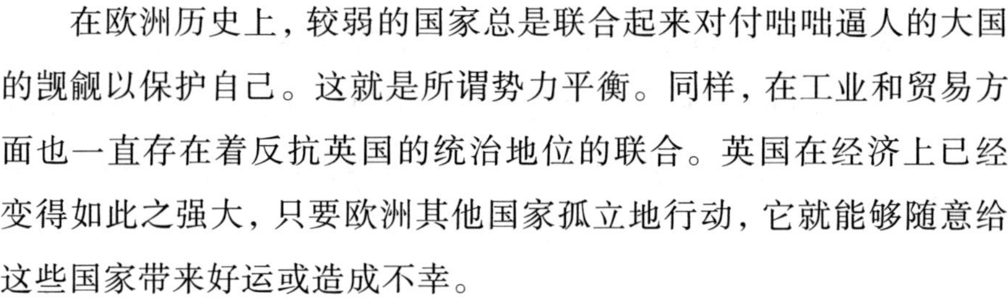

在欧洲历史上，较弱的国家总是联合起来对付咄咄逼人的大国的觊觎以保护自己。这就是所谓势力平衡。同样，在工业和贸易方面也一直存在着反抗英国的统治地位的联合。英国在经济上已经变得如此之强大，只要欧洲其他国家孤立地行动，它就能够随意给这些国家带来好运或造成不幸。

显然，大陆体系的思想之所以会产生，就是因为英国经济力量太强大和英国可能滥用这种力量的缘故。一旦英国有使用其海上优势力量伤害二、三流工业国家的工商业的意图，这些国家就迟早会不得不联合起来，建立一个新的大陆体系。

然而，建立一个新的大陆体系的企图不仅会危害英国的繁荣，也会危害所有国家的繁荣。所以，正如上一章所述，唯一令人满意的解决办法就是建立世界自由贸易。

由于不能指望英国会自愿作出建立一个世界关税同盟所必要的让步，我们以为，已经达到工业化第二、三阶段的国家必须组成一个联盟以促进世界自由贸易，这应该是所有国家的共同目标。

在促成这样的联盟中，法国和美国应该起带头作用。这两个国家由于商业联系和在大力推动维持海上自由方面的共同利益而紧紧地联系在一起。法国和美国的政治制度和经济利益相似。它们是天然的盟友，应该准备采取主动的态度，以促成一个最终有益于世界所有国家的计划。

第九章　经济发展第一阶段的农业生产力

原始人的经济活动始于狩猎，然后从事畜牧活动，最后才成为耕地农民。但是，只要他们不与邻居进行贸易，这些耕地农民实际上就仍处于野蛮状态。从农奴制、贵族统治、神权政治到专制主义时代都属于这一阶段。在此阶段，只有大土地所有者才是自由的，其中的最富有者行使着最大的权利。由于专制法律把农民束缚在不属于他们的土地上，农民受到封建义务和徭役的压迫。他们的劳动满足了土地所有者的需要，但却不能满足自己的需要。

完全依赖农业生存的人们，散居在广泛的地域上，过着与世隔绝的生活，老死不相往来。他们不能享受较广泛的社会生活。由于彼此缺乏接触，不能与别人讨论共同的问题。他们对艺术的鉴赏全然无知，也没有任何个人自由可言。这样的人只要不能建立工场或从事对外贸易，就别指望会有进步或改善政治地位。作为刺激所有人类活动和作为普遍繁荣的主要原因的那个因素，在他们生活中渐渐消失了。

只耕作不属于自己的土地的原始农民是些可悲的人，他们没有充足的资本、工具，没有文化、知识，没有任何竞争精神。没有什么东西刺激他们去改善自己的处境，他们一代又一代地重复着单调乏味的例行劳动，只要收成足以缴租就心满意足了。从摇篮到坟墓，他们都过着一种确实悲惨的生活。他们的体力和精神能力从来没有得到充分的运用或适当的开发。

他们既不懂时间的价值，也不懂他们耕种的土地的价值。他们的净产出——扣除最低限度的生活必需品之后的余额——实际上等于零。在很大程度上，他们生产的东西只有用以遮体的份儿。他们付出的最大努力只会产生最可悲的结局。禁欲是他们的最大成就。

他们是自给自足的，没有剩余产品可以交换其他商品。纯粹的农业地区勿需改进与其他地区的交通。根本不存在改善交通设施的刺激因素，而更好的交通设施是提高人民文化水平的一个有力手段。

耕地者和制成品生产者之间缺乏劳动分工的另一个非常严重的弊端就是这会导致土地的过度细分。由于没有工业以吸收过剩人口，增长的人口完全依赖于土地，这必然导致农场规模不断缩小，形成小农田耕作。农民几乎消费掉自己生产的任何物品，只能省下一小点剩余用于积存。

因为这一原因以及交通工具不足，一旦歉收就会引起饥荒和流行病。农耕水平如此低下——科学管理如此明显缺乏，以至于根本生产不出可用于商业或工业的剩余产品。这种原始农民可供消费的工业品极少，有时根本就无任何工业品可供消费。他们根本没有剩余产品用于孩子的教育、自己的享受或自己智力的提高。

在这种原始状态下，丰收和人口的增加反而会给这类地区的统治者提供进行无谓的战争的手段，结果，本来生活就很悲惨的人民会变得更加痛苦不堪和贫困潦倒。

这样的人民的智力几乎没有得到开发和利用。根本没有机会让潜在的才能得以发展。只有体力的运用获得报酬。且由于土地所有者垄断着他们的劳动成果，他们实在够穷的了。

这样的人民彼此之间或与邻近的民族之间几乎没有接触。个人的活动只局限于一个村庄。这样，无能、偏见、恶习和罪恶就会持续若干世纪。在这种社会中，体力是起支配作用的因素。道德力量从来没有成功地发挥作用，从来没有战胜过恶势力。

第十章　经济发展第二阶段的农业生产力

随着对外贸易把制成品带入一个农业国家以交换农产品，农业经济就会出现巨大的变化。农民可以获得较好的机器和工具，更有效率地进行他们必须做的工作。随之，接踵而来的是诸如新的作物，更优良的有用工具等各种改良和新生产方法的出现。此外，还会从国外传入各种新的观念，流入新的资本。新注入经济中的现金，使那些在土地上劳作的人们能够作出许多心中渴望的改良。这样一来，就会引发新的需要，并使生活水平的改善成为可能。这转过来又会刺激新的经济活动和助长新的进取精神。促进农业生产力发展的方式举不胜举，不限于以上所述。

对外贸易会促进诸如羊毛、大麻、葡萄酒和谷物等农产品的出口，也会刺激在土地上劳动的人们进行劳动分工，鼓励他们在作物种植中专业化。那些由于土壤性质和气候条件而能够生产粮食以供出口的人可以把他们的活动集中于某一特殊的农业部门。另一方面，他们也会开始购买邻里能够以较低成本生产的那些农产品。外国对他们的产品的需求、新的劳动分工，以及这个农业社会内部农产品交换的发展将使所有在土地上劳作的人能够增加其产出。

与此同时，国内商业将稳步扩大。

农产品本身最终获得可以交换的商品性质。持有闲置货币的人会认识到，在农产品价格便宜时购买并贮存起来，等到歉收或海外需求增加因而价格上升时再出售，是一桩有利可图的买卖。随着物价趋于稳定，农业的净产出增加，社会富有，饥荒会成为过去的历史。随着农业收入的增长，土地价格上涨，信贷会更容易获得。佃农的收入、土地所有者的地租，以及雇工的工资都会增加。由于地主和佃户都渴望从土地上获得最大的产出，他们会联合起来，把新的资本投入农业，改进耕作方法。

与此同时，人们会开始认识到，封建法权如何限制着生产和国内贸易的发展，从而看清封建主义的弊端，并意识到需要健全的法律和制度，以保障个人的自由、工人的安全、财产的安全，以及教育和文化的进步。随着国内外贸易的发展，人民将懂得改善交通设施的好处。

到那时，农场主、制造商和商人就会联合起来支持自由贸易。那将是“放任自流，自由竞争”的黄金时代。

时值此际，一国的工业开始发展。随着人们看到享受更好的生活水平的前景，对制成品会有巨大的需求。某些制成品可能从外国得不到。由于本国有资源，工资低廉或其他的有利条件，某些制成品在国内生产的成本可能低于外国。起初，当对外贸易刺激工业发展时，制造商与农场主联合起来支持对他们双方都有利的自由贸易。但是，随着本国工业的发展，制造商认识到，由于外国商品的进口，本国工业正受到抑制。同时，那些在土地上劳作的人也开始意识到国内市场比外国市场大得多、更稳定、更可靠和更有利可图。

让国家可耕土地的发展完全依赖于谷物和原材料出口以交换制成品是危险的。农产品出口往往会有严重的波动。输入国每年所购买的农产品量取决于它们自己的收成如何。当必须进口食物时，它们会寻求在最便宜的市场上购买。对这些国家来说，从新的供给处购买所需物品，常常是有利的。所要的物品如果出现这种情况，农业国可能会发现自己的剩余产品没有市场。

此外，每年农业国向工业国收取的食物和原材料的预付货款，甚至在庄稼收割之前就已花费完。如果农业歉收，或者如果工业国的订货不足以抵消预付货款，就会发生危机，既影响商人也影响农场主。为了避免这样的危机和外国订货的不确定性，农场主会为自己的产品寻求更稳定、更可靠的国内市场。不幸的是，由于外国的竞争，本国工业在此阶段还没有发展到足以给农场主们的产品提供一个可靠的国内市场的地步。也许要经过几个世纪，本国的制造业才会变得强大到足以做到这一点。当然，如果发生战争或工业国家的产量下降，也会给本国工业的扩展提供机会。

战争会中断联系农业国和工业国的贸易。在敌对期间，农场主和小农不可能再把他们的原材料和食物卖给工业国。同样，工业国的制造商也失去了他们在农业国中的市场。正是这些原因，迫使农业国开始依靠自己的资源以满足自己的需要。这是一个关键的时刻，农业国的工业企业家长期以来一直在与外国人的竞争中苦苦挣扎，现在他们开始振作起来。

工业家们开初给本国农业社会提供的制成品会不如外国制成品那样质优价廉，但是，通过改进生产方法，最终会做到这一点。工业家们起初无法补偿国内农业社会由于与外国市场的联系中断而蒙受的所有损失。农业社会从本国工业家那儿买不到以前从外国购买的那么多的制成品，且不得不购买国内生产的质次价高的产品。所以，那些在土地上劳作的人将蒙受双重的损失。

然而，这种局面最终会改变的。由于战时的条件和正在获得的新利润的刺激，本国的制造商之间会开始竞争。当此之时，农业国家会意识到，在自己的家门口已经有了本国的新工业，有朝一日这些新工业会远比以前打交道的外国制造商有用得多。那些在土地上劳作的人会认识到，他们现在可以从一个稳定的来源获得制成品了，这些制成品不仅和平时期可以得到，而且战时也可以得到。

如果战争持续的时间很长，本国制造商在战时所取得的进步会使农业国家明白，通过关税政策保护自己的工业免遭外国竞争是自己的利益所在。战争一停，国内从事对外贸易的商人肯定会强烈要求恢复与过去的敌国自由交换商品。过去曾经在全国一再重复的格言——“放任自流，自由竞争”——现在再度响亮起来。

另一方面，工业家现在也会要求排斥外国制成品，以便继续享有战时那种对国内市场的垄断。他们会争辩说，由于他们尚没有强大到足以自立，如果恢复战前的自由贸易，本国工业就会被毁掉，很快就会回复到战前那种弱小无力的地位，战时农场主和工业家所做出的所有牺牲都会付之东流。如果战火再起，国家就又得再次作出同样的牺牲。制造商会认为，以禁止性关税给他们提供类似战时所享有的那种保护，会使他们最终变得强大到足以与外国的竞争相抗衡。他们会强调：那些在土地上劳作的人通过与充分发达的国内工业的联系最终会获得好处；充分发达的国内工业决不会被未来的任何战争毁坏，而且会越来越强大。

对于外贸商人和在国内生产制成品的工业家的这些主张，农业部门应该根据其自身的利益决定采取什么样的态度。那些在土地上劳作的人掌握着平衡这两种对立主张的力量。他们支持哪一方，哪一方就会获胜。农场主要在明显的眼前的短期利益和最终的真正的长期利益之间作出选择。自由贸易会给农场主提供明显的眼前利益，他们的出口品可以获得较高的价格，而他们从国外又可以以较低的价格购买制成品。而贸易保护会使他们在今后获得本国制造商已经提供给他们的那些所有的利益。如果农场主能够真正理解他们所面对的这种局面的全部含义，他们就会表现出真正的爱国主义，支持贸易保护主义政策，为国家未来的繁荣和强大奠定基础。

自由贸易只是外贸商人们的幻想，假若这种幻想获胜，那么战时发展起来的大部分本国工业就会崩溃，所雇用的工人就只得到土地上寻找新工作。

农业占支配地位的国家的工业崩溃会大大减少对表产品的需求，并造成农业劳动力的扩大。这会引起农产品的生产过剩和价格下降。国内市场无法吸收的过剩产品将出口到工业国，从而引起工业国的农产品价格也下降。

这样一来，农业占支配地位国家的农业经济部门的变化，会对工业国家的农业状态发生影响。正如农业国的工业在战时得到迅速发展一样，工业国的农业在战时也会得到发展。在战争期间，工业国由于无法进口农产品，国内农产品价格上升，因此，只得把大量的资本投入农业之中，以提高现存耕地的产出和拓垦新的土地。

在工业国，对农产品的需求的扩大引起价格上升，地租、利润、工资以及土地上的劳动力和农产品的产出都会随之增加。战争结束后，外国的农产品——譬如大量的廉价谷物——又进入市场。这个工业国的农业现在又面临着类似折磨着农业国的工业的那种危机。工业国的农场主会要求征收高额进口关税，以遏制农业国的农产品进口。

如果工业国家无视其农业阶层的意见，工业国和农业国的农业状态都会渐渐回复到战前的样子。假若重新开战，一切又会颠倒过来，完全再现第一次战争时的那种局面。如果工业国的农场主受到关税保护以抵制农业国的竞争，又会引发另一种战争——关税战。

如果农业国的农产品不准进入工业国的市场，那么，农业国的农场主会蒙受严重的损失。他们会认识到，如果他们不能通过输出其农产品来支付从工业国家购买的廉价制成品货款，他们就不会获得利益，因而会怀念起本国工业繁荣时期所得到的好处。他们会认识到，他们牺牲本国的工厂并没有获得什么好处，进而明白，农业的长久繁荣必须以强大的民族工业为基础。现在，他们也会要求建立关税，保护本国工业免受外国的一切威胁，让本国工业得以发展。在本文有关历史的部分中，我们将阐明这种发展是多么自然。这里，我们只是表明禁运和保护性关税是各国对抗和战争的必然结果，而不是某些教条主义经济学家的发明。

第十一章 经济发展第三阶段的农业生产力

我们在第十章已经说明：

1. 一个农业国家的农业只有与本国工业合作才会繁荣。

2. 一个农业国家的农业会通过外贸——这只是农业国的农场主和工业国的工业家的合作——从第一个发展阶段上升到第二个发展阶段。

3. 如果农业国和工业国之间爆发战争，这种合作就会中断或彻底终止。

4. 这种合作的终止会产生如下后果：

(a)农业国的农场主力图促进本国的工业发展。

(b)工业国力图促进本国的农业的发展。

5. 这些因素必定导致国际对抗和实行关税与禁运。

本章打算解释一个国家的农业如何才能兴旺发展，如何才能获得未来的保障，以及如何进行保护以防止任何倒退和危机。为此目标，农业和工业必须按照自然法则紧密地结合在一起，它们的合作不应被自然的原因或任何政治行动所干扰。此外，国家的工业部门必须得到充分的发展，生产和消费之间、从事工业和农业的两个主要群体之间必须达到和谐的平衡。

农业发展的第三阶段始于本国工业支配整个——或近乎整个国内市场的时候。本国工业对国内市场的支配要么通过本国工业内在的力量来实现，要么通过关税提供的保护来实现。

在第一和第二发展阶段，农业国的农业依赖于外国工业。当达到第三发展阶段时，农业拥有下列有利条件：

1. 此时工业得到了充分发展，农业通常可以在国内市场上以高于以前外国市场上的价格出售产品，同时又能以低于过去与外国工业贸易时的价格购买本国工业的制成品。农场越接近国内的工厂，商人所承担的成本越低，影响农产品和制成品交换的障碍越少。实现交换所需要的时间和资本也相应减少，交换再也不会由于自然原因、战争或商业危机而受到阻碍。交换的进行也具有很大的固定性，并且得到保护不受贸易波动的影响。的确，生产者和消费者之间的合作越和谐，出现阻碍物品交换的不景气的可能性越小。

2. 土地所有者所拥有的数千种产品如瀑布、建材、沙子、石头、白垩、石膏及各种泥土和原料，过去没有价值或价值很小，现在却很有价值了。此外，还有适合于制造商盖厂房、住宅和花园的土地。

3. 对许多过去需求很小（如果说有的话）的产品，如肥牛、肉类、家禽、禽蛋、黄油、乳酪、水果、蔬菜、稻草、干草及马（制造商用来工作或娱乐）料燕麦等，会引发新的需求。对烟草及油料、染料作物也会有需求。工业家通过购买这些产品（其中多数产品最适合于小农生产），给那些从事农业生产的人提供了改善条件和赚钱的机会。

4. 对工业家来说，没有什么能比可以得到廉价的燃料和低廉、方便、快速、固定的运输以运送他们建设工厂和生产制成品所需的一切产品和原材料更重要的了。因此，工业家会急于促进国内交通的发展。他们会促进公路、运河和铁路的建设，改善可以通航的河流。而且，他们会把这些活动变成营利的工业企业。在有煤炭和泥炭自然资源的国家，运输设施的改善使土地所有者能够从遥远的地区获得他们所需的燃料。过去因为缺乏这类燃料而只得种植树木的土地，现在可以用来种植更有利可图得多的作物。此外，由于出现开采煤炭的工人，对农产品的需求会有增加。

5. 对各种农产品的需求（见上述第3点所述）和交通的改善（见上述第4点所述），是推进农业专业化的强有力的因素。事实上，这一过程在农业生产发展的第二个阶段就已经开始了。丘陵地区专门从事林业、矿业、畜牧业，而从较适合于栽种谷物的地区取得食物。平原地区可以饲养肥牛供应市场。总之，每个地区可以根据自己有利的自然条件在农业生产中专业化，通过交换又从国内其他地区获得本地不种植的那些产品。这种劳动分工——或更准确地说是商品生产分工——会极大地提高农业生产。

6. 随着工业的扩大，工业会积累自己的资本并吸引外国的新资本。工业积累的资本和外资也许不必用于改善或扩建现有的工厂，因而常常可以用于农业，可以贷款给土地所有者用于农业改良。或者工业家也可以直接把货币投资于地产。这会导致土地的价格上升，土地的生产力提高，从而有利于整个农业经济部门。

7. 随着一国工业的发展，农田细分的过程会停下来，土地分划会更合理。我们之所以认为把农田分划为无数的小农田经营是有害的，是因为这种小农田主只能获得极低的生活水平。而一个大农场主或大土地所有者则可以自己加工、自己生产、自己消费、自己赚钱。由于本国工业会刺激对农产品的大量需求和对劳动力的需求，农业产出过剩不再会加剧农业土地的过度细分，反而会有助于为工厂工人提供食物，促成工人人数的增加。大地产会成为很普遍的农田经营方式，因为大地产能够生产出工业需要的剩余农产品。对农产品的需求（见上述第 3 点）会促进一种非常有益的农业专业化。一些农场主专门饲养肥牛；一些农场主专门生产乳制品；有的专门种植蔬菜，有的经营果园。此外，城镇中还有专门拨出的土地，让工人业余耕种作为消遣。

8. 如果一个地区成为工业区，当地的小土地经营者、农业工人及其家属就会获得充分利用农闲特别是冬季时间的机会。工厂会给他们提供有益的工作机会，这对妇女和老幼病残者特别有益。这些人的劳动在土地上没有用处，但在工业中却可以得到最大程度的利用。

9. 制造业的发展需要许多技术，那些有技术的人会获得机会在各种制造业施展自己的才能。工人会赚到足够的钱，过上舒适的生活，有些人甚至会成为富人。农业从工业的发展中得益，因为那些在机械方面有才能的农村孩子，可以通过培训在工业中找到工作。如果没有工业——熟练工人没有工作，农村孩子就只得要么移居，要么面对农村单调乏味的生活。

10. 一般说来，农业可以分享制造业发展所带来的一切好处。这些好处不仅包括政治自由的发展，也包括知识、艺术、文学和教育的进步及公共机构、国防和赋税的改进。两个人联合起来一起防卫，显然比一个人单枪匹马的防卫强。同理，两个人总比一个人更能承担较重的赋税。如果一个人除了依靠体力别无生计，却得到一个既有知识技能又有机器的人的支持，其好处就更是不言而喻了。

11. 在顺利的条件下，一个农民及其家庭的生产足以供给一个工业工人及其家庭的食物。同样，一个工厂工人也可以给一个农民提供他所需要的工具和其他制成品。如果只考虑国内的生产和消费，那么，当农业人口和工业人口在数量上相等时，工农业就会达到平衡。比如，如果法国的 2 000 万农民能够供养 2 000 万工业工人，那么法国工业就会获得充分的发展。以繁荣时期工业工人人均至少消费价值 150—200 法郎的食物和原材料计，法国工业可以购买价值 30 到 40 亿法郎的国内农产品。如果法国仍然是一个纯农业国，能够销往外国的数量肯定不会有这么多。因此可以认为，不管国际贸易有多自由，一旦国内工业得到充分的发展，那些以土地为生的人们能获得的市场远比他们在整个世界可以找到的市场大得多、有利得多。

12. 当一国工业充分发展时，适合本国具体需要的农业各专业化部门都可以分享整个农业部门从国内市场中获得的好处。法国葡萄园的情况也许可以作为一个例子。将葡萄酒的产量和出口相比表明，法国国内消费的葡萄酒是它出口的 10 倍。很清楚，如果没有制造业的充分发展所形成的国内市场，即使法国葡萄园主能把葡萄酒自由地销往世界，也不能抵补由此所造成的国内制造能力的损失。[①]

13. 当一个国家的工农业都获得充分发展并达到令人满意的平衡时，这两个经济部门中一个部门的消费会正好等于另一个部门的生产。

在这种情况下，国家就有希望在未来若干世纪保持生产力、财富、国力、经济繁荣及文化进步的持续发展。而一个依赖于外国制成品的国家就容易受到各种干扰和危机，这点我们已经在前面提到了。

英国的生产力之所以发展到如此的程度和实力，其原因就在于工农业之间的这种相互促进作用，而且这种促进过程在几个世纪的稳定发展中从没间断过。

这些因素影响着国家所有地产的收益、价值和价格。衡量国家繁荣的最好尺度是地产价格。城乡土地价格上涨反映工农业的发展，土地价格下降反映工农业的衰退。无论任何地方，地产价格的高低都取决于国家生产力的强弱。可以证明，一个把一亿法郎投资于兴建工厂的国家，会使其地产的价值增加 5 至 10 倍。笔者肯定将为这一论断提供统计证明。如果要弄清楚以进口关税的手段创建国家工业的目标究竟能不能以某种不牺牲消费者——靠土地为生者的利益的方式实现，考虑到地产价值这一因素就非常重要啦。[②]

至于农业发展的第四阶段，待我们对制造工业的主要特征加以考察之后再作讨论。

注释：

① 据沙普塔尔估计，法国葡萄酒和高度酒的总产值为 7.18 亿法郎（《论法国工业》第 I 部分，第 177 页）。1786—1790 年间（无疑是历史最高纪录水平）的出口总值为 0.51 亿法郎。所以，国内消费的葡萄酒的价值是出口价值的 14 倍。沙普塔尔估计，法国人均消费的葡萄酒的价值是 22 法郎。这样，220 万法国人所消费的葡萄酒价值就等于出口鼎盛时的出口价值。众所周知，工业人口人均消费的葡萄酒多于农业人口，所以如今也许只要 150 万法国人消费的葡萄

酒价值就等于出口价值了。现在法国的工业人口是 1 000 万。谁也不能怀疑，随着农业和工业的发展，这两个部门的人口总有一天会相等。换言之，法国将来的工业人口会是 2 000 万。这 2 000 万人每年所消费的葡萄酒等于法国目前出口量的 6 至 7 倍。这说明法国工业的发展对法国的葡萄种植者是何等重要，认为以关税保护制造商就会毁灭他们的断言是多么站不住脚。

②　据沙普塔尔估计（《论法国工业》第 I 部分，第 225 页），法国地产的资本总值为 375.22 亿法郎。可以肯定工业在创造这些资本中发挥了重要的作用。英国的地产价值比波兰高 10 倍。如果我们假设法国工业——现在尚未获得充分的发展——已经使法国的地产价值增加 5 倍，也就是说地产价值大致净增 300 亿法郎，其增值的利益全部归土地所有者。那么，法国工业充分发展之后，地产价值的净增额会翻一番，达到 600 亿法郎。农业财富的增加额就相当于制造商年利润总额的 170 倍。这证明，工业家不是以牺牲以土地为生者的利益而变富的，事实上是通过互利而使双方都富有。

第十二章　工业生产力

工业是科学、文学、艺术、启蒙、自由、有益的制度，以及国力和独立之母。

任何希望献身于工业——从事制成品生产的人，都应该学习和掌握一点数学和自然科学。为了使那些从事工业职业的人在数学和自然科学方面取得进步，需要教师和书籍。为了给具有适当天赋和受过教育的年轻人提供专门研究数学和自然科学的机会，需要教师和书籍。

随着一国工业化程度的提高，工厂和工场更需要受过适当训练的人们的服务。这样的人现在应该得到比以前可能得到的更高的薪金和工资。假若他们具有必要的天赋和得到良好的基础培训，就更易于完全投身于某一学科的研究。知识就会越来越专业化。很清楚，所有学科——特别是那些可以运用于工业的知识领域——正在取得飞速的发展。

科学越向前发展，节约劳力和原材料的新发明就会越多，进而导致新产品、新工艺的发现。随着那些从事工业的人对科学技术的新成就越加熟悉，新发现和新发明就会越快地、越成功地被用于工业实践。

任何从事工业活动的人都应该懂得，成功取决于他的科学知识和作为科学进步结果的新发现。如果他还不具备某些才能，他就应该培养独立思考的能力和决策能力。不仅要从教师那儿和书本中获得知识和创造力，而且还可以通过游学和与抱负相同的人接触等方式获得知识和创造力。不仅应该与同行接触，而且应该与各行各业及献身于公共事务的人接触。受过这样的训练和拥有这样的经验的人很快就会认识到，如果他要在事业上成功并使自己的劳动获得公正的报酬，自己的人身和财产安全就需要得到尽可能强有力的保护。他的生活经历——以及他对自身利益的性质的认识——应该引导他支持废除任何限制他的自由和事业繁荣的东西。他应该支持建立保障他的自由和增进他的事业繁荣的国家制度。

在那些纯农业经营搞了几百年的国家，很少有人能从贫困中挣脱出来——先具有一定的能力，然后拥有财富，最后经济完全独立。而工业却给出身底层的人提供一种机会，他们凭自己的能力和刻苦工作会挤入上流社会。取得这种成就的可能性对所有工作的人都会是一种刺激。

一个纯农业国家最重视的是强健的体力，并给予这种劳动因素最大的经济报酬。在这样的社会中，实际上根本就不存在各种智力和道德力量。而工业却会唤起和增强人们的各种智力和道德力量。[①]

前面我们已经说明工业生产力会怎样在工业和农业中激发出进取精神和创新精神。我们已经看到，许多从前没有价值或价值甚微的自然资源怎样随着工业发展而变得越来越有价值。我们已经解释清楚，工业会促进农业的劳动分工，增加对新的农产品的需求，刺激交通的改善，以及控制土地有害的细分和促进地产的合理分配使用。我们已经说明，工业不仅会增加土地的收益和价值，而且会扩大各种技术和才能发展的机会。我们已经清楚地指出，农业通常只有在工业繁荣和更有效率的条件下才会繁荣。

农业不能为有技术的有用人才提供用武之地。而工厂确实能给他们提供施展技能的机会，使他们的生产力增加 10 倍乃至 100 倍。因此，一个工业化社会能从新发明和科学进步中获得的利益比一个农业社会所能获得的利益多得无法计量。

在农业社会中，只有土壤和气候的差异才能引起和促进劳动分工，使劳动分工得到有益的发展。而各种工业部门却能给劳动分工的发展提供无限的空间。农业的生产力分散在一个广大的区域上，而工业的生产力却集中在一个地方。这种集中的过程最终会引起生产力按几何级数而不是按算术级数增长。

这就是工业化社会人口之所以集中在几个集合城市的原因。这些大都市是许多工业技术、生产力、应用科学、艺术和文学的中心。这里有许多公立和私立机构以及把理论知识运用于工商实践的协会。只有在这样的集合城市，才能产生足够有力的公众意见，战胜完全野蛮的势力，维持所有人的自由，并坚决敦促政府当局采取行政措施以促进和保护国家繁荣。

城镇从广大农村取得食物。同样，农村从城镇获得各种工具，以提高生活水平，促进知识需要，满足改进社会和政治条件的要求。

此外，制造业发达的城镇又是世界贸易的中心，这些贸易规模巨大，有利可图，是同生活在许多遥远的国家中的和具有不同文化水平的民族进行的。工业把难从远距离运送的廉价笨重的原材料，转化成为重量轻、价值高、有普遍需求的物品。

农产品市场受到农产品的重量、与其重量相比显得较低的价值，以及可供利用的交通设施的限制。而且，原始和半开化社会通常生产自己所需要的全部食物和原材料（略有一点剩余），却不制造工业品。

农业经济占支配地位的国家不可能与原始社会进行贸易，而世界上多数社会属于此类原始社会。原始民族已经拥有农业经济占支配地位的国家所能提供的一切，他们也不生产农业经济占支配地位的国家所需要的任何物品。

而工业化国家的制造商却能够获得充足的金银，为其国际贸易的稳定扩展提供资金，抑制价格波动。只有工业化国家才能够建立殖民地，并通过互利的商品交换将殖民地与母国联结起来。

我们已经说明，正是工厂使进行大规模的、长期的对外贸易成为可能。因此，商船的繁荣也是以工业的不断发展为基础的。单独的转口贸易绝不是海运业发展的令人满意的基础，对此我们将在第二十九章以汉萨同盟为例子加以说明。

在前一章中，我们已经解释过，一个国家可以通过其生产力垄断国内市场而使其人口和产出增加一至两倍。国家的财力和军事力量也会增长一倍或两倍。

我们以为现在我们已经说清楚了，如果一个国家要想保证国家的独立、获得高度的繁荣、巨大的财富和强大的力量，它就必须拥有高度发达的、效率很高的工业。

注释：

① 查尔斯·迪潘：《生产力》(*Forces prod.*)，第 92 页。

第十三章 工业生产力(续)

世界主义理论家们不会怀疑工业发展的重要性。然而，他们却以为这种发展可以通过自由贸易政策和让个人追求各自的私人利益来实现。他们以为只要实行自由贸易和让个人追求各自的利益，一个国家的那些最适合自己国情的工业部门就会自动地获得发展。在他们看来，政府采取行动刺激工业的建立，害大于利。

在第一章我们说过，占支配地位的经济学派所假设的那种世界一派和平安宁的景象与实际上世界充满民族对立和战争的现实不沾边。在第二章我们说过，在现实世界中，经济最先进的国家怎样被迫促进适合于自己特殊需要的那些工业部门的发展。即使只是为了获得农业的发展和繁荣，这些国家也必须这样做。在第十二章我们又提出证据证明，如果一个国家要增加收益和财富、壮大武装力量、取得文化艺术的进步，就要有高度发达的、高效率的工业。在本章我们打算说明，为了对抗占支配地位的英国的经济力量，处于工业化进程第二、三阶段的国家也需要保护性关税。这些国家工业的性质决定了必须采取这种政策。

一个国家，要使各种工业部门都达到高度发展的程度，是一个漫长的发展过程。特别是，如果在社会或政治方面还有延误经济发展的障碍的情况下，也许要经过许多代人的努力，民族工业才能获得如此高度的发展。只有在教育、文化和政治自由方面也取得进步的条件下，民族工业才能够获得发展。消除法制不健全所造成的障碍，也是民族工业发展的必要条件。此外，农业经济部门必须能够给工业提供必要的原材料、食物和制成品市场。

甚至当所有这些条件都已具备时，也还需要一段很长的时间培训必要数量的土木工程师、工业化学家、机械师和工厂管理人员。还需更多的时间让那些习惯于务农的人成为敏捷的有技术的工厂工人。只有代代沿袭，才能使人们对某一工业职业养成真正的偏爱——这种偏爱甚至会使一个矿工宁愿过地下采矿的生活，也不愿过那种跟在犁头后面的日子。

工厂管理人员和工人都要很长时间才能逐步学会操作机器、使用工具和制造程序。只有通过长期的一系列试验之后，工厂才可能制造出完美的产品。

一个工厂的产品，不仅要质量令人满意，而且价格也要令人满意。产品价格决定于这家工厂所支付的工资水平，工厂投资资本应付利息及产品数量。

技术较差的工人生产的产品不仅成本最贵，而且质量最差。有些人对农业工作有一种天赋，对这一行很有兴趣。要说服他们转向新的工业职业，工厂经理必须让工厂的工作具有吸引力，付给他们的工资必须高于从事农业工作的所得。工人的工资由劳动力市场的供需决定。但是，一有新厂建立，劳动力的供需关系就会扭曲，不利于工厂主。

在农业占支配地位的国家，投资者在投资之前习惯于要求有可靠的保证。由于新工厂的建立总有风险，资本家对这种投资往往犹豫不决，这并不为怪。如果他们投资于一家新工厂，他们就会以较高的利率形式要求一笔红利。在这种情况下，工厂主就必须对建厂时借来的资本支付大量的利息。

工厂主还需要廉价的原材料和燃料。即使在本国可以获得充足的原材料和燃料，其成本也要取决于运输系统的效率。在一个农业占支配地位的国家，一般来说，交通是非常不便利的。其结果就是一种恶性循环。在大工业发展起来之前，不会感到迫切需要良好的运输系统。即便有高效率的公路和水道运输，也不会发挥有效的作用。然而，只有提供必要的交通之后，大工业才有可能发展起来。

只有通过持续多年的反复试验和摸索过程，人们才会找到以最低的成本获得必要的原材料和推销最终产品的最佳方法。起初，产品的销路可能不好，或至少不稳定。销路越小且越不稳定，工厂主对其产品的要价就必然越高。

如果从单个企业的角度来考察的话，新建的工厂必须克服一些严重的不利条件。

除上述条件之外，一个工业部门的成功显然还要依赖于其他工业部门的成功。如果由于当地煤矿业尚未得到充分的发展因而得不到廉价燃料供应的话，生铁制造商是不可能赢利的。除非有大量的铸造厂、钢铁厂和机械厂购买他生产的生铁，不然的话，这个生铁制造商也不可能赢利。

每个工厂都需要无数其他企业的合作，由其他企业供应原材料，购买最终产品，或制造和维修机器。只有在所有的相关企业都实现最高效率的条件下，这家工厂才可能达到最高的效率状态。

我们相信现在已经说清楚所有新建工业企业必须克服的困难。

我们已经说明，所有的工厂是联系在一起的，除非其他工厂也获得成功，否则没有哪个工厂可以成功。我们已经解释了为什么一个工厂要花很长时间才能实现其全部潜力和达到最大效率。

现在，我们将对处于工业化第二、三阶段的国家的制造力与占支配地位的工业国的经济作一番比较和对照。我们将对那些还在向高度工业化的目标前进的国家和那些已经成功地完成工业化过程的国家进行比较。

高度工业化的国家就是已经成功地完成工业化过程和已经设法克服了我们讨论过的那些所有障碍的国家。这样的国家拥有大量受过训练的工程师、机械师、工业化学家，以及既有技术知识又有实践经验的工厂工人。只要支付适当的工资，就可以获得充足的熟练工人。工厂拥有现代的厂房，使用最有效率的工具和机器。最初为建立企业而借的资本早已付清。企业现在深受投资者的信任。工厂主现在能以合理的利率借到所需的资金。当地的交通已经达到极高的效率。所有工业部门的发展有条不紊。制造商已经获得固定的原材料供应和产品销售市场。大量高质量的产品正以尽可能最低的价格出售。

如果实行自由贸易，那么，处于不同经济发展阶段的国家之间一旦发生冲突，最落后的国家就必定一败涂地。而较落后的国家工业崩溃的后果又会是什么呢？

如果较落后国家的工业崩溃，那么已经获得必要知识和经验的制造商会移居外国。工人要么必须学习新的手艺，转换自己的工作，要么移居国外，要么陷入悲惨的贫穷境地。投入厂房、工具和机器的全部资本几乎丧失殆尽。投资者对工业企业的信心即便不是永远丧失，也肯定会丧失很久。公路、河流和运河的运输会急剧减少。矿山的产出也会下降。所有的进步都会停止。政府收入、国力、土地所有者的地租以及地产价值都会不断下降。事实上国家会重新陷入野蛮状态，只有通过关税保护，重新刺激工业的发展，扭转衰退过程，国家才能得救，才可能脱离这种野蛮状态。关税保护政策最终会使一个国家能够恢复它以前在世界民族之林中作为一个独立的文明国家的地位。

在我们现在所生活的这样伟大的发明时代，要估计新的技术发明对各工业部门的影响或对目前处于第二、三发展阶段的整个工业的影响都是不可能的。事实上，在工业占优势的国家，那些在全球广大的市场上推销其产品的制造商会迫切地感到必须尽快地开发利用新的发明，甚至会从相对落后的工业国制造商的眼皮底下夺走新的发明，以便生产出比以前成本更低的产品，扩大市场，赚取更多的利润。开发利用新发明虽然起初要投资，但由此而在其后赚得的额外利润将会足以补偿这种投资且有余。这些制造商可以支配的资本和筹集资金的能力使他们能够为了利用新发明而作出金钱上的暂时牺牲。但是，工业相对落后的国家的制造商却还在偿还创业资本，不论是利用自己的财力还是从公开市场上借贷，都不可能筹集到开发利用新发明所需要的资本。这样，仅仅因为较先进的国家能够提前几年利用新的发明，就可能致使较不发达的国家大部分工业崩溃。

此外应该认识到，供需平衡一般每隔一定时间——5 年到 10 年——就会被打乱，从而引起商业危机。在衰退时期，不同国家工厂之间商品的自由交换往往为一种殊死的战争所取代。现金储备最少、最无力偿付贷款利息的企业必定破产。这些企业无力把东西赊卖给顾客，无力赚到足够的利润弥补目前的开支，经不起贸易损失。在时势好转之前，这些企业无力维持下去，不可能不受伤害地生存下去。

最后，正如我们在前面一章中提到的，必需认识到国家的工业力量在战时的意义。

对处于工业化第二、三阶段的国家来说，采取贸易保护政策毫无疑义是必要的，令人满意的。

如果一个国家要使其对工业的贸易保护政策更有效，就必须满足下列条件：

1. 贸易保护政策不仅应与国家的社会和政治结构相适应，而且应与国家的自然和人力资源相适应。

2. 保护政策不仅应该有助于制造业的发展，而且应该有助于矿业和农业的发展。

3. 保护政策应该保证工业产量的稳定增长。

4. 保护政策应该保护工业和农业不受贸易波动和萧条的影响。

5. 保护政策应该促进国家工业的竞争能力，使其最终能够成功地经受住外国的竞争。无论如何，贸易保护政策应该不断保证国家工业的进一步增长。

6. 应该根据情况调整贸易保护政策，以便把外国的资本和熟练工人吸引到本国来。

7. 应该对贸易保护政策进行十分细致的权衡考虑，并把它建立在十分稳固的基础之上，从而使外国人无论采取任何反对措施——合法的或不合法的——都不可能破坏这种政策。

第十四章　工业的发展是否会抽走农业资本

世界主义理论家们并不否认，禁运和进口关税能产生他们所谓的“人为的”工业。但是他们并不承认这对国家是有利的，他们把这样的“人为的”工业视为是温室中的植物，会把本来可以自然地促进国民经济发展的经济活动（如农业）中的资本抽走。

在所有抽象的知识学科中，都存在着严重误用没有严格定义的技术术语的现象。例如经济学中“资本”一词就特别容易被误用。[①]经济理论家们用这个词来指各种颇为不同的东西，诸如货币、机械、劳力、人口或一个民族的智力素质等。这个词还一直被用来指人们可以利用的自然资源。为了检验经济学家们所引出的结论的正确性，必须确切地知道他们所用的“资本”一词的含义。

为了驳斥价值理论支持者们所谓“人为”工业会把更有用的经济活动的资本抽走的谬误，我们必须考察他们使用“资本”一词的各种方式。

在一个农业国中，建立工厂需要什么呢？首先，需要土地建筑厂房；第二，一般说还需要水力。纯农业国的土地和水力绰绰有余。卖给制造商的土地的价格无疑高于作为农用出售的土地的价格。

为了建立工厂、车间和住宅，制造商需要石头、沙子、石灰和木材。所有这些东西在纯农业国中一向没有价值或价值甚微，但是现在却突然值钱起来，土地所有者可以出售这些东西，获得可观的利润。

建筑工人和工厂工人要消费粮食，机器要消费燃料。农业国的粮食和燃料通常有剩余。这些商品的销售会刺激农业经济。

工厂主要利用羊毛、大麻、亚麻、菜油和染料。一般说来，所有这些产品在农业国的可供量远远大于消费量。如果将这些商品销往外国，再进口制成品，那么，所需要的仓库会远比在本国工厂所需要的仓库多。

因此，一个自己种谷物、自己磨面粉、自己做面包的国家不必让谷物存在仓库里。但是如果把谷物送到英国加工成面粉再进口成品，就需要把谷物存在仓库里。可见，新工厂既不会争夺农业的自然资源，也不会减少农业的谷物供应。

那么，农业到底会损失什么呢？会损失智力资本吗？一个纯农业国几乎没有什么智力资本，即使有也不会损失。在工业化过程的初期阶段，必要的技术知识和熟练工人须来自国外而不是来自本国农业。

会损失劳力资本吗？不。所有农业社会都有过剩的劳力，农业工人较无知。而工厂会给在土地上无用的劳力——妇女、儿童和老人——提供工作。

也许有人会认为，工厂会引起对劳力的大量需求，从而导致农业工人工资的普遍提高。但我们认为，虽然一方面土地所有者和农场主不得不支付较高的工资，而另一方面他们卖给制造商的产品也

会获得较高的价格。此外，因为农业工人工资更高、生活更好，农业生产会得到发展。所以，工厂的制成品对社会是一种净收益。

如果我们把所有在土地上工作的人都看作是参加一个联合生产企业的一个家庭，这一事实的意义——如果结合我们前面的一些看法来考虑的话——就会变得非常清楚明了。②

一个国家要是不能利用自己的瀑布，或让矿藏躺在地下，或输出原材料和粮食以交换相当于其价值十分之一的制成品，那就太愚蠢了。一个社会如果任其大部分体力和智力资源在闲置中浪费，那就蠢透了。

显然，一国工业化需要充足的（很容易从农村得到）、学到新的技术和工作习惯的劳动力。很清楚，除了购买外国机械的花费外，工业化不仅不会涉及农业资本的任何损失，反而会大大提高一个国家自然资源的价值。

令人惊讶的是，价值理论的倡导者们竟然把这么明白的问题搞乱了这么长的时间。更令人惊讶的是，尽管关税制度不言而喻会保护工业，提高社会福利，但世界主义经济学家们却一直对此保持沉默。在英国这个世界上最先进的工业国，保护政策成功地维护了资本、技术知识和熟练劳动力。人们会被吸引到通过保护政策维护其工业的国度，因为他们希望分享关税带来的利益。外国资源——体力和智力资本——的这种移入肯定不是以牺牲本国农业为代价所得到的收获。

谁也不能否认，只有能够保证个人自由和保护个人财产的先进文明的国家，才有希望吸引英国资本和技术知识而成为工业化国家。

我们所提出的论点并非是纯粹抽象的命题，而是以公认的事实为基础的。所有通过贸易保护政策顺利地建立起工业的国家都发现，正是通过工厂的建立和经营，农业获得了惊人的实力。再有，在修建运河和铁路的国家，正是农业第一个从这些公共设施中获得最明显的利益——在很大程度上，这是出钱兴建公共设施的补偿。[③]

注释：

① 在读了本文前面六章和下面六章后，读者就会知道如何正确地判断亚当·斯密的下述论点了："这种国内市场的独占，对享有独占权的各种产业往往给予很大的鼓励，并往往使社会在那种情况下有较大部分的劳动和资财转用到这方面来，那是毫无疑问的。但这办法会不会增进社会的全部产业，会不会引导全部产业走上最有利的方向，也许并不是十分明显的。

"社会全部的产业绝不会超过社会资本所能维持的限度。任何个人所能雇用的工人人数必定和他的资本成某种比例，同样地，大社会的一切成员所能继续雇用的工人人数，也一定同那社会的全部资本成某种比例，绝不会超过这个比例。任何商业条例都不能使任何社会的产业量的增加超过其资本所能维持的限度。它只能使本来不纳入某一方向的一部分产业转到这个方向来。至于这个人为的方向是否比自然的方向更有利于社会，却不能确定。

"各个人都不断地努力为他自己所能支配的资本找到最有利的用途。固然，他所考虑的不是社会的利益，而是他自身的利益，但他对自身利益的研究自然会或者毋宁说必然会引导他选定最有利于社会的用途。"

② 笔者认为，应该说明，笔者并不赞成圣西门的学说。笔者不相信有可能建立财产公有的大型社会——至少在人类社会的现阶段不可能。然而，我们的建议是正确的。只要把一个国家看作一个具有共同利益的家庭，往往就可以使最难理解的经济问题简单化。根据这种设想，对整个社会有益和有利的——或有害和不利的事物，对其成员也同样有利或有害。

③ 亚当·斯密在《国民财富的性质和原因的研究》第四篇第九章写道："所以，按照这个宽宏制度，农业国要培育本国的工匠、制造业工人与商人，最有利的方法，就是对一切其他国家的工匠、制造业工人与商人给予最完全的贸

易自由。这样就能提高国内剩余土地生产物的价值，而这种价值的不断增加，就将逐渐建立起来一笔基金，它在相当时期内，必然把所需的各种工匠、制造业工人及商人培育起来。

“反之，倘若农业国以高关税或禁令压抑外国人民的贸易，就必然在两个方面妨害它本身的利益。(一)提高一切外国商品及各种制造品的价格，必然减低用以购买外国商品及各种制造品的本国剩余土地生产物的真实价值；(二)将国内市场给予本国商人、工匠与制造业工人独占，就能提高工商业的利润率，使之高于农业利润率，这样就把原来投在农业上的资本的一部分吸引到工商业去，或使原要投在农业上的那一部分资本，不投到农业上。所以，这个政策在两个方面妨害农业。(一)减低农产物的真实价值，因而减低农业利润率；(二)提高其他一切资本用途的利润率。农业因此成为利益较少的行业，而商业与制造业却因此变得更有利可图。各个人为了自身的利益，都企图尽可能把资本及劳动从前一类用途改投到后一类用途。

“农业国通过这种压制政策，虽能以比在贸易自由情况下稍快的速度(这大有疑问)培育本国的工匠、制造业工人及商人，但这是在其尚未十分成熟以前，过早地把他们培育起来(如果可以这样说)。过速地培育一种产业，结果就会压抑另一种更有价值的产业……”。

第十五章　以关税保护工业会给制造商一种垄断权，从而损害其商品消费者的利益吗

垄断！这个可怕的字眼在上个世纪常常用来诋毁那些据说是引起巨大公害的金融家之专横的计划。

商人不生产东西。他们靠买卖商品谋生。谴责任何妨碍他们买卖自由的政策是他们的利益所在。商人把国家为保护国内制成品市场而采取的任何措施都斥为是一种“垄断”。

特别地，如果考虑到我们的 2 000 万农业人口将会享有向 2 000 万工业人口供应食物的天然垄断权益的话，把确保我们的 2 000 万工业人口享有向 2 000 万农业人口供应制成品的合法权利的措施攻击为一种“垄断”，真的是正确的吗？

贸易保护政策并不是以牺牲一个公民的利益为代价而让另一个公民获得特权。实际上，这是整个国家以另一个国家的利益为代价所享有的特权。作为这个国家公民的所有制造商也只是与其他同胞一样在国内市场上享有同等的权利。只有在这种特定的意义上，才能把关税视为提供一种“垄断权益”。

垄断不仅有有害的、不公正的垄断，也有有益的、正当的垄断。

给予发明者在一定时期内享有自己发明的专利，是一种有益的和正当的垄断。其理由是不证自明的，勿需赘述。

让本国所有制造商垄断国内市场的动机与此相似。这种垄断不是靠牺牲社会的整体利益而赋予任何个人的特权。只要是本国的公民，所有的制造商都可以毫无例外地享有受关税保护所提供的特权。任何人都可以自由设厂、自由经营。而且，制造商所享受的贸易保护最终会有益于那些被认为会因此受到损害的人——亦即务农者。

只有在给予工业家独占国内市场的特权造成制成品价格始终高于国外类似产品价格的情况下，这种垄断才该受到批评。

但是，当一国工业发展到可以在国内市场经受住外国竞争的程度时，我们就会发现——正如在第十一章所说明的那样——国内制造的商品比国外制造的商品更便宜。之所以出现这种令人满意的状态，部分原因是过去实行了关税保护，部分原因是外国竞争的刺激。

一些国家的社会和政治条件还没有充分发展到足以在国内市场上形成本国制造商之间激烈的内部竞争。在这样的国家——也只有在这样的国家，关税给制造商提供的特权才会使一小撮豪富企业得以掠夺消费者。他们可以对其商品索取高价。只有在这种情况下，才可把制造商获得的特权视为一种危险的垄断，它会阻碍和减缓一国生产力的发展。

第十六章　本国制造商支配国内市场会牺牲消费者的利益吗

在第十三章我们解释了为什么处于工业化进程的第二、第三阶段的国家的制造能力还没有得到充分发展的原因。我们还说明了这样的国家所制造的商品必然比高度工业化的国家所生产的商品质量更低而价格更高。对于这样的国家，有人坚持认为，给予制造商以关税保护必然会牺牲消费者的利益，因此对消费者肯定是不公平的。

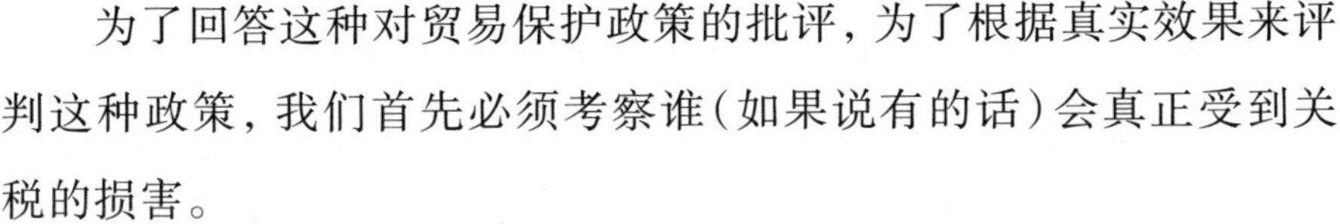

为了回答这种对贸易保护政策的批评，为了根据真实效果来评判这种政策，我们首先必须考察谁(如果说有的话)会真正受到关税的损害。

消费制成品的人有：

1. 制造商们自己：一个工业家消费另一个工业家所生产的商品；

2. 那些务农并以此为生的人；

3. 商人阶层；

4. 资本家和有私人收入的人；

5. 专业技术人员和艺术家；

6. 公务员。

在第十二章我们已经说过，如果制造商相互消费对方的产品，那么，所索取的较高的价格不会造成损害。因为除非所有的其他的工业部门都繁荣，否则没有哪个工业部门能够繁荣。

处于工业化第二、第三阶段的国家的消费者大多是依靠土地谋生的务农者。如果对制成品课征关税，如果本国制造商之间的竞争还没有充分发展起来，那么，这些消费者无疑必须出较高的价格购买国内制成品。但是，判断一种经济政策的成败是否只凭制成品价格的高低？难道不该也考虑到消费者出售自己产品所取得的利益吗？如果消费者出售产品的收益大于他购买商品的支出，这难道不是成功吗？即使他出售自己产品所得到的货币收入刚好等于购买制成品时的货币支出，仍然可以认为他的经营是成功的。巴黎附近一块土地的所有者要出较高的价格购买商品，难道他的处境真的不如一个拥有一块远离城镇或工厂的等量土地的所有者吗？我们在第十章已经解释过，如果农业主要依赖于对外贸易，它就容易受到市场严重波动的影响。在第十一章我们阐述了，如果工业得到发展，农业会得到多么大的利益。我们还说明了，保护工业的关税政策非但不会损害农业，而且最终会给农业带来最大的利益。

在工业化的初期阶段，为促进制造业而实行的进口关税可能会使农业作出一些牺牲。但是，与商业危机、政治革命、外国关税或战争（这种战争必然会使基本上完全依赖外贸的经济深受其害）所引起的贸易萧条相比，这些牺牲算得了什么呢？在所有借助关税而使工业发达起来的国家中，农业也繁荣起来了。这难道还不能说明工业化初期阶段农业所蒙受的牺牲——如果真的可以称之为牺牲的话——不太重要、事实上无关紧要吗？

即使有人真要认为工业化的初期阶段农业确实必须作出一些牺牲，那么农业也会最终因其产出的极大增长——事实上是成百倍地增长——而得到丰厚的补偿，这是可以肯定的。一旦工业发展到高峰，农业产出就会成百倍增长。到那时，培育这棵娇嫩的植物所付出的一切艰辛的劳动、牺牲和忧虑都会获得应得的酬报。最终，工业家们的相互竞争会使制成品的价格低于外国制成品的价格。随着工业的发展和人口的增长，对农产品的需求会不断增加，从而推动农产品价格上涨。这可以向在土地上工作的人证明，为了铺就子孙后代的繁荣之路，现在不要对作出一些牺牲犹豫不决。对于这种繁荣，我们可以用下述案例说明之：一个农民之所以可以采摘果园中的水果，就是得益于先辈种植这些果树的辛勤劳动。因此，当工业得益于关税保护之时，务农者抱怨工业化初期阶段的制成品质量差、成本高，是没有什么理由的。

同样的理由也适用于资本家、拥有私人收入的人、领取退休金者、专业人员以及艺术家。当工、农业繁荣时，社会中的这些阶层获益极大。这是不证自明的，不必赘述。

如果工厂和农场的产出增加，那么，商人也不会损失什么。农场主和制造商的生产和消费会以同样的比例增加。工农业经济部门的生产能力也会发展到同等程度。这些发展不会影响商人——商人只是生产者和消费者之间的中介人。

达到工业化最高阶段国家的国内贸易无疑比一个纯农业国的国内贸易规模要大得多、重要得多。同样可以肯定，高度工业化的国家所需要的外国原材料和出口的制成品也远远超过纯农业国。

关税只会使外国制造商的代理商和那些购买农产品以销往外国的人感到不便。但是，他们只会失去一向习惯的、在过去是必要的业务。随着工业的发展，这些商人的业务也会发展，而且他们将会容易找到发挥其经营技巧的其他机会。因此，也不能说他们的利益确实受到关税政策的损害。

因实行贸易保护政策而损失最大的人是公职人员以及薪水或收入不受供求调控的人。因为他们的薪金是以较低的物价为基础确定的。从这个意义上说，这些人有所损失。但是，随着国家生产力的发展，国家的各种税收所得也会增长，如果国家税收所得增长，就有理由预期人们会同意按照生活费用上升的情况增加公职人员的薪金。

第十七章　农业需要保护吗？如果需要，什么情况下需要

凡是试图以关税来刺激制成品产出的国家——无论这种意图成功与否，那些从事农业活动的人总是要求政府给他们提供类似的保护，而且政府一般总是或多或少给予满足。

经验无疑表明，经济学家们已经正确地看到人口的增减与农业产出的增减有直接的联系。至于人口所消费的食物究竟是国内生产的还是从国外进口的，却无关紧要。如果食物的进口受阻，那么，显然，食物进口减少得越多，人口下降就必然越大。若国内生产的食物没有增长，人口就会马上停止增长。

在工业受到保护且正在迅速发展，从而已出现高度繁荣景象的国家，由于实行关税政策，国内正在生产那些原本要进口的制成品。这种生产主要使工业人口得到好处。高度工业化国家能供养的工业人口比纯农业国家能供养的多得多。由于工业人口的日益增长，工厂对原材料的需求也会随之增加。原材料和食物进口的增加可以通过出口等值的制成品或农产品而达到平衡。但是，如果限制原材料和食物的进口，工业人口——以及工业品出口——的增长可能就会消失。

在上一章我们就说过，只有在工业繁荣的条件下，农业才可能繁荣。因此很清楚，通过关税来保护国内农业市场的任何企图都不会产生预期的良好结果，实际上只会损害农业。

旨在保护农业经济部门的农业关税政策实施的初期，表面上好像已经给农业带来一些实惠。如果用高额进口关税的手段禁止肉类进口或使进口非常困难，表面上看来畜牧农场主好像会得到眼前的利益。然而，不久之后就会变得很清楚的是：工业人口因为肉食价格高昂而生活艰难，同时农场主却因为出口量减少而遭殃。从前用牛换取我们的葡萄酒和制成品的外国人现在可能会弃我们于危难而不顾。法国在肉类和其他产品方面都有过这种历史教训。[①] 由于没能认识到农产品交换的自然规律而吃亏的这种教训，英国过去也有过，将来还会有。

探讨自由贸易这一问题时，必须认识到农业的情况颇不同于工业。没有人能够否认，假设它们已经达到足够先进的文明水平的话，大多数国家是有建立和发展各种工业的潜力的。同样也没有人能够否认的是，农业依赖于人类几乎无法改变的自然作用过程。因此，不同的国家和地区应专门发展不同的农、牧、林产品的生产，诸如葡萄、牛、羊、谷物、木材、烟草、棉花。常识告诉我们，如果一个地区不生产最适合本地气候、土壤及居民习惯和技能的产品而试图去生产其他产品，那是愚蠢的。

令人惊讶的是，教条的世界主义经济学家们的论点竟然在很大程度上被刻板地用来研究农业问题。这些经济学家以探讨工业产出的方式来探讨农业，这是大错特错的。正如前面所述，这两种生产是受颇为不同的规律所支配的。

我们准备对工农业生产的不同之处加以清楚的阐述，因为我们希望做到严格、公正，不愿被人指责为偏袒工厂主。

农业一般会对国内市场拥有一种天然的垄断权，这是大自然使然。工业的情况却大为不同。

随着国家变得更加先进，随着工业的发展，从事农业活动的人更没有理由害怕外国人在本国市场上的竞争。而工厂主的情况却正好相反。

外国竞争绝不至于将整个农业毁掉。如果农场主的剩余农产品在国内外市场上都无法找到有利可图的销路，农场主可以以增加储存或改良土地的方式，自己利用剩余产品。农场主比工厂主更容易等待到好时机。而激烈的竞争肯定会给工厂主及其工人、机器、建筑物和经营组织招致灭顶之灾。

培训专事农活的工人，几乎勿需成本——这种培训是大自然进行的。多数农业工人只需要有强壮的体格就行，不需要有多少技能。对工业工人的需求就颇为不同了。

如果价格低而迫使农场主把产品贮藏在谷仓中，那么与因价格高而鼓励多出售产品的时候相比，他们在一段时期内会多享用一些食品。而工厂却是另一回事，竞争及由此造成的价格下跌，会引起衰退、失业和普遍的贫困。

如果从事农业活动的人没钱购买高质量的工业品，他们可以自己制造。虽然这种损失也许是不愉快的，但不会威胁生计。但是，如果工厂工人缺乏食物，他的健康——往往他的生命——就受到威胁了。

通过关税保护工业，一个国家可以把外国的资本、企业家、熟练和非熟练工人以及机器吸引到本国。而这对农业根本不适用，或只在非常有限的程度上适用。

工厂的产出能够极大增加，而农业产出的增加却受到可供利用的农用土地面积、土壤性质及气候条件的限制。

保护工业的关税会直接刺激工业的发展。而保护农业的关税却会极大地损害工业的发展。

如果保护工业的政策持续很久，国内市场上工业家之间的竞争将会导致制成品价格的持续下降。另一方面，这种保护政策维持的时间越长，农产品价格就下降得越多。

保护工业的关税会导致工厂工人的工资提高。而保护农业的关税既不会提高租地农场主的利润，也不会提高农场工人的工资。只有土地所有者的地租会增加。这会给予一个国家的土地贵族以一种垄断权，从而牺牲广大居民——最贫困、受压迫最深、最有用的阶级（即包括农场工人在内的一般劳动阶级）——的利益。

关税保护政策使工厂主能够从资本家那儿筹措贷款。只有这种保护才会使新工厂的建立者有能力获得购买必要的工厂设备的资金。而地产所有者本来就拥有筹集贷款所需的担保品。

通过禁运或进口关税致使食物价格提高，就是公然无视国民生存的自然法则。由于农产品价格的人为提高，让那些已经垄断国家土地的人得到第二种垄断权，危害整个社会。而通过关税保护工业，则会给劳动阶级提供工作和食物，并使其能够避免制成品价格提高的不利后果。

唯有通过关税保护工业，才能使一个国家国内粮食歉收时有能力从国外进口粮食。发展定期进口——甚至把今后可能需要的进口告诉外国人——会鼓励外国生产多余的农产品并把剩余部分贮存起来，以备出口所需。一个为了保护自己的农业而对外国原材料和食物闭关锁国的国家，一旦国内农业歉收，就会失掉从国外得到食物的可能性。此外，这种保护政策还会抑制外国农业生产的发展。

工业国向所有的外国农产品自由开放国内市场，会使自己的制成品获得稳定的国外市场。但是，如果工业国对外国的农产品闭关锁国，就会迫使农业国发展自己的工业。

如果工业国不限制原材料和食物进口，就有可能建立殖民地。母国及其海外殖民地之间就会建立起良好的贸易关系，这种贸易关系对双方都是极为有利的。但是，如果禁止农产品进口，就会失去一条可以变富的途径，造成一些雇工失业。

正如我们已经看到的，保护工业的关税对促进文化进步和维持国家的强大、独立和繁荣是必不可少的，是促进农业发展、使之达到最高效率的唯一途径。但是，保护农业的关税只会使一些大土地所有者更富，同时牺牲其他靠土地为生的人的利益。

因此，我们认为，所有国家之间应该完全自由地进行原材料和食物贸易。整个人类社会和所有国家无一例外地都会从这种政策中获得极大的利益和巨大的财富。而对制成品实行普遍自由贸易却会使许多国家丧失独立、削弱国力、降低生活水平、不可能取得通向更高文明水平的任何进步。

在保护制成品的禁运和进口关税与保护农产品的禁运和进口关税之间，也许还可以找到其他重大的差异，但是我们希望，我们指出的差异已经足以证明我们的论点了。

根据我们提出的论点，也许有人要问，为什么几乎所有国家的农业界都能获得对食物和原材料的关税保护？

这是因为，制造商认识到，要说服政府实行全面的关税保护政策，必须获得农业界的支持，以战胜外贸商和教条主义经济学家们的反对。而农场主没有认识到，他们支持的全面的关税——包括原材料和食物的进口关税——是一种最终会损害他们的利益的错误政策。

在多数立法机构中，那些从土地的直接升值中得益的人是多数，或者至少也是在争论和决策中举足轻重。这些人会为了明显的眼前的经济利益而牺牲长远的真正利益。

注释：

① 查尔斯·迪潘在他的《法国生产力和商业》（两卷本，1827年，第一部分，第116页）中说："最好完全自由地进行贸易，放弃保护粗心大意、愚昧无知和闲散怠惰的法国农民免受生活在我们邻国的积极、聪敏、高效率的农民的竞争的愚蠢想法，这样我们就可以避免引起外国人对我们的工农业的报复。"

沙普塔尔在《论法国工业》（第1卷，第196页）中对法国拥有的牛数作过如下估计：

公牛	214 131头
阉牛	1 701 740头
母牛	3 909 959头
	5 825 830头

在牛的进口关税提高之前，输入法国的牛数是：

阉牛	16 000头
母牛	20 000头
	36 000头

因此，进口牛的数量只是法国总牛数的1/160。显然，从表面看，结束这种无足轻重的进口贸易决不会影响法国农业的繁荣。然而巴黎附近和法国西部某些地区农业不景气的状况还会进一步恶化。迫切需要充足的食物的工人会受害

最大。整个国家的劳动力量会受到削弱。在普瓦西市场上，肉类的平均价格从42生丁涨到50生丁。这说明了农业与工业产出之间的一种新的、极重要的区别——一种以前我们没有注意到的区别。如果对食物征收高额进口关税，社会不同阶级、不同地区，都会受到不同程度的影响。同样，如果对制成品课征高额进口关税，不同阶级、不同地区也都会受到不同程度的影响。

第十八章　经济发展第四阶段的农业和工业

我们在前面几章中已经讨论了农业发展的三个阶段：

1. 第一阶段，农业与外贸没有联系。

2. 第二阶段，农业受到外贸的影响。

3. 第三阶段，农业和工业之间已达到一种平衡，农业产出的大部分——即使不是全部的话——被生产国所消费。

农业发展的这三个阶段与工业发展的三个阶段是相对应的，即：

1. 第一阶段是自给自足的阶段，此时，土地所有者和农民自己生产所需的大部分制成品，国内手工业是此时一国唯一的工业。

2. 第二阶段是重要工业在与输入制成品的联合或竞争中发展起来的阶段。此时，虽然有外国对手的竞争，工业或因为所支付的工资低于外国企业，或因为由于享有本地特殊的优势而开始建立起来。

3. 第三阶段，本国工业虽然没有完全控制国内市场，但已占支配地位。

农业和工业都还有第四个发展时期，此时一个国家所需的全部原材料——或部分原材料和食物——是从外国进口的。然后，通过出口制成品换取原材料和食物。

农业发展到更高阶段的时候，国家进口的原材料和食品反而比本国农业垄断国内市场的时候还多，这看起来似乎是矛盾的。但是，对于读过前面各章的读者来说，我们的论点的正确性是不言而喻的。

进口原材料和食物的国家，是工业实力正在发展的国家，是生产成本正在下降、工业家有能力生产出远远超出国内市场能够吸收的制成品的国家。

这种国家的境况远胜于那种通过禁运和进口关税限制外国原材料和食物的流入，从而人为提高国内农产品价格的国家。这样的国家能够为工厂管理者、熟练工人和商人提供的就业机会远远超过农业单独能够提供的机会。在这样的国家，孤立的房舍先发展成为一个小村子，进而成为村庄。村庄又发展成为小城镇，最后小城镇再让位给建筑和人口翻一倍乃至两倍的大城市。

新的公路和运河的修建导致对建筑材料、燃料和各种消费品的需求增加。随着石场、砖窑、煤矿和泥煤矿山的开发，推动着新村庄和新城镇的发展，为农产品提供了新的市场。农民现在可以买到煤块或泥煤了，用不着以原始的方式在自己的土地上开采煤炭来解决燃料问题。建设各种建筑物以及修建道路和运河，要雇用无数工人，这些工人的需求会刺激该地区农业产出的增长。

花园被改成建筑用地；旷野成为菜园和果园；草地和森林变为耕地。这些变化是由于对农产品的不断增长的需求引起的。这种需求当然可以通过从国外进口的方式来满足一部分，但这只是新增加的对牛奶、禽蛋、奶油、蔬菜、土豆、水果，以及为饲养耕马和坐骑对燕麦和草的总需求的一小部分。特别是国内对肉类、植物油和染料的需求十分巨大。当交通得到改善、使农民与其顾客的联系更紧密时，农民在国内市场上比外国竞争者拥有一种得天独厚的地域优势，因为外国人必须支付更多的运费、贮存费和保险费。因此，本地农民就会占有上述农产品的本地市场的绝大部分。

通过集中精力生产这些产品，农民就能够提高产量，获得更大的利润，而且，与典型地带有早期发展阶段的那种相对落后特征的农业（例如，当时的农业产量除餬口之外几乎只能勉强饲养力畜）相比，此时的农业所提供的就业机会多多了。

如果一国政府要采取限制原材料和谷物进口的政策，农业就不可能达到最先进的发展阶段，工业家也不可能增加制成品在外国的销量。

有人一直以为，让工业发展到完全依赖进口原材料和食物、完全依赖外国市场销售其制成品的程度，是一种严重的错误。还有人认为，这种依赖是危险的，因为原材料和食物的进口及制成品的出口都可能由于商业危机或外国的敌视性关税而被中断。没有必要对此担忧。因为工农业发展到最先进阶段的国家决不会缺乏克服这类困难的手段或力量。出于贸易萧条或外国敌视性关税的考虑而担忧未来前途的人，犹如因为担心用坏双腿而拒绝用双腿走路的人一样，是杞人忧天。

第十九章　商业的生产力

国内外贸易会影响农业和工业之间的产品交换。商人们要为各种具体的制成品或农产品寻找需求市场。他们安排必要的运输工具，负责收集应付给生产者的款项。此外，他们给不能立即销售的产品提供信用和安排贮存。商人们以这种方式扶助生产过程和维持生产与消费之间的平衡。他们能够应付产出太多或太少的局面。

有人把贸易定义为生产者和消费者之间的联系。事实上，商人有两种职能。第一，正如我们所解释的，他们促进各种工农业部门的产品交换。第二，他们沟通物质产品的生产者与纯粹的消费者——例如官员、艺术家和退休人员——之间的供求关系。

为了充分评价商业生产力，我们必须把注意力集中在商人把农业和工业两个经济部门联结起来这一主要职能上。对商业职能的考察使我们得出下述结论：

1. 严格地讲，商人不是生产者。他们只是促进制造商和农民的生产与消费。

2. 商业随着工农业生产的兴衰而扩大或缩小。

3. 如果工农业因为它们的国内市场得到保护而繁荣，那么，商业也会获得同等程度的繁荣。可以证明，在一个工农业发展到先进阶段的国家，国内贸易会像对外贸易一样扩大 5 至 10 倍。

4. 只有在外贸能促进一国工农业发展的前提下，才能允许自由贸易。只有在外贸能促进工农业发展的情况下，才能把外贸视为是有益于经济发展。

5. 前面说过，外贸有时可能会对一国工农业的发展产生不利的影响。如果不采取适当的外贸限制政策来抑制这种不利影响，就会损害本国的经济利益。

6. 在工业发展到先进阶段的国家，国内贸易远远比对外贸易重要得多。况且，外贸是随本国工业的兴衰而扩大或缩小的。正如前面所述，常识告诉我们，所有国家的经历也进一步证实，一国工业的增长伴随着原材料、食物进口及制成品出口的相应增长。一个农业占支配地位的国家（即使实行完全的自由贸易），其外贸总值与高度工业化国家（即使对外贸实行关税限制）的外贸总值相比是微不足道的。

7. 国家通过扩大和发展工业，能够巩固国家的独立，增强国力，促进繁荣。国家强大繁荣，首先得益的正是外贸。只有国家富强到使政府能够给对外贸易提供抗击外国对手的保护时，对外贸易才可能维持和发展下去。如果外贸没有一个强大的国民政府的支持，就会面临毁灭。

8. 如果没有日益发展的工业和政府的支持，外贸也会像其他经济部门一样，只能听凭外国的任意摆布和专横行动。这样一来，外贸面对外国的专横肆虐时就会无所依托，即使和平时期，实际上也只是外国势力的附属罢了。

9. 在战时，交战国之间的贸易会完全被破坏和摧毁。商船抛锚港口，船员到外国谋生，船长到土地上去找工作。投资于外贸的资本要么赚不到利润，要么被转移到国外。那些把资本投资于因战争而繁荣起来的工厂中的商人最终会发觉自己处于进退两难的境地。战争结束后，战前高唱自由贸易赞歌的人发现自己在支持实行关税制度，以保护自己战时投入制造业的资本。然而，先进工业国的外贸情况就不同啦。由于有强大的海军的支持，这种国家不久就会找到新的外国市场，以代替暂时丧失的那部分国外市场。即便以前投向外贸的有些资本在国外再也找不到有利可图的用途，也可以在繁荣的国内工业中找到许多新的安全和有利的投资机会。

10. 转口贸易商人的全部立足点都在外国，只有当他们能够促进国内工业、他们赚取的佣金可以用来造福于整个国家、他们赚得的利润最终会使国家受益的情况下，他们的活动才有必要给予考虑。与国内贸易相比，我们应始终把外贸看作是国民经济中的外国入侵者。外贸商人绝不该指望政府赞成他们的观点和愿望，最不该希望国家会为他们的利益而作出任何牺牲。

根据前面所述，在商业、农业和工业之间显然没有真正的利益冲突。商人无权要求有损于农业和工业的特殊待遇。孤立地看待贸易自由，仿佛商业是经济过程中的一个独立因素，那是很没道理的。事实上，商业不过是联结社会各种生产力的一种纽带。

我们的这种观点的论据在十四章中说得再清楚不过了。在第十四章，我们指出国家应被视为一个统一的、商品属于所有成员的社会。如果接受这种观点，我们就可以问：鉴于商人只涉及商品的记账、贮存、调运和分配这一事实，在什么程度上可以把商人视为是生产者呢？商业不会获得与工农业产出同等程度的增长吗？如果出口羊毛交换毛织品，而进口的毛织品价值只是出口原毛价值的四分之一，难道商人就不谴责政府的愚蠢吗？难道商人就不承认出口谷物、进口面粉和面包也同样是愚蠢和不顾后果的行为吗？如果有建立毛衣厂的人力和技术，又有农业生产的剩余产品可以供养工厂工人，这种政策难道不是显得更愚蠢吗？过去出口羊毛、进口成衣的商人难道有丝毫的理由批评政府结束这种有害的交易吗？如果他们一定要提出指责，那么我们的回答是：本国的工厂可以用原来出口的羊毛生产四倍于以前进口的毛织品。这种情况对商人是有利的。因为国内商品的注册、调运和分配会由于每个人将消费两倍于以前的衣物而极大地增加。此外，只要一半成衣的价值就会相当于以前销往国外的羊毛价值的两倍。因此国家不仅会从出口毛织品中获益，而且还会从进口中获得两倍于从前的利益。这是因为，出口毛织品可以换回价值两倍于以前用原毛换取的商品。由此可见，进出口商人不是无用的社会成员。相反地，在上述情况下，他们对社会的实用价值实际上会增加一倍。

只有在一种情况下，进出口商人有权反对为保护工业所采取的措施。这就是，如果国家尚缺乏充足的人力生产羊毛，或者与之一直以羊毛出口换取毛织品进口的国家相比还不能成功地生产毛织品。在这种情况下，继续生产羊毛并用所生产的羊毛换取毛织品，无疑会使国民穿得较好，至少暂时是如此。

要不是商业的总体利益常常与商人的个人利益不同这一事实，商人对如此显而易见的道理都不明白就令人惊奇了。我们准备在下一章讨论商业整体利益与商人个人利益的这种差别，并阐明其后果。然而在此，我们要明确，我们对商业在生产力发展和文化进步中的重要性是十分理解的，以免别人批评我们不客观。

正是由于商业，才使新的产品得以出现在市场上，并创造出对消费品的新需求。为了获得这些商品，原始的民族会渐渐习惯劳动，从而又导致道德、宗教和法律的进步。正是商人而不是传教士促进落后原始的民族走向更文明的状态。

正是商人促进了农业的发展，要不是商人的努力，农业可能还会停滞在一种可怜的状态之中。正是商人使人们做好了进入经济和社会新阶段的准备。是商人的努力猛力地冲击着偏见、狂信、体力和智力的懒惰、有害的贵族特权和暴君的专制统治的基础。是商人激起落后原始民族改善自己处境的意愿和能力，因为商人提供的新商品唤醒了他们自己制造这些商品的愿望。商人还给他们提供了引进和发展国内工业的方法。

只是在农业从第二阶段向第三阶段过渡的时期，某些商人的活动才确实与整个社会的利益有冲突。然而，在农业发展的第四个阶段，商人的利益和社会的利益又一致了。

在经济发展的早期阶段，商业会鼓励生产力的发展，促进诸生产力彼此间的密切联系，进而会成功地把诸生产力完全统一为一体。

自由贸易并非痴心妄想。随着理性的胜利，自由贸易会普遍建立起来，到那时，全球所有民族将实现最大程度的物质和文化福利。然而，这只有在所有国家的经济、道德、社会和政治发展达到相同的阶段时才有可能。此外，似乎只有把世界划分为更大的国家单位，才会加速这一过程，从而实现这种完美的目标。

第二十章　商业利益与商人利益有何不同

只有在土地上或工业中工作的人才能生产出以前没有过的东西。因此，他们的活动对整个社会必然总是有益的。唯一的例外是，如果产量太高，由此造成产品过剩，生产者的个人利益可能就会受到严重的损害。每当一种产品的供给大于需求时，就会出现暂时的萧条。

商人的经营却不会受到这样的影响。商人本身不生产消费品。商人仅仅把现有的商品带到市场而赋予它们价值。商人的目的只是通过交换产品赚钱，至于交换是否危害国家或整个世界的生产力，对他来说是无所谓的。

但是，不该因为商人对其行为可能给国家生产力造成的损害漠然视之而批评他。因为交换活动是他营生的组成部分。理所当然，他必须贱买贵卖。如果一国农民决定把全国的果树挖起来以供出口，商人也会毫无顾忌地经营这种交易，只要可以赚钱就行。事实上，如有可能，商人还会连栽果树的土壤也拿去出口的。把最后的一点土都刮走后，他就会乘船到另一个国家，在那儿继续做他的买卖。

商人会毫无顾忌地把工厂卖给外国人。在市场萧条的情况下，商人会按贱买贵卖的原则把自己国内的工业企业卖掉以筹集资金，去购买因贸易衰退而被迫出售的廉价外国商品，然后在本国倾销，使成千上万的工人失业挨饿。商人对自己的行为所引起的悲剧性后果，是毫不关心的。作为价值理论的支持者，商人经营的唯一目的就是年底赚到钱。如果商人感到有必要为其行为辩解，就会老调重弹，坚持说他促成的不幸应归咎于他无法控制的形势。

如果商人不能从本国的繁荣中得益，商人就会利用饥荒或战争进行投机。商人会通过出口必要的耕畜谋利，通过出口破产企业的机器和材料谋利，通过工厂管理人员和失业的城乡劳工的移居赚钱，甚至通过把武器卖给敌国发国难财。商人从这些不仁不义的行为中投机赚钱，用他的白兰地酒毒害国家和社会，却仍然继续宣称坚持“自由放任、自由通行”的政策。

有一个虔诚的教友派教徒，以其高尚的道德情操和渊博的宗教知识而闻名。当他的船被捕获并发现其中装满运给敌国的武器时，把他投入监牢的上尉指责他缺乏爱国主义精神。这位教徒愤怒地回答说：“您这是什么意思，先生？我是一个商人，即使我干的营生把我引向地狱，我也会去的。”这就是商人的逻辑！宗教和道德都无法改变他的真实本性。

理所当然，商人应该按照这种逻辑，绝对支持无限制的自由贸易，即使他的行为完全不符合商业的整体利益。如果一只狐狸是某个立法议会的成员，他会断言，通过一项禁止消费家禽和鸽子的法案就是违反自然法则。

商人求助于“自然法则”谴责任何妨碍他经营的事物。在商人看来，走私是高尚的行为，根本没有错。他实际上确实自以为走私贸易是加强被社会打乱了的“自然法则”的一种适当而高尚的途径。

商人赚钱不惜一切代价，其行为低劣到如此地步，以至于不仅个别商人甚至连商人集团——诸如船主们、造船商们和保险公司——都会联合起来，抠取千百万人手中的点滴钱财，并利用每年海上因受难而丢失的价值数百万法郎的财物赚钱。他们是真正的窃贼和强盗。

为了保证以商业界为一方和以一个国家、社会或人类为另一方之间的任何利益冲突以有利于后者的方式得到解决，需要一个品格高尚的政治家的干涉。

我们反复注意到，只要对自己赚钱有利，外贸商人就必然会站到自己国家的敌人一边。

与哲学家不同，商人并非世界公民。一旦自己的国家陷入破产受奴役的不幸、屈辱的境地，商人就会卷其所有移居他国。威尼斯、葡萄牙和汉萨城市一经衰落，商人们就一走了之。亚当·斯密对商人的行为没有幻想（见第三篇，第四章）。

国家旨在维持出口制成品质量的控制措施对商业的整体利益是有利的。但是却遭到单个商人的憎恶，他们苦苦抱怨政府的任何干涉，一再要求“自由放任，自由通行”。整个商业明显会从运河和铁路中得益，商人通常也会坚决支持运河和铁路的兴建。但是，商人一旦成为运河航运公司或铁路公司的股东，就会失掉兴建运河和铁路的所有兴趣，只关心从其股份升值中赚取利润。

商人个人的利益与商业整体利益之间显然常常有很大的差异。我们不能根据商人个人的得失来判断国家商业得失。事实上，在某些外贸商人正赚取可观的利润的同时，整个商业却可能受到威胁，可能被彻底摧毁。尽管生产力正在发展、商业繁荣时商人个人的生意也兴旺，但是——正如我们已经看到的——商人实际上也能从本国的衰落中赚钱。

由于混淆生产力理论与价值理论，支持自由贸易的经济学家们接过了商人的原则：自由放任，自由通行。正如我们在第十九章说过的，应该推翻这一原则。外国制成品在萧条期间价格下跌得越多，购买这些产品对国家利益越危险，因为这有毁掉本国工厂的危险。在这种情况下，对这些产品课征高额进口关税至关重要。总的说来，商人要求的“自由”含义很广——不仅包括合法的、有益的自由，而且也包含非法的、有害的自由。但是，与制造商相比，商人对促进自由贸易的发展和科学的进步不可能做出多大的贡献。

制造商通过对自己事业的透彻研究，理当增强自己的才智，理当对科学、技术和艺术的进步具有真正的兴趣。而商人志在算术、复式簿记和股票市场的行情，这些志趣几乎不可能提高精神境界或增加智慧。

在土地上或工厂工作的人的利益与整个国家的利益是一致的，而商人则住得离边境越近，就越倾向于外国。只有当商人拥有地产、工厂或与某些工业企业联合时，商人才会成为国家的真正公民。

商人之所以总是反对征收任何进口关税，主要原因之一是极不愿意放弃自己熟悉的营生，去从事自己不熟悉的新营生。

但是，正是认为经营转换困难和不方便的商人，却会毫不犹豫地劝告一位失业的工厂技工去土地上找工作，虽然这无疑要比商人将其资本从外贸转到国内工商业困难得多。

那种主要从事危害国家生产力的商业交易的商人把民族工业称之为“私人工业”，把保护国家工业的垄断、特权、限制和关税视为不共戴天的敌人。但是，正是这种商人在政府提供的保护碰巧符合他自己的私人利益时，又会用尽一切手段去争取。这正是这种商人的最显著的特征。

这种商人坚决主张用补贴和其他措施保护渔业。一旦外国竞争对手威胁到商船队的繁荣时，这种人就会大声疾呼通过航海法。这种人呼吁政府派炮舰到每个海域保护他的船只，以免受海盗的劫掠和敌国商人的竞争。这种人要求在每个外国首都派驻大使和每个外国港口派驻领事，以保护他的贸易利益。

他无法否认英国的航海法已经把最小的海上力量变成了世界上最大的、最难对付的海上力量这一事实，并且会利用这一事实要求本国政府也采用航海法。然而与此同时，这种人又常常把国家通过建立关税来促进工业繁荣的任何企图都痛斥为是非法的和无知的。这种人似乎根本不懂，航海法会给贸易带来严厉的限制，而保护渔业的补贴和进口关税原则上与保护工业的关税并无不同。

有些商人要求政府应该增加预算维持海军，但是他们又会牢骚满腹，对花钱建立有效的海关机构十分反感，说什么这对国家的福利既有害又愚蠢。走私商人竟然会无耻地宣称，走私贸易的存在证明关税不仅是无效的，而且也是不必要的。

这类商人的私人利益使他们成为世界公民，并与世界主义哲学家们联合起来反对本国工业。这些人真是奇怪的同盟者。

我们再次声明，我们不接受别人批评我们歪曲真理。我们的目的是要坚持真理。我们刻画了在国家没有考虑限制他们的获利欲望的情况下商人的本来面目、可能的面目、事实上是必然的面目。

商人是价值理论最忠实的信徒。他们的原则是“自由放任、自由通行”和“到最便宜的市场上去购买”。世界主义经济学家发现，商人是他们最热情的追随者并且以最大的激情传播他们的学说。

所以，必须把亚当·斯密和萨伊的学说视为货真价实的“重商主义体系”——一种把进口外国制成品的商人的利益置于商业整体利益之上的经济理论，一种只强调物质财富而无视生产力的理论，一种牺牲国家未来经济实力、政治强大和文化进步以骗取人们把实际上是以最卑鄙的利己主义为基础的原则当作“真理”的理论。

的确很奇怪，那些曾经最激昂地痛斥过被他们称之为重商主义体系的人事实上却发明了完全属于他们自己的真正的重商主义体系——一种吹捧外国商品兜售者、并实际上把走私者的行径也纳入经济科学的体系。

第二十一章 关税保护①

关税的优点是：可以唤起国民的事业心；鼓励年轻人上技校和旅居国外完成学业；可以鼓励工人放弃现有的工作，先学到必要的技术，然后用自己的毕生精力致力于一种新的职业，虽然不能保证在新的工作中成功。关税会给那些甘冒风险、无从知晓经营是否会成功的工业企业家们提供保护。关税会吸引外国的资本家、制造商和熟练工人带着他们的货币、机器和技术知识移居本国。关税会使新工厂一心追上外国多数先进企业的效率。关税会使本国工厂的产品质量可能达到较先进工业国家的水平。关税会使本国企业家获得的市场和顾客与外国厂主所获得的不相上下。

关税的弊端是，需要成千上万的海关人员；会限制完全的贸易自由；会因缉私搜查住宅而给公民造成不便。即使和平时期，关税也会中止友好国家的制成品运到本国，仿佛这些产品是传染病似的。在一定程度上，关税会诱使边民违法走私而降低其道德水平。如果有人能提出一个使关税扬长避短的建议，我们会很乐意支持这种建议的。

遗憾的是，我们只有准备忍受关税的弊端，才能获得关税的好处。促进工业化有许多途径，包括创办技校；资助科学家到国外游学；举办工业博览会；展示新发明；设立管理河流、修建公路、运河、铁路和制造轮船的公司，以促进工业和国内贸易的发展；给增进科学知识或建立新工业的人颁发荣誉证书；慷慨补贴新工业、新工艺、新工厂和有效率的新工厂；给工业企业提供政府贷款。但是，除非实行关税政策，否则，所有这些措施都不会有多少效果。

不要企图用瑞士作为例证（这个国家在没有国家高额关税的条件下发展了工业）来反驳我们的论点！瑞士的情况是，几个世纪以来，人身和财产的巨大安全，以及重要的政治自由措施促进了该国工业的发展。虽然与现代政体的发展相比，这种自由也许有点过时，然而却使瑞士享有其邻国吃够了苦头也没有的某些经济优势。

此外，瑞士的改革在某种程度上刺激了工业、教育、道德、节俭和人自身在其他方面的进步。政治和宗教自由使瑞士能够吸引受迫害的德国人、法国人和意大利人的货币和技能。瑞士许多世纪积累起来的大量资本——物质资本和智力资本——从未由于战争、宗教或政治迫害、专制主义或沉重的赋税而烟消云散过。

由于政治和宗教自由的刺激和促进，瑞士所具有的进取精神和竞争精神——加之社会、家庭和学校的影响——使那些在国内不能过上好日子的瑞士人在国外不管从事任何事业都能获得成功。最后，他们身怀新技艺、囊中装满钱，满载而归，回到故国那自由的天空和山冈，这样，瑞士的工业和社会就可以享受这些从国外归来的游子的果实了。

由于大自然没有恩赐给瑞士肥沃的土地，瑞士的熟练工人和非熟练工人被迫到国外寻找出路，而且，相当多的人只得致力于工业。另一方面，瑞士又有工资低，赋税适度和水力资源丰富的优势，致使大量的外资、世界各地的移民连同他们的知识和技能一起涌向瑞士。所有这些因素都大大促进了瑞士工业的发展。

瑞士工业品与邻国原材料和食物的有利可图的交换也促进了瑞士制造业的发展。此外，对瑞士人来说，无视邻国的禁运政策，偷越国境走私自己的制成品，一直是很容易的事。

同业公会和其他社团的活动，加之人民简朴而稳定的风俗习惯——不受王公贵族的宫廷奢靡恶习的影响，以及流传了若干世纪的传统生活方式，所有这些因素都保护了瑞士许多工农业产品免受外国的竞争。

瑞士人能讲所有邻国的语言，这促进了瑞士的国内外贸易。他们一直能够利用这些国家首创的新机器和新工艺。最后还有一点是，许多访问瑞士的旅游者带入这个国家的货币不仅增进乡村居民的福利，而且有利于整个国家的福利。

关税无疑是令人极为讨厌的，但是应该把它看作是利大于弊的政策，正如维持一支常备军、修建要塞和战争本身是令人极为厌恶的，但是与丧失民族主权和国家地位相比，一样是利大于弊。让我们重复一下第十章说过的一些话。不该把关税视为经济学家或官僚的发明，而应该把它看作是国际关系紧张和国际对抗的自然的、不可避免的结果。有些专制统治者，毕生的唯一目标是扩充自己的政治势力和财力，而不顾臣民的死活。实际上这些专制统治者是被迫征收关税，实施与全体选民自由选举出来的民主政府相同的政策。这种政府除了采取贸易保护政策以对付外国竞争者长期控制国内市场的局面外，别无选择。尽管美国经济学家几乎无一例外地热情赞美世界主义自由贸易学说的优点，但美国也只有实行关税政策而别无选择。美国人也像法国人一样知道，不借助于关税就寸步难行。教条主义经济学家被迫食言，以致他们的理论最终在无法调和的矛盾中崩溃。

即使英国这个世界主要工业国——它如果实行普遍自由贸易会获得最大的好处——也一直没有被英国世界主义经济学家说服而放弃关税保护政策。英国对外国政府解释时的托辞是，之所以还不放弃关税政策，是因为从现行进口关税所筹集到的收入不足以弥补海关方面的预算支出。但是国会的争论表明，最近英国关税调整的真正动机是保护英国工业。其他受骗而降低进口关税的国家，经过细致的思考之后，恍然大悟，英国不实行自由贸易的借口是多么荒谬。这些国家的政府认识到，英国减少进口并没有考虑别国的利益。英国这样做，可能是为了获得贸易顺差，或者可能是为了压制外国工业的发展。但是，英国减少进口，仍然能从进口关税中获取大量的收入。

另一方面，在现存的国际贸易格局下，只有贸易保护政策会最终导致自由贸易的实现。这种观点表面上是一个悖论，但却是真理。经验表明，高度工业化国家总是——或几乎总是——在相对落后的国家滥用自己的优势。只要较不先进的国家不反抗这种屈辱的待遇，先进国家的张狂就会没有止境。但是，只要较弱的国家开始捍卫自己，较强的国家就会开始采取较理智一点的政策。经验告诉我们，只要弱国捍卫自己，恃强欺弱者很快就会改变态度。

关税不仅仅是保护国内工业的方法，而且也是国家用以保护自己、抗击外国粗暴行径的武器。采取关税保护的国家，一旦遇到别国经济政策有损害本国利益的危险时，就能以报复相威胁，捍卫自己的利益。这样的威胁会使危险马上消除或导致缔结一项商业条约以调节两国之间的贸易关系，使之有利于贸易双方。

注释：

① 关于关税，萨伊写道："如果在每一家门前对衣物和鞋子都课征进口关税，迫使愉快的家庭户主自己在家里制造这些物品，那么该说什么好呢？……那就是关税制度合乎其逻辑的结果。"（《政治经济学概论》，第一篇，第251页）我们对此种论调的评论是，国家不是制鞋匠。

第二十二章　关税：禁运和进出口税

保护工业免受外国竞争的方法有两种。一种方法是停止进口外国原材料、食物和制成品。另一种方法是征收高额进口关税，使本国工业家拥有明显胜过外国竞争者的优势。

若要停止进口已经进入本国流通领域的外国产品，第一种保护本国工业的方法是实现这种意图的最有效方法。但是，这种方法有严重的弊病，因为海关人员到私人家中搜查走私品时会侵犯个人的人身自由。再说，这种方法肯定会窒息国内竞争，助长制造商的懒散恶习。第二种方法——征收进口关税而不是禁止进口——的优点是，允许足够数量的外国商品进入本国，让人民能买到某些国内不能制造的产品，鼓励本国制造商和外国制造商之间有一定程度的竞争。这种方法不会扰乱国内的商品交换，居民可免于缉私搜查。第一种方法称之为“禁止性制度”，第二种方法叫作“保护性关税政策”。

两种政策孰佳？从长远看，禁止性制度比保护性关税无疑害处要小得多。不错，完全断绝对外贸易会使国家失掉许多可以从贸易往来中得到的利益。一国采取禁止性制度，正如一个割断与外界的一切联系的隐士一样，行为极不合情理。

然而，实际上隐士与国家的情形颇为不同。我们已经解释过，禁止性制度一般是战争的产物，与经济学家们所提出的理论毫不相干。一旦两国交战，禁止性制度可以保证和平时期就有的事态不被打断。如果战争持续很长的时间，每个国家的工业都会得到极大的发展。大量的资本投资于新建工厂，从而给大量的工人提供就业。千百万人把自己的储蓄、自己的技能——事实上自己的整个未来——都投向各种工业部门。由于受战时对外贸易中断的刺激，国家整个工业部门的实力就会发展到前所未有的程度。然而，一旦突然宣布停战，这个国家又不得不面对拥有以雄厚资本为后盾的、较发达得多的工业经济的敌国的猛烈竞争。战后，竞争的冲击越强烈，对较不先进国家整个工业经济的未来繁荣威胁就越大。在这种情况下，处于这种危险境地的国家必然会试图扭转这种局面，尽力恢复战时的状况。它会尽量把自己与强大的竞争对手隔离开来，不会任意做轻率的政策实验而危及千百万公民的未来富裕。法国在拿破仑帝国倾覆之后的王政复辟时期就发生过这种情况。当时，法国政府力图实行自由贸易，但是不久就被这种政策的灾难性后果所震惊，因此马上又恢复了禁止性关税政策。

一个懂得工业发展的真正本质的经济学家，无论政治家怎样标榜其明智，都肯定会认识到，在上述情况下，运用生产力理论完全可以证明实施禁止性关税的合理性。不论这位经济学家可能提出过多么抽象的经济理论，他都必然会得出这一结论。拿破仑战争结束时，法国政府的首要责任本来是保护现在的经济形势。当时，各种工业还没有发展到足以让政府可以认为它们已经强大到无需借助关税就能生存和发展的地步。战时所有的工业都得到了保护，战后所有工业同样也需要保护。这种保护应该持续，直到经验表明哪些工业已经持久地站住脚了，为了保证它们的生存只需要什么程度的贸易保护时为止。为了整个经济的利益，首先需要的就是给每种工业证明能够生存下去的机会。即便只从公共道德的观点看，提供这种机会显然也是政府的职责，因为是战争和政府的政策促成了这些新兴工业部门的创建，是政府说服人民冒险把自己的资本、技术知识、技能和未来前途都投入了这些新的工业。这些工业在战时确实对国家贡献很大，不仅满足了国家的需要，而且也给当时不能销往国外的农产品创造了新的市场。这些新工业还承担了它们应承担的赋税份额，增强了国家保卫自己的能力。所以，如果战争一停政府就对这些工业甩手不管，那么政府的这种行为不仅是绝顶的忘恩负义，而且也是一种政治上的蠢行。如此凌辱公民之信任的国家一旦战火再起，它就只有自食其果了。如果狼烟再起，政府就不要再指望依靠那些信任受到亵渎的企业家们了。取信于民是政府的职责，也是政府的利益所在。如果战火一停，政府就允许无限制的外国竞争，撒手不管战时建立起来的本国工业——听任其在这种竞争中完全垮掉，那么，即使是那些最终可能要破产、无资格以国家利益为借口要求长期关税保护的制造业也会认为它们受到的待遇是不公正的。即使是最终要破产、无资格要求长期关税保护的工业也有权利得到最富同情心的待遇。如果政府断定无法把这些工业从崩溃的厄运中拯救出来，最起码也可以推迟这种厄运的到来。应该让这类工业渐渐衰落下去，以便让生计大成问题的这些工厂主和工人尽可能少受痛苦，能够有转入其他工业的机会。战争一结束，政府不可能立即知道哪些工业决不会繁荣和决不会增进国家的财富。政府也不能充分预见到实行自由贸易政策对国民经济可能造

成的危害程度，因而也不可能决定该采取什么措施来缓和自由贸易可能引起的危害。

还有一些更重要的理由应该提到。在拿破仑战争时期，法国将其大部分物质和智力资源转向战争需要的方面。对于会促进国民生活的那些方面，譬如技术教育、公路、运河和河流运输等方面，几乎没有做什么。只有在战后，国家才能集中全部精力促进制造业的发展。也只有在战后，国家才能把战时用于战争或用于民用工业的大量的人力和物力集中起来用于工业生产。只有在战争结束后，农业和工业才可能吸引前不久用于战争目的的那些资本，政府才能创办公司，促进新的制造业，才能采取各种措施改善交通设施，促进煤炭与钢铁工业的发展。我们发现在这一时期工农业的代表在法国立法机构中获得了代表席位。

在战时，由于人们不能到国外旅游和从事外贸，与外国的所有联系都中断了。只有战争结束后，法国才能买到需要进口的原材料和制成品。只有战后，法国才得以恢复出口法国工匠擅长生产的制成品。当时谁能预见到国际贸易的恢复对法国工业产生的后果呢？

战后法国人可以到英国旅行，可以自己判断过去 20 年中英国工业取得了什么样的进步。他们可以看到这种进步是如何取得的，从而激发了把新工艺、新机器和新技术引进法国的愿望。只有到了这时，法国才能指望在禁止性制度的庇护下把外国资本和熟练工人吸引到本国的境内。

法国的关税政策在战后 20 年间促进了所有工业的发展，试问当时想放弃这一政策的法国政治家算什么智慧、明智的政治家？在禁止性关税政策正要取得最大成功之际，他怎么会这样想呢？若法国工业已成为外国商品的无限制竞争的牺牲品，那么，后来法国的命运会是什么？若真的发生这种情况，今天的法国会是什么局面？

拿破仑战争刚结束时，只有那些完全缺乏实际经验的人才把实行禁止性制度视为有害的政策。要是 J. B. 萨伊在路易十八恢复王座的那天被任命为部长，对他来说，没有比这更为糟糕的事了。

虽然拿破仑战争刚结束时立即实行禁止性制度对法国无疑是必要而有益的，但不能由此得出结论说这种政策将来也永远总是必要而有益的。虽然出于环境的原因也许迫切需要实行禁止性制度，但应该把这种制度仅仅看作是一种过渡性的政策。政府应该尽力尽快采取保护性关税政策。如果把关税保护政策视为最终走向普遍的国际自由贸易的道路上的一步的话，这种政策才是必要而有益的。

第二十三章　关税：保护性政策

我们已经看到，禁止性关税是两个强国多年的和平交往由于长期战争而中断的自然产物。同样，保护性关税政策是短期战争的结果。如果占支配地位的工业强国蓄意要通过歧视性关税政策终止与农业国长期建立起来的贸易关系，农业国就会实行保护性关税政策。

关税能够促进工业发展的途径很多。国家的人力物力资源不同，经济不同，需要的关税政策也就不同。过去曾实行禁止性关税的国家可能适合采用某种保护性关税，而重新调整现存保护性关税的国家可能适合实行另一种保护性政策。某种保护性关税可能适合于纯农业国家，而另一种保护性关税可能适合于各个工业部门都已取得一些进步的国家。

为了解释怎样使关税适合具体国家的国情需要，我们设想一个拥有或能够获得食物、诸如羊毛和棉花等原材料剩余产品的国家。该国的社会条件、道德条件和政治制度适合于工业的发展。该国向一个工业国输出羊毛和谷物，然后从该工业国进口制成品。我们假设该工业国决定对羊毛和粮食征收高额进口关税。在这种情况下，该农业国会被迫对该工业国的制成品课征关税进行报复。该农业国的关税政策会受到国内工人工资水平的影响。该国政府不得不考虑，在还有大量可供开垦的新土地的条件下，是否有必要提供较高的工资把农业工人吸引到工业上去。在这种情况下，政府应该支持建立那些勿需大量的劳动力、又可以得到廉价燃料、原材料及必要的技术知识的工业。如果一个国家能够生产廉价的食物和原材料，工人的工资又低，那么，政府就应该保护那些能够提供大量就业的工业。

任何国家都不应该试图使所有的工业部门齐头并举。首先——理由上面已经提到——它只应该努力促进那些有可靠的国内市场和时逢可能成功的最佳机会的工业。

即使这些工业也不应该一开始就以高额进口关税加以保护。这样的关税不会增加国家税入，却会对消费者产生压制消费的作用。最佳的政策是开始时征收适度的关税，然后根据情况变化按预定的比率提高关税，直至关税率高到足以保证这种工业在国内市场处于支配地位为止。进口关税再提高一次，国内制造商之间的竞争程度就会相应地提高，从而制成品的价格将会逐渐下降。这样一来，消费者就没有理由抱怨政府的进口关税政策了。正如我们在第十六章中所解释的那样，一国工业实力的壮大会使公民生活水平得到相应的改善。一旦本国制造商们控制了国内市场，就可以按滑动税率降低进口关税，渐渐允许外国工厂的竞争。然而，这种竞争只能允许在限定的范围内进行。外国产品的出现会刺激国内企业彼此之间的竞争。应该让外国人在每年新增加的制成品需求中占有不过分的合理份额。每个达到工业和农业之间和谐与平衡发展的国家每年都会实现人口和生产的增长，从而每年都会自动地增加对制成品的需求。

但是，如果不论出于什么原因使情况发生变化，政府就应该完全改变政策。例如，当外国制造商在每年新增加的需求中获得的比例超过了合理的份额时，或当他们实际上能够满足每年新增的全部需求因而可能恢复关税政策实施之前的那种事态时。政府就应该重新提高已降低的关税。之所以可能发生这类情况，是因为，外国制造商由于某种原因而获得胜过本国生产者的某种暂时的优势。例如，由于贸易衰退，他们可能会倾销剩余产品。如果发生这种情况，政府就应立即恢复较高的进口关税，直到本国制造商重新确立起以前那种贸易地位为止。因此，应该授给政府的某一大臣以这样做的权力，也就是说，无需等待下一次立法会议的召开，这位大臣就可以恢复较高的进口关税。

这些原则对棉、毛、麻纺织品进口关税的制订，无疑是特别适用，因为国内对这些产品有巨大的需求。人口众多的国家至少要用十五分之一或十分之一的人从事纺织业，才能满足国内市场对纺织品的需求。纺织工业又会促进对食物和原材料的需求，从而刺激农业的发展。

我们在第十七章解释过，对纺织业的原材料，诸如棉花、羊毛、大麻和亚麻，课征进口关税最终不会产生预期的效果。我们将在第二十五章说明，解决这种困难的唯一方法就是给予国内生产者各种补贴。

像美国这样长期以来工资水平极高的国家，不应该试图保护像丝织业这样的工业，因为这类工业依赖于艺术图案设计，要有具有相当技能而又愿意接受较低工资的技工。丝织业的成功有赖于代代相传的技能。只要美国能够以自己的产品作为交换而进口丝织品，就不应该保护自己的丝织业。即使要对丝织品课以进口关税，也应该把这种关税视为是对富人征收的财政收入税。丝织品的大量进口不会损害这个国家的生产力，事实上反而会刺激为交换丝织品而出口的商品的生产。

煤和生铁的进口具有重大意义。如果一个国家有煤炭和铁矿方面有利的自然资源，就有必要仔细考虑是否进口生铁和煤。如果条件不利，对煤炭和生铁征收进口关税就毫无意义，国家就应该鼓励煤炭和生铁的进口，因为它们是经济发展必不可少的材料。

但如果有必要的自然资源可供利用，就应该对煤和生铁的进口征收关税，当然关税不能太高以免减少消费。对这种国家来说，促进煤和生铁工业的最好政策就是尽力改善国内运输——运河和铁路。如果没有充足的私人资本用于煤矿工业的发展，国家就应该对合股矿业公司进行投资，而且，只要私人投资者尚未获得任何资本收益，国家就应该放弃其股利。

我们为征收纺织品关税所提出的原则，完全不适用于铁制品。铁制品制作过程中所投入的工作量越少，对铁制品征收的进口关税就应该越低。制作过程中所投入的工作量越多，对铁制品征收的保护关税就应越高。铁是影响到一国所有生产力的原材料。投入铁制品生产的工作量越少，那么，使这些产品更昂贵的做法所造成的后果危害和危险就越大。

机械制造厂的情况对这一原则应是个例外。如果一国的工业已经获得长足的进展，需要大量的各种现代机器，但该国没有机械制造厂，在这种情况下对机器进口课征高额关税就是愚蠢的。这种高额关税政策会严重地损害该国的未来生产力。这一观点适用于刚开始实行进口关税政策以保护其新兴工业的国家。像矿业一样，国家最好也建立合股模具企业以制造机器。如果爆发战争，可以扩大这些企业的规模，它们生产的机器就完全可以满足国家的战时需要。对于各种新发明的机器，国家应该在一定的时期内免征进口关税，鼓励输入。

总之，可以认为，政府在制订旨在保护国内工业的进口关税率时，要考虑国内物价水平、工资水平以及可以利用的资本和原材料，这是至关重要的。政府还应该考虑到本国及其贸易国、竞争国的运输效率。

第二十四章　从禁止性制度到保护性关税政策的过渡

上一章所提出的原则只适用于刚开始征收进口关税保护其工业的国家。对于已经采用禁止性政策但准备改为保护性关税政策来保护其工业的国家，情况就不同了。根据已经讨论过的基本原理，合理的关税显然应该有助于促进经济稳定。但是，任何突然猛烈的税率变动，不管愿望多么良好，都会冒犯自然法则，违背社会福利。

这一观点甚至也适用于对原材料和食物征收的、本身就很糟的进口关税。如果国家对原材料和食物实施这些限制，大量的资本和劳动就会被吸引到其他生产部门。如果国家突然取消这些限制，也违背常识和自然的公正法则，违背经济的整体利益，因为这涉及许多人的严重损失，对资本和劳力都损害极大。取消原材料和食物的进口关税时，应该有条不紊地进行。应该每隔三四个月降一点，直到所征收的关税很低为止。应该把这种关税视为由外国人支付的财政收入税，相当于国内生产者支付的赋税。

制成品的情况又当别论。征收制成品进口关税之前，政府应该进行一次彻底的调查，弄清楚为了从禁止性关税中获得最大利益是否该做的都做了，弄清楚政府的管理是否有效率和有力。

即使未进行这种调查，也有必要预先宣布什么时候将对以前禁止输入的那些制成品只征收某种程度的进口关税。应该给有利害关系的人提供这种信息以便他们能根据未来的变化做好准备，这样才公平。征收进口关税的开始日期，应提前很久订下来。从宣布到执行这一期间，不管这一间隔时间长短，政府都应该尽力做好一切可以做的事，以排除可能会抑制要保护的工业发展的任何保障。

根据上一章所提出的原理，还需预先通告取代禁止性制度的滑动税率情况。滑动税率开始要高，然后逐年下降，直到进口关税率仍然可以保护国内有关工业的充分发展为止。同时，正如我们在上一章中所提出的，应该赋予政府必要的权力，不管出于什么原因，只要本国制造商突然受到外国竞争的威胁，政府都有权提高进口关税。

工业化国家准备从禁止性制度过渡到保护性关税政策时应采取下述措施：

1. 本国的交通体系应得到充分的发展。这包括运河、铁路、公路、海运和河运。规定通行费时，应以刺激工业发展为宗旨，要抱着修建成本最终会收回的态度。不应该把通行费定得很高，企图以此马上筹集到支付投资于这些公共工程的资本的利息所需的资金。

2. 政府应尽力促进和扩大技术教育。不仅在首都，而且在所有省份都应该创办技术和农业院校。创办费用应该由各省当局支付。学校的管理应该置于各省商会和农会的监督之下，但应鼓励院校之间的竞争。教育部只对技术和农业院校行使一般的监督权。

3. 对原材料和食物进口的限制应尽量减少或取消。

4. 政府每年应该举办一次工业博览会，一起展览最好的外国产品和最好的本国产品，并标明价格。

5. 如果政府发现本国的制造商正在生产的商品与外国产品相比质次价高，并确认这是本国工业家的过错，那么，政府应该设立可观的奖金，奖赏那些在规定的时期内能够制造出质量和价格都接近于外国产品的制造商。奖励还应考虑到稳定地制造这样的产品的能力。对获奖企业还要加上一个条件：允许其他企业的工人参观自己的工厂以提高他们的技术知识。

6. 如果政府认定，制造商之所以不能生产出与外国一样好的产品只是因为没有足够数量的能吃苦耐劳的熟练工人，那政府就应该奖励技能极高的工人。政府还应该奖励在某一特定时期成功地吸引和雇用到技术熟练并可信赖的外国工人的企业。

7. 政府应每年进行一次调查，确定哪些企业没有达到令人满意的生产标准，并把调查结果公之于世。

8. 商业部长应定期派出大量的经济学家、公共管理专家和各种制造业专家到外国，以考查某些工业或农业的某些具体问题。这些专家应提交调查报告，并且应该根据自己的考察提出怎样发展本国工业的建议。这些报告应每年出版，既可鼓励专家本人，又可作为让公众了解外国经济发展状况的材料。应该把那些工作做得好、在履行自己的职责时表现出杰出才能的专家派到本国驻国外的领事馆，或本国的财政部和其他行政部门任职。

9. 正在进行工业化的国家应该支付给工人以高工资，让他们丰衣足食。这是必要的。因此，对绝对的生活必需品应少收或不收税。最恶劣的税种——亦即违背自然法则的税——就是对最普通的食物、燃料、肥皂、肉类及普通葡萄酒和啤酒所课征的货物入市税（消费税）。[①] 如果工人得不到充足的营养，就别指望他能提高产出。烤牛肉和黑啤酒对英国的强大所作出的贡献超过我们所想象的程度。英国议会的所有调查都证明，英国工人的产出是其他国家工人的两倍到三倍。工人收入对制成品价格的影响，不应该根据现行工资水平的高低来判断，而应该根据工资和产出间的关系来评判。如果工人营养极差，他们的孩子就会发育不全、身体虚弱，从而后代的生产力必然遭到破坏。此外，对只能勉强度日的人和能够生活得很奢侈的人征收同样沉重的间接税，是不公平的。所有税种中最糟的要数对食盐所征收的税，因为这种税直接威胁着一国的生产力。

如果建议废除对生活必需品所征收的所有税收但又不提出如何弥补国家财政预算赤字的办法，那么，这样的建议是不明智的。收入税可以克服这个困难。还没有人对实行收入税提出过合理的明智的反对的理由。反对收入税的人一直津津乐道什么在实践中很难评估和征收这种税。这在专制国家可以说是实情，但在立宪国家却不然。在民主社会中，政府是在健全的制度和爱国情操的支持下行使权利的。如果每位公民都申报自己的收入——并由三个不同的法律机构进行审查，那就可以对收入税作出令人满意的评估，而且没有人有理由对此抱怨。

特别重要的是，应该废除货物入市税，应该通过征收收入税来弥补由此而造成的财政收入损失。取消消费税有助于降低制成品成本，这对工人也是最有利的。

10. 政府应尽力增加流通货币，以适应工业发展的需要。政府还应促进公共信用机构的建立，鼓励在全国建立省级银行，授权这些银行发行自己的钞票。但应非常慎重以保证这些银行按照健全的金融原则经营。

设置在一国首都的国家银行，如果在各省没有分支机构、只发行大面额钞票，就不可能充分履行或根本就不可能履行国家银行的职能。

11. 政府应努力促进新公司的创办，但应努力阻止滥用这种经营组织形式。政府应禁止发行不记名债券，采取措施让所有公司的经营接受公众的检查。

注释：

① 参阅查尔斯·迪潘：《法国商业和生产力》（两卷本，巴黎，1827 年，第 61—73 页）。

第二十五章　从保护性关税政策向尽可能自由的贸易政策过渡

我们把自己视为世界的公民，但我们把自己对人类的信念建立在坚实的民族主义的基础上。我们当然能够想象得到，自由贸易比限制性关税政策更可取。但是我们首先是一个国家的公民，然后才是世界公民。我们把自己的才能献给自己的国家，努力追求本国的文化、福利、荣誉和安全。我们向着人类的同一个目标奋斗。但是，人类的命运必须与我们国家的命运一致。我们不能支持为整个世界的利益而损害我们国家利益的任何政策。因为，多亏有国家，才有我们的文化、我们的语言、我们的生存和我们的理性价值。我们的心里天生就希望后代能像我们今天一样享受国家带给的利益。

某些国家和地区可以采取自由贸易政策、抛弃贸易保护政策的时候到来了。然而，我们建议，这类国家仍应保留那些对于补偿承担赋税的制造商所必不可少的进口关税。我们以为可以实行自由贸易的国家是：

1. 所有的纯农业国。如第十章所述，这些国家即便借助于关税也还是没有能力发展工业。通过与工业化国家的自由贸易，这些农业国能够加快其经济的发展。

2. 所有的殖民地，所有的原始地区和所有的落后野蛮地区。

3. 世界上最主要的工业国。它的制成品价廉物美，能控制国内市场并成功地在外国市场上进行竞争。

4. 那些自认为强大到足以与最主要的工业国竞争的第二流工业国。

5. 就原材料和食物贸易而言，所有的国家都应该实行自由贸易。

像前两个政策过渡时期一样，在这一过渡时期政府应提前很久拟定和宣布降低进口关税的明确的滑动税率。政府还应该做好准备，无论何时，如果一旦外国竞争威胁到本国的工业力量，就有必要重新征收进口关税。

对此，可以提出以下几点意见：

完全出于财政收入的目的而征收的进口关税决不要高到致使消费明显下降的程度。

出口补贴是一种蹩脚的治标办法，不可能消除原材料进口关税的恶性后果。出口补贴使国内本来可能很有用的资本和工业流向外国。出口补贴会助长营私舞弊，因此，对国家的财政是有害的。最后，出口补贴不仅无益和没有必要，而且会迫使其他国家也实行这类补贴，进行报复。

合乎逻辑的论点或经济的理由都不能证明对原材料、食物或制成品的出口限制是合理的。只有战时才能够证明这类限制的正当性。

有时，即使在国外从事经营的贸易公司不能给其股东赢利，国家也会从它们那里获得真正的长久利益。当国家拥有高度发达的工农业但外贸的进步甚微，或者由于长期战争的结果而中断外贸时，情况就是如此。在这类情况下，在国外的贸易公司能激发或复苏企业精神，能给国家提供有关外国市场的有价值的信息。但是，对于那些在建立工业方面尚未取得重大进步的国家或那些外贸已经相当发达的国家来说，这些公司的作用就弊大于利了。

第二十六章　如何最好地实行和促进自由贸易

J. B. 萨伊使经济学家们对商业条约如此厌恶，以至于除非我们能够解释清楚萨伊观点的论据并指出其论据的缺陷，否则就不敢赞成这类条约。事实上，萨伊只考虑到与梅修恩条约类似的条约。人们发现，这类条约总是引起完全不得人心的后果，而且，这些后果总是与萨伊所说的自由贸易的结果正好相反。因此，不难理解萨伊为什么对每一种商业条约都持反对态度。他认为所有这类条约都是无用的，因为至今为止所缔结的这类条约的结果都与他的经济学说不一致。萨伊的理论具有重大的价值——只是没有实际运用的价值。

实行自由贸易有两种方式。第一种方式是建立像拿破仑曾想建立的欧洲帝国那样的一个世界国家。第二种方式是各国缔结商业条约。当然，必须谨防缔结一国享受牡蛎肉而另一国只得牡蛎壳的条约。商业条约必须使所有签约国得到同等的利益。所有签约国家都必须得到其工业未来生存和繁荣的保证。

法美两国是可以从商业条约的缔结中获得巨大好处的国家。对法国来说，保持其在美国的丝织品市场非常重要，因为美国的人口和经济增长如此迅速，对丝织品的需求每隔 10 年就会增加一倍或一倍以上。美国对法国丝织品的潜在需求非常巨大。另一方面，长期以来，美国的工资是如此之高，美国不会对建立自己的丝织业感兴趣。丝织业的发展需要很长的时间，需要满足于中等工资的熟练技工。以自己能够制造的商品交换法国丝织品而不是自己在国内生产丝织品，对美国是有利的。作为美国接纳其丝织品的交换条件，法国不仅应该接受美国的棉布、烟草和钾碱，还应该接受美国所有种类的农产品，这也对美国人——尤其对住在新英格兰和中西部的美国人有利。遗憾的是，法国对棉布和钾碱课征极高的进口关税，却也没有因此给法国人民带来任何利益。此外，法国的烟草专营制度极大地限制了烟草的消费。

显然，法国降低对棉布和钾碱的高额进口关税，对法美两国都有益。这与我们在第二十五章中提出的学说是一致的。如果法国以进口关税取代烟草专营制度，那么，这种关税就可以完全弥补它放弃专营制度造成的财政损失。但是，除非缔结商业条约，否则很难产生这样的变化。像这一类对有关国家都很有益处的条约，是很容易缔结的。

为了给缔结有益的商业条约开辟道路，应该召开一个世界贸易大会，所有国家都派经验丰富、素质良好的专家作为代表来参加。大会应该讨论如何最好地为各国的共同利益服务，如何协调利益冲突。大会应讨论处于不同经济发展阶段的社会和地区——诸如工业化的、农业的、殖民地的和原始的社会和地区的不同利益。大会应该考察落后于世界最主要工业国但达到工业发展第二、第三阶段的国家的需要，应该考虑到两国之间以及某些国家集团之间的经济关系。大会的讨论会给全世界所有的人提供有关经济问题的信息。这会促进各国政府和立法机构采取有利于所有国家的措施，启发各国的公民。例如，如果英国让世界贸易大会来讨论谷物法，那么，要取消这项法令可能就容易得多。大会应讨论第十七章中所提及的所有问题。这些问题涉及所有国家的利益。大会的讨论可以阐明下述论题：原材料和农产品实行普遍自由贸易的好处；所有工业化国家如果同意对制成品征收统一进口关税可能获得的好处；采取共同措施以保证普遍和平、公共秩序及人身和财产安全的好处。最重要的是，世界贸易大会会促进建立海上自由，因为这种大会可以给贸易较弱的国家提供机会使其认识到在这个问题上的真正利益。

在第七、第八两章中，我们提到过这个问题。我们曾建议，法美两国为了自己的利益发起一次世界贸易大会。有理由认为这种建议会得到欧洲大陆所有国家的支持。如果这些国家精诚合作，英国也无疑会派代表参加这个策划中的世界贸易大会，而且它还会非常希望能赶上大会所进行的讨论呢。在第七章我们说过，英国有充分的理由采取自由贸易政策。这里我们可以补充一点，英国的棉纺织厂现在已经主要依赖于美国的原棉供应。

根据科学院附在所提问题上的解释性备忘录[①]，作者认为举行一次世界贸易大会的建议是合理的，虽然这是公认有点太大胆的建议。

我希望自己已经适当地注意到了科学院备忘录中的所有要点：

“和平时期和战争时期都可能通过国际条约来建立自由贸易关系吗？国际条约无论多么不完善都可以看作是人类的一种伟大进步吗？”

俄国凯瑟林大帝和美国总统乔治·华盛顿已经阐明了“自由船只，自由商品”的伟大原则。但是，这一原则到目前为止还不可能获得普遍接受。显然——几乎勿需证据——对这一国际法原则的普遍接受和严格遵守，会消除战争带给所有工业部门的大部分灾难性后果。除非普遍接受这一国际法原则，我不知道还有什么途径可以实现这一目标。

然而，只有第二、第三流海上强国携手合作、迫使英国接受“自由船只，自由商品”的原则，普遍接受的日子才会到来。而促成这种合作的最佳途径，正如前述，是举行一次世界贸易大会。这种大会是向欧洲大陆各国表明其共同利益之所在的最简单的办法。即使整个19世纪不能普遍接受“自由船只，自由商品”的原则，20世纪也必定会看到这一原则的实现。

到了那一天，英国会成为倡导这种原则的国家，人们会讨论如何才能最好地抑制美国的专横势力。

注释：

① 见查尔斯·迪潘：《论实行自由贸易的政治经济代价》(Sur le prix d'economie politique relatif aux moyens d'etablir la liberte Commerciale)。

第二十七章　英国经济政策史

亚当·斯密及其信徒再三断言，英国的商业政策与它目前的繁荣无关。他们坚持认为，即使没有它的商业政策，英国也会繁荣。如果真是如此的话，我们的论点就没有立足之地了。我们相信我们能指出亚当·斯密的错误。我们认为，亚当·斯密的传记作者抱怨这位学识渊博的思想家易于作出自相矛盾的断言，这种抱怨是恰当的。

12 世纪以前，英国是一个非常贫穷原始的农业国。之后，与汉萨商人的贸易使英国羊群的意义大增——这是英国未来繁荣的基础。当时，汉萨商人开始从德国、佛兰德、地中海国家和东方进口制成品，又从英国把黄油、铅制品、锡，特别是羊毛大量出口到德国和佛兰德，羊毛在那儿被纺织为成品。然后，再把一些毛纺品返销到英国。

到 13 世纪，每年上千包羊毛的出口已经给英国农业注入了第一动力。但是，在爱德华三世统治时，政府认识到英国可以干得比出口羊毛而进口毛织品更好。爱德华三世从佛兰德和布拉班特邀请纺织工到英国定居。[①] 国内的政治动荡使那些纺织工接受了邀请。与此同时，爱德华三世禁止臣民穿着任何外国布匹制成的服装。[②]

爱德华四世踩着先人的足迹，命令外国商人输入英国多少价值的商品就要输出多少价值的纺织品。1463年，他实际上禁止进口所有外国纺织品及许多其他外国产品。③

1474年，汉萨商人以武力签订乌得勒支条约，取消了爱德华四世的这一法令。但是，英国毛纺业已稳如磐石，以至于50年后亨利七世又能恢复这一法令。外国商人再次不得不执行输入英国多少价值的商品就输出多少价值的英国制成品的法令。

在亨利八世统治时期，多数外国工匠的后裔提高了所有生活必需品的价格。这位国王不仅不把这种价格上升看作是这些工匠活动的一种有利后果，反而批评他们把国家置于饥饿的危险境地。他下令驱逐了15 000名外国工匠，恢复汉萨商人从前的特权，鼓励他们增加进口。这种政策极不利于英国工匠。到爱德华六世统治时期又开始恢复以前限制汉萨商人活动的商业政策；之后，在伊丽莎白女王统治时期限制更为严厉，当时，英国的工匠不仅控制了国内粗纺制品市场，而且每年还能出口20万匹衣料到德国和低地国家。

在詹姆斯一世统治时期，据统计，英国衣料出口总值已达到每年200万英镑之巨，相当于英国有史以来全部出口总值的十分之九。当时，英国衣料——利用国产羊毛制成——在欧洲主要市场上获奖并受到欢迎。羊毛生产的扩大和纺织工人人数的增长导致土地所有者收入的显著增加，从而土地所有者也想促进纺织工业的发展和繁荣。但是，此时在其他国家，贵族还没有认识到工业发展会怎样促进农业的发展。詹姆斯一世统治时期，出口到欧洲大陆的英国衣料仍然是在佛兰德加工成成品并染色的。然而，政府的禁运和其他措施促进了英国精加工程序的建立和高级衣料的制造。

到18世纪初，英国的纺织业（当时是最重要的工业部门）支配了欧洲市场。1703年，著名的梅修恩条约的签订使英国在葡萄牙的殖民地获得了占优势的贸易地位。从远古以来，葡萄牙就拥有产出羊毛质量极高的优良羊种。据古代斯特拉波的报告，甚至在他那个时代之前，就曾经有一批优种母羊以每只一个泰伦的价值传入葡萄牙。这些母羊繁殖出大量的羊群，使葡萄牙能够生产大量的优质羊毛以供出口。

1687年，葡萄牙大臣德·厄尔塞拉决定鼓励外国制造商和工匠移居葡萄牙，并禁止外国衣料的进口。他希望以这种方式给国内市场和殖民地市场提供葡萄牙制造的衣料。在1687年和1703年期间，这项政策实行得极为成功。

德·厄尔塞拉伯爵去世以后，英国驻里斯本大使约翰·梅修恩说服了葡萄牙国王和各位大公，使他们相信，如果葡萄牙向英国出口羊毛和葡萄酒，然后进口英国衣料，会大大有利于葡萄牙人。1703年，英葡缔结了一个商业条约，条约规定，英国对葡萄牙酒类征收的进口关税按英国对其他国家酒类征收的进口关税的三分之二征收。这给葡萄牙的酒类提供了一个可靠的市场。作为交换条件，葡萄牙把它对英国衣料的进口关税固定在23%。

这一条约在多大程度上实现了葡萄牙国王和大公们的希望呢？英国学者们为这一问题提供了答案。条约签订不久，英国销往葡萄牙的商品价值比葡萄牙销往英国的多1 000英镑。当《英国商人》（*The British Merchant*）的编者把第2卷题献给那位英国大使梅修恩的儿子保尔·梅修恩先生时，他写道："我们从对葡萄牙的贸易中获得的顺差大于与任何其他国家的贸易顺差。自从条约生效以来，我们对那个国家的出口已经从30万英镑增加到150万英镑。"

在同一卷中作者还陈述道，英国的贸易顺差如此之大，以致使葡萄牙货币在英国市场上贬值12%，非常不利于葡萄牙。英国商人以谎报他们运往葡萄牙的纺织品价值的手段，逃避梅修恩条约中规定的条款。他们申报的价值仅及实际价值的一半。这样，他们就使得23%的进口关税不能给葡萄牙工匠提供保护。结果是葡萄牙的纺织业崩溃了。[④]《英国商人》以令人钦佩的坦率态度宣布，由于这一大为有利的条约，“我们把他们的银币拿走了那么多，以至于给他们留下部分几乎不足以满足他们必不可少的需要，然后，我们又开始拿走他们的黄金”[⑤]

报道这些事实的安德森以可爱的天真笔调补充道：“这个最公正、最有益的公约直到今天仍然是神圣的；它保持了两国之间的友好和合作。愿它永远继续执行下去。”我们请读者注意与英国的合作和友好的代价！

稍后，我们会看到伟大的亚当·斯密不会接受英国政治家、商人和制造商们对这一条约所持的称赞性的评价的。斯密认为，这一条约不利于英国而有利于葡萄牙。对斯密的论点作一考察也许就会揭露出这种自相矛盾的论点的破绽。

我们提供的事实表明，当时毛纺织业是英国第一位的、最大的工业。英国纺织业始于13世纪，然后通过让国内工匠垄断国内市场和通过商业条约打开外国市场而得到促进。

对于谷物贸易，英国的政策就并非总是如此开明了。政府将食物的价格和劳工的工资固定不变达数百年之久。在伊丽莎白统治之前就禁止谷物出口，甚至在亨利四世统治之前，实际上就已经实行谷物禁运了。[⑥]亨利四世是批准谷物贸易特许证的第一个君王。

在各个不同的历史时期，英国政府实际上都颁布条例，限定土地所有者可以饲养的羊的数目。因为它担心养羊太多会造成谷物短缺。伊丽莎白女王却允许谷物出口，而詹姆斯一世甚至发现这种贸易非常有利，并给予补贴以鼓励谷物贸易。

与工农业一样，英国的海外贸易和海运业也由于采取限制性条例而得到促进。

亨利八世依赖租借汉萨同盟的船只维持他的海军。在这一时期，纺织业和城镇的发展增加了对煤的需求。[7] 矿主开发了新煤矿，除供应国内市场外，还能够出口大量的煤。这导致了海运业的巨大发展。到 17 世纪中叶，泰恩河畔纽卡斯尔港口的 900 艘船——其中有 600 艘在荷兰人手中——全部都被用来进行煤矿贸易。船运业的发展导致了造船业的发展，从而海军和商船队中的海员人数猛增。[8] 英国开始认识到，船运业和造船业对国家的商业和国防如此重要——摆脱外国势力的时刻到来了。

为此，残余国会于 1651 年通过了著名的航海条例，规定只有英国船只才能把外国制成品和农产品运到英国，且船长必须是土生土长的英国人，四分之三的船员必须是英国人。外国船只只允许运送本国产品到英国。条例还规定，只有英国渔民捕捞的鱼才可以在英国或爱尔兰的港口上岸。只有英国的船只才能把鱼运出英国港口或从一个英国港口运往另一个英国港口。

诚如所愿，航海条例给了荷兰的海上优势和渔业以致命的一击。荷兰人所遭受的损失如此严重，致使他们立即对英国宣战。1653 年 2 月 13 日，一场大规模的海战爆发了，荷兰人被彻底击败。结果是，荷兰经由多佛尔海峡的贸易被切断，荷兰与波罗的海地区的贸易遭到英国武装民船的严重骚扰。荷兰的渔业完全陷入停顿状态，1 600艘荷兰船只落入英国人之手。[9] 达夫南特在其论政府收入的书中写道，荷兰战争之后，英国的商船队在 28 年中扩大了一倍。[10]

亚当·斯密错误地以为航海条例通过的原因是国家对抗。实际上条例是以汉萨城市的海运法典为基础的。汉萨城市又继承了威尼斯的法规。[11] 因此，英国是以两个远洋贸易强国为榜样，利用了数百年的航海实践经验。亚当·斯密有意无意地忘了提到英国长期国会通过航海条例之前曾两次提出实行航海法议案的意图。第一次是亨利四世统治时期的 1461 年，当时，国会递交的一项议案被这位国王否决了。[12] 第二次是詹姆斯一世统治时期的 1622 年，当时，国会拒绝了政府提出实行航海法的议案。[13]

航海法带有一个国家意识到自己终有一天注定要成为海上强国的性质。这种意识如此强烈，以至于美国刚刚结束独立战争国会就通过了旨在促进本国海运和海上贸易的限制性法令。美国的这一措施甚至比英国的航海法更成功地实现了自己的目标。

从伊丽莎白统治时期一直到目前为止，英国为了促进工业发展使用过各种办法。英国政府禁止从国外进口，促进了国内工业。对汉萨商人封闭港口之后，英国人千方百计引诱受迫害的外国工匠定居英国。通过庇护法国和低地国家难民，英国把许多新兴工业吸引到自己的境内。英国还与俄国、土耳其和汉萨同盟签订商业条约，授予特许公司在这些国家和印度从事贸易的特权。[14]

每个国家都有自己领先的工业。荷兰印染朱红色的布料，威尼斯制造玻璃制品，德国冶炼钢铁，法国和瑞士生产丝绸和手表，而比斯开湾的渔民从事捕鲸业。[15] 实际上，英国一直派其工匠到波斯去学习制造和印染地毯的技术。仅仅因为有可靠的国内市场的支持，英国制造商就已有一种掌握新技术的强烈要求。

英国最重要的法令之一是刺激渔业的法令。渔业是培训水手的极好学校。政府根据渔船的吨位和捕获量给予补贴。

当然，必须认识到，使英国成为世界上最主要的商业、海运和工业强国的还有其他因素。这些因素包括英国的自然资源、人民奋发有为的品质、地理位置以及从未间断发展的政治自由——这首先是 1689 年革命的结果。然而无可否认，如果没有国家先后为毛纺业、船运、渔业及所有制造部门提供的持续不断的保护，英国决不会达到目前这种世界经济强国的地位。

历史告诉我们，国家也像聪明幸运的人一样，成功不仅来自努力，往往也由于别人的失误、愚蠢和厄运。我们在前面已经看到，而且在下面几章还会看到，英国怎样利用汉萨同盟、佛兰德、威尼斯、热那亚、西班牙、葡萄牙、法国和德国的衰落而形成它自己的优势。这些国家的衰落有时是由于宗教上的偏执行为；有的是由于贵族的特权；有时是由于暴君压迫。我们还会看到，唯独英国在若干世纪中利用了欧洲宗教改革、美洲的发现、从好望角到印度新航线的开辟以及印刷术和黑色火药的发现等等的几乎所有成果。同时谁都必须承认，英国的惊人发明和革新给世界各地所有新发现赋予了新价值，表明它配得上从这些宝贵的遗产中获得利益。

英国建造了文明世界第一个完善的国家公路和运河网，表明建设高效率的交通体系的成效是多么非凡。这样的运输体系会有力地促进国家所有的生产力。英国向世界表明它的煤矿和钢铁厂给国家带来多么大的财富。英国创造了新的能源、新的机器和新的制造工序，大大提高了交通运输的效率和劳动的产出。

就由于以这种方式发展了生产力，英国才能依靠自己的努力不仅长期顶住了拿破仑的可怕势力，而且最后战胜了他。在与法国进行的这场旷日持久而艰苦卓绝的战争中，英国不仅根本没有受到削弱，实际上反而变得比以前更强大。其原因有三：第一，英国在战争中将欧洲国家与它们在美洲、非洲和亚洲的殖民地隔离开来，为英国制成品开辟了新的市场，从而促进了自己的生产力。第二，英国抓住了这个机会，扩大了自己的殖民地。第三，英国对拿破仑战争的胜利使之能以其工业实力征服全世界。英国成了世界工厂和货栈，成为一个把整个世界都纯粹视为其一个省份的大宗主国。

战后，全世界的人都被理论经济学家的宣传所迷惑。这些经济学家认为，现在是该把自由贸易学说付诸实践的时候了。有些政府似乎也愿意倾听这些论调。俄国、斯堪的纳维亚、德国、意大利、西班牙、葡萄牙和美国似乎都准备与英国进行自由贸易，以自己的产品交换英国的制成品。只有法国仍然忠实地实行贸易保护政策，但是，如果英国已向法国的葡萄酒、白兰地酒和丝织品开放港口的话，即使法国也可能已经作出一些让步——虽然法国出口到英国的这些产品的总价值要比英国出口到法国的棉纺织品、毛织品和铁制品的总价值少得多。这也许该是英国放弃贸易保护政策的时候了。至于航海条例，英国也许可以采纳约瑟夫·普里斯特莱许多年前提出的忠告："废除这一条例就如同当初制定它时一样同属明智之举的时候可能到来了。"[16]

如果英国人过去一直实行自由贸易，以其制成品交换外国产品的话，很难想象英国会达到如今这样的繁荣程度。如果是那样的话，欧洲大陆国家——也许法国例外——和美国也就都不会想向大英帝国的优势地位挑战了。英国可能就会进口美国已被开发或将被开发的广大地区的剩余产品了。新世界中的千百万人——以及100年后生活在那儿的千百万人——可能就会穿用英国布料做成的服装了。这一切都可能增强英国的实力和财富。如果是这样的话，俄国人或美国人是否会采取贸易保护政策，就大成问题。也就可能不会有德国关税同盟了。那么，怀着获得未来利益的希望，牺牲眼前利益而采取贸易保护政策就是违背农业国所有居民的利益之举动。但是，如果情况果真是如此的话，就会像一位伟大诗人所写的那样，树木注定不会刺破天穹。或用《圣经》的说法，天要亡国，昏君当政。

卡斯特累勋爵在国内外所推行的政策并没有使英国获得胜利的果实，而是把英国未来繁荣的重任托付给只会杀鸡取卵的贵族。假如那时的贵族土地所有者认识到大英帝国注定要成为世界的工业中心，他们就会将其大部分土地转变成菜园、公园和草地。他们就会只生产那些无法进口的农产品。这样，他们向佃农索取的地租就会远远高于在谷物法的鼓励下种植谷物的佃农所交的地租。但是，这种情况只有在后来贵族再也不能吹嘘自己的先见之明时才有可能出现。当时的大土地所有者宁可借助禁运和高额进口关税来减少外国农产品的进口，从而提高地租。他们迫使世界各国在寻求自己的繁荣中选择了一条不同于自由贸易学说所提示的道路。

到坎宁和赫斯基森当政时期，大土地所有者已经尝到农业贸易保护政策这一禁果的许多甜头，根本就不想放弃禁果了——即使这些政治家确实打算夺走贵族手中的禁果，也是欲罢不能了。一旦一个国家采取了贸易保护政策，那么，即使意识到世界上最强大、最富有和工业化程度最高的国家的政府已经易手到接受自由贸易学说的人手中，也不可能接受关税政策的这种突然转变。如果那些负责管理国家的人为了那些空洞的言辞和承诺而对现行的保护政策发生动摇，那就愚蠢和危险到极点了。那些作出自由贸易承诺的人无法兑现他们的诺言。即使目前能够兑现，谁也不能绝对保证那些实行自由贸易的政治家离任之后他的政策还会继续执行下去。

英国议会的各种演讲和报刊文章向目瞪口呆的世界宣称，英国内阁已经采取了自由贸易政策，赞成完全符合启蒙原则和新世纪需要的新关税政策。英国认为这种政策会增进各国之间的友谊。这看起来好像是这个世界最主要的商业和海上强国正在为真正的政治经济学原理而奋斗。经济学家们毫不犹豫地接受了英国政府的这一保证，并且为他们长期以来给世界设计的这种黄金时代的即将来临而庆贺。没有哪个英国大臣像坎宁那样，活着时备受称赞，死时又得到那么真诚地哀悼。然而，值得怀疑的是，这位杰出的政治家运用自己非凡的天赋促进的究竟是全人类的利益，还是以牺牲别国的利益来实现英国的商业霸权。

世界上有见识的政治家们并没有对未来乐观到竟然准备把英国政府的世界主义口号作为本国政策的基础的地步。他们扪心自问，为了换取英国慷慨地允许在其市场上销售他们的剩余农产品而拱手把本国的工业任由英国摆布，会给国家带来什么样的后果。他们扪心自问英国政府是否真的会把这种利益拱手让与外国。他们扪心自问英国的土地所有者是否会同意向外国农产品开放英国港口。他们知道，如果这种政策的成功完全依赖一个大臣的支持，那么不管这个大臣多么有能力和多么受人爱戴，他都不得不向强大的反对势力作斗争。他们懂得这种反对势力可能导致采取一种极为不同的税收政策。他们明白，这位大臣一死，接替他的人所持的观点可能极为不同。他们看出登上这个宝座的人或其顾问可能会改变政策。他们反思这种政策的变化可能使进行自由贸易试验的工业陷入困境从而给自己的国家带来严重的后果。特别是法国没有忘记1786年伊甸条约的毁灭性后果。所以，这些政治家决定为了自己的利益，在自由贸易政策更加巩固和进一步发展之前暂时推迟任何决策，不与英国合作。

一位有远见卓识的政治家曾经评论说，赫斯基森自由贸易理论的目的并非为了国内消费，而是为了出口贸易。

对英国人来说，自由贸易的意思是，只有当英国受到饥荒的威胁时才允许外国农产品进口。至于制成品，赫斯基森总是在坚定不移地支持保护政策的同时，口头上却挂着自由贸易主义者们的口号。他确实降低过许多制成品的进口关税，但他从来都能保证以新的进口关税继续充分保护英国工业。赫斯基森采用关税保护英国工业的技巧与荷兰水利工程师相同。荷兰水利工程师们根据水位高低而修筑高低不同的水坝。他们不会把堤埂建得一样高。他们只把堤坝建得足以保护田地不受洪灾就行。赫斯基森还废除过一些无用的过时法令。加上关税的一点调整，这就是英国把自由贸易理论付诸实践的全部内容。

注释：

① 赖默尔（Rymer）：《条约集》（*Foedera*）第496页；德·威特（De Witt）：

第 45 页。

② 《爱德华三世法规》(*Edward Ⅲ*), 第五章, 1328 年。

③ 《爱德华四世法规》(*Edward Ⅳ*), 第四章。

④ 《英国商人》, 第 3 卷, 第 91 页。

⑤ 《英国商人》, 第 3 卷, 第 15 页。

⑥ 休谟, 第 18 章。

⑦ 荷兰的海运优势地位最初是以渔业和彼特・毕克尔发现的一种腌制鲱鱼方法为基础的。而英国的海运优势地位最初是以煤炭贸易和一项议会法案为基础的。1400 年, 伦敦的贵族和平民向亨利四世请愿, 要求禁用海煤, 理由是这是有害于健康的燃料。之所以称之为海煤, 是因为它是从海底开发出来的。伦敦的公民根本没有想到他们的要求是毁了总有一天会成为英国海上力量基础的一种贸易。许多年后, 泰恩河畔纽卡斯尔由于煤炭贸易而成为一个繁华的城市。这种贸易大部分是出口贸易, 因为在很长一段时期中, 民众反对使用这种燃料的偏见阻滞了英国本国的煤炭消费量的增长。但是随着英国由于纺织业的发展而人口骤增, 反对使用这种燃料的偏见渐渐消失了。

⑧ 安德森, 第 2 卷, 第 511 页。

⑨ 休谟, 第 5 卷, 第 39 页。

⑩ 安德森报告说(第 2 卷, 第 552 页), 许多政界要人把航海条例视为不公正和不切实际的。他们用以支持自己观点的论据与萨伊用以谴责法国政府以补贴促进渔业和商船队时所提出的论据一样深奥。有些人认为, 航海条例所强加的限制是无意义的, 会产生诸如战争、饥荒、毁掉英国贸易等严重结果。荷兰人从惨痛的经验中认识到, 他们本来是可以与英国共同分享贸易利益的, 而不必遭受这么重大的损失和耻辱的失败。荷兰人把他们的失败特别归因于英国拥有较大的船只这一事实。虽然这一事实从未被视为具有重大意义, 但人们还是常常注意到这一事实。如果我们把英国和美国的船运业加以比较, 这一点很有意思。访问过美国的每一个英国海军官员都会对美国海军和商船的规模感到惊异, 并警告其同胞, 如果英国政府在造船业方面不以美国为榜样就会招致灾难。

⑪ 安德森:《商业史》(*History of Commerce*), 第 2 卷, 第 46 页。

⑫ 休谟, 第 21 章。

⑬　休谟，第 4 卷，第 330 页。

⑭　亚当·斯密和大卫·休谟批评伊丽莎白把这种特权授予商人的公司。他们没能认识到，当时汉萨商人仍很富强，荷兰人正处于鼎盛时期。如果伊丽莎白根据这两位学者的学说行事，那么英国人可能就决不会把外国人赶出国内市场。政府只有支持贸易公司并与外国签订商业条约，才可能达到这一目的。当时没有哪个英国商人能与汉萨和荷兰商人展开海外贸易竞争。而特许公司——由于获得特权，而且得到商业条约和海军的支持——可以鼓起勇气进行海外贸易，可以从德国和荷兰的城市吸取商业资本。例如，汉堡和吕贝克商人在外国市场得不到利润，就到英国享受英国政府授予的贸易特权。

如果这些贸易公司最初赚不到利润，对国家来说算不上什么真正的损失，而是一种不可避免的牺牲。如果没有这种牺牲，英国绝不可能建立起她今天所享有的如此广泛的海外贸易。如果伊丽莎白时代取消贸易公司的特权之后英国工业发展起来，那也不意味着即使商人过去不曾享有那些特权，英国也会如此繁荣。到特权取消的时候，英国的贸易已经在长期的发展中稳固地确立起来了，而且——由于参与大特许公司的联合经营——商人已经掌握了这种贸易的全面知识。他们现在已有在更遥远的地区进行商业冒险活动的方法和积极性了。由于初期的损失铺就了后来的利润之路，所有的工业都处于同样有利可图的状态。许多发明家虽然在进行试验时丧失了自己的资本，但他们的发明却会使千百万人变得富有。在这一点上，授予特许公司的特权与授予发明家的专利权所起的作用是一样的。特许权和专利权都只在一定的时期内有效，一旦取消之后就会使整个社会受益。

⑮　安德森，第 1 卷，第 127 页和第 2 卷，第 350 页。

⑯　普里斯特莱(Priestley)：《历史和一般政策演讲集》(*Lectures on History and General Policy*)，第 2 部分，第 289 页。

第二十八章　法国经济政策史

英国的巨大成功激发了法国的抱负。在德国和荷兰拥有许多繁华的工商业城市的时代，法国的贸易和工业进步还不大。

早在16世纪，法兰西斯一世就从米兰引入桑树和丝织业了。由于当时丝织品是一种奢侈品，非常昂贵，消费量很小，所以丝织品的产量无法与毛纺品或亚麻织品的产量相比。为了鼓励毛纺品、亚麻织品和玻璃器皿等制造业的发展，并大力促进丝织业，亨利四世说服佛兰芒工匠到法国定居。里舍留红衣主教制服了贵族之后，把注意力转向经济，力图促进贸易和工业的发展。他促进了里昂的丝织、天鹅绒和毛纺织业的发展，建立了贸易公司，促进了渔业，创建了一支杰出的舰队。其后，马扎蓝红衣主教给予制造商重要的特权——甚至包括授予贵族头衔，以此促进色当服装工场的建立。但是，与路易十四统治时期科尔伯特的成就相比，马扎蓝的努力所取得的结果是微不足道的。

当科尔伯特这位伟大的政治家出任时，他面临的局面是法国的舰队已经毁灭，国家不再保护工业，农业处于衰退状态，商业受到各省关税的限制，公共财政一片混乱。

科尔伯特出身于一个纺织品商家庭，有贸易和工业的实践经验，有非凡的才能和充沛的精力。他开始进行一项根本的经济改革。他对各主要制造业给予补贴；他说服外国熟练工人到法国定居；他购买新机器模型和外国工业家的秘诀；他试图以统一的国家关税取代各省的内地关税；他对国内能够生产的制成品征收沉重的进口关税。通过这些措施，这位伟大的政治家使法国工业的发展达到这样一种程度，他就职 10 年之后，毛纺业拥有 5 万多架手织机，丝织品的贸易额每年达 5 000 万法郎。科尔伯特创建了一支拥有 166 000 人和 198 艘船的海军。他使国家的税收增加了 2 800 万法郎。

尽管科尔伯特取得了这样巨大的成就，法国的教条主义经济学家们仍然批评他是以牺牲农业的利益为代价来促进工业，他们断言，他的政策压制了农业的发展。事实上，有些经济学家的批评过分到竟然指责科尔伯特的政策使法国牺牲了一些重要的工业，使这些工业流失到英国和低地国家。如果有人施展出最高层政治家的治国才能而被指控为犯罪，那就是科尔伯特。但是，批评科尔伯特的人的论点要么毫无意义，要么就是建立在错误的前提之上的。①

要对科尔伯特作出完全公正的评价，就不该忘记，在他进行伟大改革的时期有无以数计的限制阻碍着法国农业的发展。农民被迫为领主服役（徭役），必须向教会交纳什一税，并且禁止他们改变庄稼的轮作制或引进新品种。农民必须向领主交纳各种苛捐杂税，并通过领主向整个贵族阶级纳税。贵族们肆意在农民的耕地上打猎。甚至禁止农民捕杀毁坏庄稼的野生动物。庄园主打猎的时候，农民还应为他服役。孔多塞——我想是在杜尔哥时期——讲过一个农民被控告杀死一头野公猪的故事，农民辩护说当时他在防卫一个人的进攻。农民没有受过教育，被剥夺了自由，到处受蔑视。贵族和政府官员的无知和狂妄自大、牧师的狂热、各省关税所造成的不同地区之间的严重分裂，以及尤其是可怜的运输条件，这一切才是农业衰败的真正原因。科尔伯特试图实行统一的国家关税计划以及毛纺和丝织业的发展与这一时期法国农业的衰落没有关系。任何明智的人都能认识到，由科尔伯特推动并得到关税保护的大量丝织工场有助于刺激农业和其他经济活动的发展。现在公认的事实是，建立工业企业对农业发展的促进作用比什么都大。甚至亚当·斯密和萨伊也承认，农民只有在工业城市中有自己产品的市场时，才可能兴旺发达。虽然科尔伯特限制农产品出口，却给农产品提供了一个巨大的国内市场。我们并非为限制农产品出口作辩护，农产品出口限制毫无疑问是极令人讨厌的。[2] 尽管这是个错误，但很清楚科尔伯特大大地推进了法国农业的发展。我们已经解释了法国农业之所以没有像科尔伯特的反对者所要求的那样繁荣的原因。科尔伯特离任后，工业再也没有像他执政时那样繁荣过。难道政治舞台上再也没有出现一个新科尔伯特来继续进行科尔伯特的事业，也是科尔伯特的过错吗？法国没有类似于英国那样的一部宪法可以实行一种健全而持久的税收制度也是科尔伯特的过错吗？在法国，一切都取决于国王的兴致。难道法国的改革精神随着这位改革家的去世而消失也是科尔伯特的过错？科尔伯特去世后，国家的一切权力都被宫廷垄断了。制造商和手艺人遭鄙视，而上流社会许多无所事事的人却备受尊敬。路易十四的疯狂和奢靡足以毁掉 10 个科尔伯特的业绩。[3]

宗教迫害在科尔伯特生活的时代就开始了。这使吸引外国资本和技工到法国的愿望成了泡影，使对科尔伯特改革的持久性的信心幻灭了。1683 年科尔伯特逝世，两年后，路易十四就废除了南特敕令。这一令人痛心的措施对制造商和工匠的影响超过其他任何措施，因为大部分精明的企业家和熟练工人都是胡格诺派教徒。据估计，南特敕令被废除后的最初 3 年，约有 50 万难民逃离了法国。有理由认为，世界上没有哪个新教国家没有从法国胡格诺派教徒的逃离中尽可能得到最大的利益。这些难民的后裔当今在莱茵河两岸、瑞士、萨克森、普鲁士、低地国家、丹麦、瑞典、俄国和美国等地正在经营着由他们从被法国驱逐出来的祖先那儿继承下来的最重要的工业。在德国的许多城市，毛纺业、丝织业和珠宝业始于这些被迫背井离乡的技工越过莱茵河到达这些城市之时；甚至在好望角，这些难民的后裔仍在种植着他们先辈引入那块殖民地的葡萄。

把法国宪法的缺陷、政府的愚蠢、贵族缺乏爱国主义精神和宗教狂热者的暴行归咎于科尔伯特，是最不公正的。

法国和英国都采取了贸易保护政策，但是由于两国条件极为不同，因而结果也就迥异。英国的历史先于法国一个世纪，且享有诸如拥有积极而有知识的人民、开明的贵族阶层、充满自由精神的宪法、长期持续不断的和平、岛国的地理位置、许多富有的海外殖民地、庞大的舰队以及扫除了许多恶习的革命等许多有利条件；代议制议会的存在保障了英国税收制度的稳定性。而法国则备受专制统治的一切弊端之害；代价高昂的战争；无法无天和一意孤行的教士；自大、奢侈、粗鄙的贵族；以及盲从无知的民众。所以，我们看到，同样的关税政策使英国繁荣了，却使法国处于落后状态。政体可与人体相比。如果在病根未除之前就服用兴奋剂，只会使病人的病情恶化而不是变好。法国曾经有过似乎可能产生有益结果的极好的关税制度，它本可使法国跻身于世界第一流的工业国家之列。但是，路易十四毕竟不是亨利四世，他把50万技工逐出法国，而不是说服他们到法国定居，他没能把农业从枷锁中解放出来，他没给国家带来健全的制度和良好的公路与运输。所以，贸易保护政策遭到了自由贸易理论的攻击，虽然这种理论不得不依赖于最荒谬的论据，却追随者日多。当今世界不会采纳这种学说，未来一个相当长的时期也不会采纳这种学说。尽管亚当·斯密的解释使自由贸易理论成为一种舶来的教条，自由贸易理论本来是可以在法国得到一次付诸实践的机会的，而在英国却根本没有一个政治家曾皈依过亚当·斯密的理论。

在此我们想论及魁奈的学说和亚当·斯密的学说之间的关系。虽然亚当·斯密摧毁了重农学派学说的基础，却接受了他们所倡导的自由贸易理论，亚当·斯密以其巨大的权威支持了这种理论。因此，他对重农学派的批评是谨慎的。他赞扬重农学派的情操之高尚，他称许重农学派的目标之宏大，他说服重农学派接受他的学说。他效仿舰长在缴获敌舰后赞美敌军的勇敢以使其为己所用的策略。

魁奈的一些信徒身居政府高位，是法国的不幸。这些信徒中最著名的要数杜尔哥，他出众的才能使他当上了内务部长。虽然他有高尚的原则和开明的观点，但却被改革派学者的观点所迷惑。这些改革派学者虽然有改善人类处境和改进政治制度的决心，却不清楚新观点与真实情况之间的区别。他们根本没有充分考虑到现实世界正在发生的情况就发表抽象的原理，因此，错误地采取极端的政策。法国应该感激杜尔哥，因为他力求打破束缚法国工业，特别是农业的桎梏。另一方面，法国又饱尝了杜尔哥当权的苦果，因为他倡导的工业政策正好与科尔伯特所实行的政策相反。杜尔哥坚信教条主义经济学家们所倡导的两个重要原理。第一个原理是，只应对土地——更精确地说是对从土地获得的收入——征税，因为，根据重农学派的观点，只有农业生产财富。第二个原理是，刺激农业发展的最佳办法是尽可能降低对外国产品征收的进口关税。这样，杜尔哥就开始拥护所有国家之间无限制的自由贸易了。正是在很大程度上受到杜尔哥著述的影响，路易十六统治结束时，开明的法国人士才会普遍认为，唯有与英国签订商业条约才可能把法国从巨额国债和巨大预算赤字的严重后果中拯救出来。

英国从来都乐于从其他国家的不幸中渔利，不管这种不幸是由于缺乏物质资源还是（正如法国的情形那样）由于政治上缺乏正确判断。英国为了一个梅修恩条约的新翻版欣然向法国祝福。所以，1786 年便与法国签订了伊甸条约。该条约降低了英国对法国的葡萄酒和白兰地的进口关税，作为交换条件，法国的市场向英国制成品敞开。法国人急不可耐地等待着明智的哲人们许诺过的这项协议的有利结果。但是，不久他们就经历了与哲人要他们相信的事态完全相反的结果。这场伟大实验的结果正如寓言所述的那只去抓骨头的影子却失去了口中的骨头的狗的经历一样。由于英国人 100 多年来已经饮惯了葡萄牙的葡萄酒，所以对法国葡萄酒的消费并没有增加多少，而英国的廉价制成品却充斥法国市场。英国人控制了巨大的资本资源，可以给顾客提供有利的信贷条件，因此，他们强大得足以把法国制造商逐出英国市场。此外，法国人只能给英国人提供奢侈品，而这些商品的总值较小。英国人却可以在法国销售日用品，这类产品的总值要大得多。条约只实施了几年，法国政府就

认识到法国工业已陷入毁灭的边缘，于是解除了协议。条约的终止给法国造成了一些恶劣的后果，却丝毫无损于英国。要恢复被摧残的法国工业显然并不那么容易，但要说服几个嗜好法国葡萄酒的人重新饮用葡萄牙的葡萄酒却易如反掌。但法国人已经习惯使用英国的制成品，现在他们通过走私贩子来获得这些商品。许多法国制造商就在最需要政府帮助的时候破产了。沃尔特·斯科特爵士在列举法国革命的原因时没有把这个不幸的条约列进去。但是朗巴尔王妃确实懂得伊甸条约的意义——这是一个独具慧眼的宫廷女子比我们当今最有名的著作家有见地的惊人例证。

当雅各宾派推翻王权时，他们良莠不分，把一切都毁了。因为他们既无时间也无能力认识到法国真正的商业利益所在。这些白痴梦想建立一个新的罗马共和国，由于罗马人轻视工业而只重视农业，所以雅各宾派也只把在土地上工作的人看作真正的共和主义者。但是拿破仑的看法却不同，虽然有人也许会批评他喜欢专制和极端自大，但没有人会怀疑他的天才。他一上台就认识到，在现实情形下，除非拥有繁荣的工业，否则没有一个国家有希望实现高度的国力、繁荣和独立。他明白，面对先进的工业国的竞争，工业的进步只能靠征收进口关税和采取其他鼓励性国策来实现。

拿破仑以他惯常的犀利语调曾对自由贸易政策作过如下评论："即使是建立在坚硬的花岗石上的帝国，如果实行自由贸易，也会被碾成粉末。"

拿破仑不仅恢复了过去限制外国产品进口的禁令，以此促进法国工业的发展，而且把禁令扩大到整个欧洲大陆，以期削弱和挫败他最强大的敌人。拿破仑的成功有两个方面的事实为证：首先是英国采取了有力的对应措施；其次是大陆体系覆盖的所有国家的工业得到了繁荣——尽管战争期间这些国家承担了沉重的负担。

在前一章中，我们曾讨论过卡斯特累勋爵没能利用英国的优势战胜大陆体系的时机，我们还解释过坎宁和赫斯基森怎样一执政就决定弥补卡斯特累造成的漏洞。坎宁和赫斯基森宣布实行新的关税政策，并假装支持自由贸易学说。他们无疑是希望其他国家降低进口关税以便让更多的英国制成品涌入这些国家的市场。

正如1786年英国得到启蒙哲学家及其信徒的支持那样，英国此时得到热衷于自由贸易学说的世界主义经济学家们的协助。被J. B. 萨伊——一个在信念和主张方面与杜尔哥同样高尚的人——的著作弄得眼花缭乱的经济学家们，把所有不愿相信自由贸易学说的确实可靠性和拒绝承认坎宁与赫斯基森的政策真正出于善心的人都一概斥为蠢货、无赖。此类事件在50年前就曾发生过，当时每一个希望真正跟上时势的经济学家或政治家都不得不信奉自由贸易是包治人类所有疾病的灵丹妙药。

对法国的复辟政府无论作何批评都可以，但毫无疑问法国的工业多亏了这个政府。复辟政府并没有因为英国政府的阴谋诡计和反对势力的狂嚣，以及商人、葡萄园主的自私要求而背离贸易保护政策。

当坎宁访问巴黎并向法国政府建议恢复1786年的商业条约时，M. 德·维莱尔明确地表示他十分清楚像梅修恩条约那样的贸易协定的严重后果。据说，他这样告诉坎宁：英国进口关税的水平正好可以保护英国工业免受外国的竞争，而法国工业还没有发展到足以成功地与外国对手竞争的地步，因此还需要关税的保护。这与必须保护幼树以防止被狂风吹倒是同一个道理。等法国工业发展到不再惧怕外国竞争时，维莱尔会采纳坎宁的建议的。

坎宁返回英国后的所作所为表明维莱尔肯定说过类似的话。坎宁再也不说自由贸易即将来临了。国会讨论西班牙问题时，坎宁竟置礼节和外交辞令于不顾，夸耀自己使法国出兵西班牙而把沉重的负担套在法国的脖子上。这些言论表明坎宁是如何发泄自己对维莱尔的不满情绪的。同时也说明坎宁的政策并不像欧洲大陆那些轻信的自由主义者想让世人相信的那样开明和博爱。事实上，坎宁是一个彻头彻尾的英国人，他的博爱只限于符合英国的商业霸权利益的场合。[④]

M. 德·维莱尔避开坎宁为他设下的陷阱并不需要多大的洞察力。一方面，他可以看到在大陆体系的保护下得到很大繁荣的德国工业、农业和牧羊业，现在由于英国的禁运和英国在德国市场的竞争而严重衰落了。另一方面，他可以看到完全与任何政治党派无关但被公认为法国工业现状分析权威的专家们——如沙普塔尔和巴伦·迪潘等人——已经为继续保护法国工业的必要性提供了充分的根据。

沙普塔尔论述法国工业的著作自始至终拥护贸易保护政策，并对这种政策能够取得的成就进行了大量详细的阐述。看起来，整本书好像就是对下面这段话的扩充和发挥：

> 我们不能让自己陷入形而上学的抽象迷宫，要坚持和扩大现行的关税政策。完善的关税制度是工农业发展的可靠保障。应该根据情况提高或降低我国的进口关税。关税可以使我国

> 的制造商所支付的高额工资和高昂的燃料成本得到补偿。禁运可以保护幼稚工业免遭外国竞争的损害。贸易保护政策通过保护我国人民的劳动(正如我常常说的,这是国家财富)捍卫着我国工业的独立,使我国富强起来。

查尔斯·迪潘关于法国生产力的杰出著作是一部开拓性的论著,迪潘是第一个从国家生产力的角度考察法国经济和政体的经济学家。在另一部论述 1814 年以来法国生产力增长情况的著作中,他清楚地说明了法国从大陆体系和复辟政府所奉行的关税保护政策中得到了多少好处。显然,没有哪个法国政府,不管领导者是谁,敢与英国再签订一个新的梅修恩条约来摧毁过去 40 年的成就,这些成就的取得付出了何等巨大的牺牲,而前途又多么充满希望。

迪潘在阐述 1812 年和 1827 年间的经济进步时列举了以下实例:法国的人口在该时期增加了 400 万;羊增加了 500 万只;马增加 40 万匹;毛织品产量从 7 000 万磅上升到 10 000 万磅;棉纺产量从 2 000 万磅上升到 6 400 万磅;生铁产量从 20 000 万磅上升到 32 000 万磅。法国从英国的莱斯特和苏丹的努比亚地区进口绵羊,从西藏进口山羊,用由此生产的羊毛大量制造成克什米尔式围巾。法国从中国引进蚕,生产出雪白精美的丝织品,大量出口到土耳其和波斯这两个过去向法国输出丝织品的国家。丝织业的主要中心里昂的人口从 10 万增加到 15 万人。仅仅巴黎每年出口的制成品价值就达 4 700 万法郎。法国在印花布生产和所有机器制造业方面已经赶上了英国,法国在印花布和精制锦缎方面追上了德国,在蓝色印染、铁制品和印刷业方面追上了普鲁士,在红色印染方面追上了土耳其，在丝织方面赶上了印度，在围巾的纺织方面赶上了波斯，在钟表和精密仪器制造业方面赶上了瑞士。法国的钢铁、铜、锡和铂的质量大大提高；书刊印刷、纺织品（棉、毛、丝）印染和陶瓷业获得很大进步；法国的陶瓷、地毯和化工产品的生产居世界之首。由于生产力的巨大发展，法国的国内贸易翻了近一倍，对外贸易有了很大发展。

很遗憾，时间不允许在此对英法之间的丝织品贸易进行详尽的说明。

注释：

① 我们在此引述亚当·斯密对科尔伯特的评论。根据我们前面已谈过的看法，我们认为不需要对亚当·斯密的批评再加以评论。亚当·斯密在《国民财富的性质和原因的研究》中写道："路易十四的名臣科尔伯特先生知识渊博，为人正直、勤勉异常；对政府账目的审查经验丰富，眼光敏锐。总而言之，他有才能用一切适宜的方法把政府收入的收支管理得井井有条。遗憾的是，这位大臣抱有重商主义的一切偏见。就其性质和实质而言，重商主义是一种限制与控制的学说。因而，对于一个已习惯于控制政府各部门、习惯于设置必要的检查和控制以使各部门不逾越其适当范围的勤奋的务实家来说，这是一种很合其脾胃的学说。科尔伯特致力于管理一个大国的工商业所采取的方法，完全与管理一个公共部门的各个部分的方法模式相同；他未让每个人在平等、自由、公正的条件下以自己的方式追求自身的利益，而是给某些工业部门以优厚的特权，同时又对另外一些工业部门加以严格的限制。像欧洲其他大臣一样，他不仅更多地鼓励城市产业，很少鼓励农村产业；为了支持城市产业，甚至不惜压制农村产业。"（第 2 卷，第 157 页）

② 沙普塔尔在《法国的工业》的导论中清楚地说明，科尔伯特的政策是一种明智的政策。在他那个时代的条件下，科尔伯特使用了他可以采用的最佳手段，应该受到批评的是科尔伯特的跟不上时代的后继者们。如果我们考虑到法国长期处于反对任何改革的专制统治者的统治下这一事实，我们就肯定会认

为科尔伯特比他的批评者更高明了。在社会发展的某一特定阶段，专制措施对人类的进步特别是对工业的发展有促进作用。即使是奴隶制度，对于使人们习惯于劳动不也是必要的吗？

③　米涅(Mignet)，这个具有独特的简明而又敏锐的判断力的学者，对路易十四的统治作过如下的评述，见《法国革命史》(*Historie de la revolution française*)，第 1 卷，第一章："路易十四运用其巨大的权力，对内镇压异教徒，对外肆意与整个欧洲为敌。对异教徒的迫害是由野心勃勃的顾问们提议而由龙骑兵执行的；他们的得手又助长了更残酷的迫害。法国人民的不满被胜利的荣耀所掩盖，他们的呻吟被胜利者的呐喊所淹没。但最后，天才去世，货币消失无踪，专制政府由于自己的成功耗尽了国家资源，断送了自己的未来。"

④　萨伊在其《政治经济学教程》(*Cours complet d'economie politique*)(第三部分，第 363 页)中写道："英国下院看来认识到有识之士关于过分实行禁止性关税极有害于工商业的忠告的价值。这种政策在一定程度上虽未能完全放弃，其影响却大大地减小了。令人难以理喻的是，虽然禁止性关税在某些方面被视为是成功的，英国人却力图以其阻碍工业进步为理由抛弃这种政策。"

奥格斯塔・格兰维尔・斯特普尔顿(Augustus Granville Stapleton)在其所撰的坎宁传记(第四部分，第 3 页)中对这位伟大的政治家有关自由贸易的看法写过这样的话："坎宁先生完全把没有实际意义的原理当作真理，以为贸易只有在完全解除各种限制时才可能实现最大程度的繁荣。但是，坎宁先生又意识到这样的原理既非祖先的遗训也一直未被周围的国家所接受，而且各国过去一直对所有的商业交易都加以限制，因此，已经形成这样一种局面：一旦轻率地采用这种原理，不论其在理论上多么正确，实践中都可能造成颇为有害的后果。但是，倘若商业立法完全无视这一原理，并采取完全相反的方针，那么，最终的危害肯定会较小。因此坎宁先生认识到，正确的政策是既决不能忽视这一原理，同时又决不能忘记运用此原理时绝对需要小心谨慎的历史教训。"坎宁先生是言行不一的，他说的是一套，干的又是另一套。

第二十九章　德国经济政策史

意大利的自由城市继承了古罗马的文明。它们曾经是拜占庭帝国的邻居。与北欧未开化的民族相比，拜占庭帝国即使在衰落时，仍然保存了一些古罗马帝国的知识和艺术成就。在十字军东征时，意大利城市就已经在所有工业部门取得相当大的进步了，宗教狂热进一步促进了已经发展起来的生产力。意大利船只常常运送十字军的武器到巴勒斯坦，而十字军则带回新的发明、新的作物、新的耕作方法和新的工艺。他们养成了新的嗜好，发现了享乐的新源泉。西方人最渴求的物品恰好是东方一直在生产的物品。这些物品经由红海、尼罗河、亚历山大港和威尼斯抵达欧洲，然后，由威尼斯商人分发到整个北欧；再经陆路运往莱茵河流域，经水路运往法国、英国、佛兰德和德国诸港口。这些物品运往北欧的另一条路线是从波斯开始，经陆路或经波斯湾（巴士拉港）水路到阿勒颇或君士坦丁堡。

古往今来所有国家的经验都表明，自由和工业进步就如同一对连体双胞胎。无论何时，只要工业开始发展，就会有主张政治自由的运动；无论何地，只要扬起自由的旗帜，马上就有工业的出现。一旦获得财富，就会产生安全地享受财富的要求，这是公理。同样，一旦人民获得某种程度的自由，他们就会运用自由和技术来改进自己的生活条件。由于财富使人获得——或购买到——自由，我们发现中世纪的工业和自由的进步紧随商业发展的步伐，沿莱茵河流域扩散到低地国家，扩散到波罗的海沿岸，还扩散到东方未开化地区的心腹地带，在那里，诺夫哥罗德成为一个实行共和制度的城邦国家。佛兰德的伯爵早就剿灭了这一地区猖獗的土匪，并在意大利工匠的帮助下建起纺织工业，保证了佛兰德未来的繁荣。在德国，城市的建立始于10世纪，当时的亨利一世皇帝渴望加强统治，积极推动本土的城市发展。数百年来，他的继任者们出于政治动机奉行同样的政策。与法国和英国的一些明君一样，这些皇帝把城镇看作是反对贵族势力的强有力的联盟；看作是财政收入的丰富源泉；看作是国防的基础。城镇的社会生活促进了艺术和手工业的发展。富有的城镇自由民促进了自治城市的自由、事业心和对知识的追求。这些皇帝自愿地给这些城镇以特权，让城镇公民享有生活在共和党人统治下的人们所享有的权利。皇帝对城镇所行使的权力只限于重要的国家大事。早在10世纪与11世纪，德国沿海地区和低地国家就异常活跃。新城镇建立起来并得到迅速的发展；新的商业活动把诸城镇紧密地联系在一起；市政制度变得更有效率。对这一时期德国各城镇情况的描述，最好莫过于将其发展与近年来北美城镇的发展情况作一比较。早在中世纪早期，德国——特别是北部诸城镇——就以朝气勃勃的气势在发展。

由于不断受到陆路上的贵族掠夺和公海上海盗抢劫的威胁，一些自治城市决定联合起来保卫自己的共同利益。1241年，汉堡和吕贝克结成一个联盟；到11世纪末，这一联盟已发展到包括德国境内及北海和波罗的海沿岸地区的85个城市。这一联盟被称为汉萨同盟。在古日耳曼方言中，“汉萨”的意思就是“联合”或“联盟”。由于使用联合的力量促进商业发展，同盟成员很快就从中得到了好处。同盟制定了商业政策，很快就使贸易和船运业呈现出空前的繁荣景象，这充分地说明这种商业政策是成功的。

由于认识到保护航运业的必要性，汉萨同盟建立了一支强大的海军。它们明白，一国海上力量的强弱取决于渔业和商船业的强弱。因此，汉萨同盟鼓励渔业，禁止成员用不属于同盟的任何船只运输其商品。

虽然汉萨同盟的商业掌握在私人公司手中，但是同盟俨然像拥有主权的独立国家，讨论和颁布法规，与外国缔结商业条约；授予私人在国外建立工厂和仓库的权利，颁布有关在国外建立工厂和仓库的经营活动的章程。汉萨同盟接待外国使节，指派驻外大使，组织和维持共同的防御力量，采用统一的度量衡制度。虽然受制于商人，但是同盟发现必须对商业活动的方式加以各种限制。

当汉萨商人到伦敦时，他们发现伦敦是一只有草屋陋室的荒芜之地，人们的住所还不如马厩。那时的英国就是汉萨同盟商人眼里的美洲，汉萨商人用制成品换取英国羊毛、皮革、黄油、铅和锡。

1252年，汉萨同盟在佛兰德的布鲁日建立起第二个代理处。这是汉萨商人销售从英国和俄国带来的原材料、换取东方的制成品和其他商品的巨大市场。在佛兰德，汉萨商人把英国羊毛制成布料，然后再返销英国。之后，又在俄国的诺夫哥罗德建立了第三个代理处，汉萨商人从这里把毛皮、大麻、亚麻、牛脂和其他原材料运销德国。最后，又在挪威的卑尔根设立了第四个代理处，这成为汉萨的渔业中心。汉萨商人雇用的水手都是在这个渔业基地培训的。

所有刚摆脱未开化状态的国家都有与较先进的工业化国家自由贸易而获得巨大利益的经历。但是，其后这种贸易关系就逐渐成为一种负担，阻碍本国制造业的发展。英国就有过这种经历，所以爱德华四世实行了一种禁止性的商业政策。这种政策到伊丽莎白女王把汉萨商人逐出英国国门时达到顶点。

伊丽莎白统治初期，汉萨商人不满于维护他们现有的特权，对他们在爱德华四世和玛丽女王统治下的待遇牢骚满腹，伊丽莎白精明地回答，她没有权力改变现状，但是她准备允许汉萨商人继续享受现有的权益。这种答复仍然远远不能使汉萨商人满足。因此他们断绝与英国的一切贸易关系，以此报复和惩罚伊丽莎白。然而，这种行为却使英国商人得到了好处，他们抓住这种时机扩大他们的贸易。汉萨商人怒不可遏，竭力在其他国家诽谤英国贸易商。他们在德国赢得了一项帝国敕令的颁布，禁止英国商人在神圣罗马帝国境内的任何地方进行贸易。伊丽莎白女王下令捕获泰晤士河上满载西班牙走私品的60艘汉萨商船而雪了耻。她打算以释放这些商船为筹码与汉萨同盟讨价还价。当女王获悉汉萨同盟在吕贝克召开了一次大会策划摧毁英国海外贸易的措施时，伊丽莎白没收了汉萨船只及所载货物，只释放两艘船只以便把她谴责汉萨同盟的旨意带回去。

伊丽莎白就是这样对待曾经借船给她父亲以及许多英国国王进行海战的汉萨商人的。这些商人几个世纪以来一直受到欧洲所有君主的逢迎笼络；正是这些商人，曾充当瑞典和丹麦冲突的仲裁者；正是这些商人，曾把一位国王扶上瑞典王位的宝座，使他成为他们的傀儡；正是这些商人，把一位丹麦国王赶下宝座，并将王位

拍卖给出价最高的人；正是这些商人，以武力迫使英王承认他们的特权，不止一次地迫使英王以皇冠作为贷款的抵押品；正是这些商人，曾摧毁了哥本哈根，并凶残张狂到把数百名擅自闯入汉萨卑尔根渔场的英国渔民溺死水中。

虽然汉萨商人当时仍有足够的力量报复伊丽莎白的凌辱，但是，在伊丽莎白时代，他们昔日的威风已开始丧失。当他们向欧洲所有的朝廷乞求新的特权时，四处碰壁，他们的恳求被轻蔑地拒绝了。1630 年，汉萨同盟，这个曾经使人们胆战心惊的组织正式解体。

汉萨同盟衰落的原因很多。丹麦和瑞典一旦能够报复汉萨商人往日的放肆政策就要损害汉萨同盟的利益；沙皇把汉萨商人赶出俄国，把贸易特权给了一家英国公司；汉萨同盟多年的盟友条顿骑士团被波兰人击败、消灭。汉萨同盟在强盛和繁荣时，并未把神圣罗马帝国放在眼里，现在才想起帝国议会的存在并向它诉苦，但为时已晚。据维尔登哈根叙述，汉萨商人向帝国议会抱怨，英国每年输出 20 万匹布，其中大部分在德国销售，迫使伊丽莎白对汉萨同盟让步的唯一途径是禁止英国布料出口德国。帝国议会同意这样做，但是据安德森说，英国派驻帝国议会的大使乔治·吉尔平设计阻止了法令的实施。

汉萨同盟的历史恰恰没有证明“自由放任，自由通行”的名言，因为在汉萨同盟允许商人自行其是以后，商人一发现继续待在同盟已无利可图，就马上弃同盟于危难而不顾。据说，当荷兰人每年制造 2 000 艘船只时，有些汉堡造船商却在威尼斯卖掉自己的船只，然后移居荷兰。

进一步仔细地考察汉萨同盟这个曾经如此显赫和繁荣的商业

帝国衰败的原因，就会证实我们的观点是正确的。

这些城市的商业没有国家作为基础，既非建立在本国各种工业平衡发展的基础上，又没有强大的政治力量为后盾。联结同盟成员的纽带太弱，各城市自由民的利益不能服从于同盟的整体利益。各城市本位主义的致命分歧造成彼此妒忌，甚至彼此叛离。例如，科伦多次利用英国和同盟的敌意来谋取私利。汉堡也采取类似的政策利用吕贝克和丹麦之间的矛盾坐收渔利。该纳税时，每个城市都推诿没有资金；到分配战利成果时，每个城市都争先恐后地谋求获得最大的份额。这个同盟的商业并不是以本国的生产——德国工农业——和消费为基础的，只不过是一种巨大的转手贸易。同盟保护和促进了其他国家的各种经济活动，诸如波兰的农业、英国的养羊业、瑞典的铁矿开采业、俄国的铜矿开采业和低地国家的各种工业。汉萨商人把我们现代教条主义经济学家的理论付诸实践数百年之久。他们在最便宜的市场上购买，在最贵的市场上出售。但是，当汉萨商人被撵出外国市场时，他们却无法在德国找到新的资本投资领域，因为德国的农业和工业——在汉萨同盟繁荣鼎盛时置之不顾的产业——还没有充分发展。所以，汉萨商人的财富被吸引到荷兰和英国。在那里，这种财富实际上增强了其敌人的力量，促进了敌人的财富和工业发展。

汉萨同盟没能在帝国议会的保护下为自己的未来发展获得一种具有长久影响的制度，同盟曾以为只要有钱有海军就行了。各国的皇帝、国王和君主都曾经是这个同盟的好友，但是，他们也畏惧同盟的力量。甚至西格蒙德皇帝曾徒劳地想保护他的丹麦亲戚埃里克国王。但是，同盟公然蔑视他的行为，这位皇帝竟然不敢公开对这种完全轻视皇帝尊严的行为表示愤怒。实际上，汉萨同盟的所作所为像一个主权国家。但是，当这个同盟丧失海上力量时，对帝国议会的影响也就随之丧失了。此外，长期以来忌妒同盟势力的贵族也敢于要求“皇帝查封以财富支配德国的大贸易公司”了。德国境内的汉萨诸城市相继落入贵族的控制之下，所以，汉萨诸港口也就不再是这个国家核心力量的基础了。

英国人则避免了这一切错误。在英国，政治力量、国家独立和私人工业携手并进。农业和工业为贸易和航运业提供了坚实的基础。通常，国内贸易应该比对外贸易大 6 倍。然而，英国的对外贸易比任何国家的外贸都重要。王室、贵族阶层和城市的利益都以最幸运的方式结合在一起。难道有哪个对英国工业的进步进行过反思的有识之士还会否认，如果在经济发展中不使用国家权力，英国的航运业和工业就不会获得这样显著的效率以及如此高度的自给自足吗？当然不会。要不是英国统治者们精明的政策，汉萨商人如今可能还在伦敦的斯蒂尔雅德办事处呢；他们今天可能还在英国购买羊毛，出售布料。拥有大量羊群的英国可能仍是汉萨城市的牧羊场，就如同葡萄牙由于英国外交的狡诈成为英国的葡萄园一样。的确，如果没有政府对工业发展的帮助，英国人可能决不会获得他们今天所享受的政治自由。英国的自由是英国工业和财富的硕果。

当我们对汉萨同盟和英国之间的竞争与斗争进行考察时，就会惊讶地发现，亚当·斯密对同盟从建立到衰落的整个发展过程竟然从未作过讨论，虽然从他的一些言论中可以看出他对汉萨城的历史显然非常熟悉。亚当·斯密写道：

> 有人说商人不一定是哪一个特定国家的公民，这话极为贴切。对商人来说，在什么地方进行经营，是没有多大关系的；只要稍有一点不如意，他就会把其资本连同这种资本所经营的产业，从这个国家迁到另一个国家。只要商人的资本尚未凝固在这个国家的土地上而变成建筑物，或投入土地的永久改良以前，就不能说其中的任何一部分资本是属于哪一个特定国家的。据说，汉萨城市曾一度拥有巨额财富，但除了13世纪、14世纪模糊的历史记录外，这些财富杳无踪影。甚至连其中的某些城市究竟位于何地，有些城市的拉丁名称究竟指的是如今的哪些欧洲城市，都已经无法确定了。

的确令人奇怪的是，亚当·斯密如此清楚地认识到汉萨城市之所以衰落的主要原因是其资本家移居他乡，却没有对这一资本移动作彻底地考察，只是归因于英国和荷兰的商业政策。的确令人惊讶的是，他竟然没有意识到汉萨城市的失策，即汉萨城市没有采取利用自己的贸易和工业活动以扩大德国国内贸易的明智商业政策。这种政策本来可以使汉萨城市抵抗外国以禁运和限制的方式损害它们利益的任何企图。我认为，如果进行这项研究的话，其结果是不可能支持亚当·斯密的主要论点的。

汉萨同盟解体之后，德国的工商业日益衰落。这种衰落的主要原因之一就是，皇帝的权力随着城市的败落而削弱了，结果导致若干小诸侯国的出现。这些诸侯国在其边界设置关税，破坏并毁了德国所有的公共制度。最后，各诸侯国成了主权国家，把整个德国的真正主权分割得零碎不堪。皇帝的权威和城市的独立都丧失殆尽，德国的港口再也不能免遭外国的侵扰。与此同时，葡萄牙人所发现的由好望角到印度的航线的开辟，剥夺了威尼斯对东方商品的贸易垄断权，一些德国内地城市也随之丧失了以前东方商品的转口贸易。

路德的宗教改革使德国业已危险的分裂局面激化到如此程度，以至于神圣罗马帝国的所有政治团体、大部分邦国和城市都分裂为两个敌对的阵营。这最后的一击，使德国贸易所需要的合作（社会各阶层的合作）成为泡影。各种各样的因素——货币的混乱、卑劣的猜忌、缺乏有力的政治制度、没有保护贸易的关税政策、缺乏良好的运输设施和发达的国内贸易，所有这些因素的不利影响摧毁了德国经济的生产力。当曾经是神圣罗马帝国成员的荷兰独立时，德国最大河流的三角洲落入了外国之手；当时，德国是如此无能，以致认识不到荷兰成为一个独立国家的无尽弊端。

拿破仑的大陆体系，虽然把德国制成品挤出法国市场，而且再也无法运销到西班牙、葡萄牙及其殖民地，却使德国的工业活动得以复苏。然而与此同时，德国的国内市场却向法国敞开，任其竞争。

拿破仑失败之后，英国人卷土重来，以其质高价廉的制成品垄断了德国市场。同时，他们却禁止德国原材料进入英国国内市场，或者对德国原材料征收高额进口关税。所以，德国工业再次遭到毁坏，甚至农业也有明显的衰落。

德国各邦之所以建立德意志关税同盟，就是因为德国在与法国和英国的贸易关系中处于非常不利的地位。这个同盟包括了所有各邦（奥斯特里亚、不伦瑞克、汉诺威、梅克伦堡、汉堡、吕贝克和不来梅除外），其宗旨是实现完全自由的国内贸易，对外国进口品实行单一关税。征收进口关税所得的收入按同盟成员的人口进行分配。自从关税同盟建立以来，德国的工业、农业和商业得到迅猛的发展。

关税同盟的进口关税一般是按有关商品的重量来计算的，所以，收入最多的关税是对最普遍的制成品所征收的关税。因此，这种关税制度特别能保护关系到民生的那些工业。这类工业品的进口总值一般远远超过奢侈品的进口总值。进口关税一般是适中的。德国除进口其他商品外，还进口价值200万法郎的棉纱，所以它的工业仍然依赖于其他国家。

德国商业史表明，一个民族可能非常勤劳、非常有道德、非常节俭、非常富有创造力、非常聪明，还拥有富饶的土地和许多有价值的自然资源，但可能仍然未能发展起高度繁荣的工业、农业和商业。的确，历史告诉我们，一个民族尽管拥有这一切有利条件，但是只要社会不健全、软弱无力并处于四分五裂的状态，其经济就会陷于衰落境地。这些社会弊端会造成没有安全、没有法律、没有公正、没有流动自由，缺乏良好的运输设施、缺乏巨大的市场、缺乏贸易公司。这些社会弊端还会造成忽视外国关税的影响而不能为自己的出口产品打开外国市场。最后，最严重的后果则是，不能刺激和保护本国的工业。

德国工商业发展史告诉我们，没有强大到足以建立和维持保护性关税制度的国家，其经济事务就只有受其他国家的法律的摆布。要实行自由贸易，除非至少有两个国家相互建立和保证这种贸易关系，否则就不过是纸上谈兵而已。数百年来，德国的市场对所有国家的商业一直是开放的。这种消极的自由——即使是和平时期也会被任何一种干扰因素所扰乱——已经彻底地破坏了这个国家的社会福利。

历史告诫我们，对一个国家来说，没有什么能比采取适当的措施以保卫本国不受外国军队和外国商品的侵犯更为重要的了。做不到这一点，就会致使本国工业代代被毁，而要恢复已失去的东西又得一切从头开始。

最后，历史还告诫我们，流行的教条主义经济学家们的学说是完全不适用的。

第三十章　西班牙、葡萄牙和意大利的经济政策史①

当英国人在最坚实的基础上建立自己的国家工业时，葡萄牙人和西班牙人由于新发现的海外领土而富裕了，短期内成了强大国家。但是，葡萄牙人和西班牙人的行为就如同在一次彩票中获得巨奖而奢侈放荡的懒汉，而英国人却是一个勤劳、节俭的民族，他们在财富和国力方面的进步虽然缓慢，却是坚实可靠的。碰巧发了横财而突然暴发的挥霍者和赌徒，一段时间内会比勤劳朴实的工人过得更为奢华。但是，当勤劳的人们通过艰苦劳动赚得钱财时，他们唯一的愿望就是改善自己的处境和进一步增进知识。那些突然发财的人，很快就会经不住诱惑而把财富挥霍在无聊的娱乐中，毁掉自己的生产力。一个腰缠万贯的懒汉会宠坏迎合他的虚荣心的孩子，却不会为孩子提供良好的教育。但是，一个深谋远虑的人却会努力使自己的孩子受到良好的教育，尽可能给他们提供最好的机会，以便到适当时候接他的班并发展他的事业。因此，懒汉的后代是乞丐，而深谋远虑者的后代却享受着祖先勤俭的丰硕成果，也就不足为怪了。

很早以前西班牙人就有品种优良的羊群，以至于早在1172年，

英国的亨利二世就禁止进口西班牙羊毛。在此之前两个世纪，西班牙维斯卡亚地区的居民就以其炼铁、航海和捕鱼方面的技术而著称于世。这些居民无疑是最早的捕鲸者。直至1615年，英国渔民还不得不到比斯开湾去学习捕鲸的技术。从很早的时期开始直到科尔伯特时代，西班牙一直以其制成品而闻名于世，在科尔伯特时代，仍对法国出口部分精美毛织品。西班牙拥有一只强大的海军和商船队，它的大型船只曾使其他国家的海军恐惧了几百年。简言之，西班牙具有未来经济繁荣所需的一切因素，但是正在成长的国民精神却被宗教狂热和专制统治的联盟残酷地消灭于萌芽状态。这个邪恶的联盟所采取的第一个迫害行动就是驱逐犹太人和阿拉伯人，甚至祸及已公开宣布放弃其宗教信仰并皈依天主教的后裔。驱逐犹太人和阿拉伯人的行径使西班牙流失了许多有用的公民和大量的资本。宗教法庭的可怕刑罚所引起的恐惧不仅使外国人不敢带着他们的资本和制造技术到西班牙经营，而且实际上还迫使西班牙企业家到危险较小的国家去寻求庇护。新世界的发现增加了西班牙的财富，但这只是一种表面的、暂时的现象，这种现象实际上最终加速了西班牙的完全崩溃。西班牙没能采取后来荷兰和英国实行的那种殖民政策，没有用自己的制成品去交换新世界的产品，也就是说没有执行一种对殖民地和母国同样有利的政策。相反地，西班牙却屠夺和劫掠殖民地居民，以不义之财换取外国的制成品。西班牙蓄意使原本精明强干的国民变成了新世界的强盗和压迫者。这些罪恶行径和压迫导致了其他国家特别是低地国家国力和工业的加强。西班牙实际上是在自己的领地上造成了最强大的敌人和最繁荣的竞争对手。尽管国王曾颁布法令和条例以促进西班牙的工业和阻止金银货币外流，也是徒劳的。只有在充满政治自由和宗教自由的国家中，进取精神、经济进步、技术知识和工艺技能才会逐渐滋长繁荣。只有能够有效地把金银用于促进工业企业繁荣的国家才能够保证金银不外流。在一个受政治和宗教的专制所压迫的国家，不论出于多么善良的愿望，引进工业、吸引或保住金银的努力都是徒劳的，不会取得持久的成就。这一以明显的事实为基础的见解却被有些经济学家所忽视，他们错误地把西班牙看作是以限制性措施促进经济进步的值得效仿的典范。贫瘠干旱的土地收成必然甚微，但这并不意味着种子不好。

可以把西班牙和葡萄牙看作是具有类似的外貌、类似的观念、类似的技能和类似的偏见的一对孪生姐妹，而且它们也犯了同样的错误。它们一起幸运地崛起，之后又一同衰落。西班牙因为发现新大陆中了头彩，葡萄牙则因为发现经好望角到印度的新途径中了二等彩。东方新航线的开辟，使葡萄牙成为一个强大的贸易国和海上强国，因而给威尼斯的繁荣以致命一击。

在数百年里，威尼斯共和国集古希腊与亚洲的技能于一身，拥有各种各样的工业——最重要的是毛织品、丝织品、玻璃器皿和镜子生产。数百年来，威尼斯垄断了从埃及到东印度的全部欧洲贸易。它在意大利内陆的经营有着坚实的基础，并控制着摩里亚半岛、塞浦路斯、克里特和其他一些地中海岛屿。在与之前就已经有数百年的发展历史的热那亚共和国进行一番较量之后，威尼斯成功地建立了无与伦比的海上霸权。但是，正如热那亚因为把自己的强大建立在摧毁比萨的基础上而衰落一样，威尼斯也因为宁可控制和摧残姐妹共和国而不愿与它们平等地结成联盟而遭到了惩罚。当土耳其征服希腊时，威尼斯人丧失了相当大一部分大陆领土和许多岛屿。葡萄牙取代了威尼斯与东印度的贸易。意大利诸城邦犯了与汉萨同盟同样的错误。它们彼此的争斗使得两败俱伤。它们没有联合起来，建立起一个统一的国家。假若它们团结起来，它们的力量足以去攻击土耳其人，抓住地理大发现所开辟的大部分贸易。威尼斯商人之所以没能在从好望角到东印度的贸易中占有一份，完全是因为他们卷入不明智的政治事件中。因为就在他们抗击土耳其人的同时，不得不谨防那些满怀妒意的热那亚竞争对手，所以，他们虽然拥有比葡萄牙人更多的战舰和更多的钱财，却既不能在公海上与葡萄牙人拼搏，也无法在东印度与葡萄牙人一决雌雄。与一切正在走下坡路的强国一样，威尼斯试图以阴谋诡计来掩盖自己的脆弱。但是阴谋对铁的事实没有什么影响。威尼斯终于衰败了，而且没有东山再起。300 年前，这个富饶的城市被称为“海上皇后”，而今的威尼斯只是处于沼泽中的断垣残壁。解剖腐尸毕竟不是一件愉快的工作。我们将把注意力限于商业史中导致某些国家商业败落的那些因素，从中吸取对现在和将来都有益的教训。

在第二十七章，我们已经讲过梅修恩条约有利于英国的一些细节，我们曾经指出，亚当·斯密对这些条约的见解与全世界政治家、商人和制造商的看法很不相同。亚当·斯密力图说明，该条约使葡萄牙受益，却损害了英国的利益。

然而，在还没有深入探讨理论上的争议的情况下，我们不想反驳亚当·斯密的观点。我们只关心梅修恩式条约是否对英国这样正在向最高度的工业化迈进的国家有利这样一个非常实际的问题。1786 年英国与法国所缔结的正是一个梅修恩式的条约。坎宁向维莱尔提议的也是一个梅修恩式的条约。英国一贯乐于与任何一个不能与之平等竞争的国家签订类似的条约。

亚当·斯密在其著作的第四篇第十六章中写道，梅修恩条约之所以不利于英国，是因为英国对葡萄牙的葡萄酒征收的进口关税只是对其他国家葡萄酒所征关税的三分之一，这就使葡萄牙享有特权。但是，英国却同意出口到葡萄牙的毛织品缴纳与其他国家的毛织品相同的进口关税。所以，葡萄牙并没有给英国特殊的优惠条件。可是，英国纺织业不是远比其他国家先进吗？英国不是肯定不要什么特权也可以在葡萄牙市场上比其他国家推销更多的纺织品吗？根据《英国商人》的记载，英国人难道没有骗取葡萄牙人只对其纺织品征收一半的关税吗？从作者的叙述中我们不是清楚地看到由于汇率的原因英国人以便宜15%的价格买到葡萄牙人的葡萄酒吗？梅修恩条约生效期间，英国人不是照样消费他们习惯的法国和德国葡萄酒吗？事实上，葡萄牙人在英国所享受的特权只是一纸空文，而英国人在葡萄牙所享受的却是实实在在的特权。对梅修恩条约真实后果的研究给我们提供了英国从梅修恩条约至今的所有商业政策的秘诀。英国人在理论上总是世界主义者和博爱主义者，但在实践中却是垄断主义者。

亚当·斯密并不否认英国利用葡萄牙所支付的巨额纺织品货款所得到的好处。他反对梅修恩条约的第二个论点是，英国人没有必要用在葡萄牙销售纺织品所得到的货币收入向第三国购买他们所需的商品。他写道：如果直接用英国工业品来换取那些消费品，那就必定会比先用英国工业品换取葡萄牙的黄金，然后再用这些黄金向其他国家购买消费品，更有利于英国。在对外贸易中，直接的消费品贸易总比迂回的贸易方式更为有利；而且，要把价值相等的外国产品运到国内市场上，前一种贸易方式所需要的资本势必比后一种贸易方式要少得多。[②]

如果我们不是对这位杰出学者的人品、渊博的知识和能力怀有最大的敬慕，我们就会批评他对此缺乏判断力，或对他提出其他更严厉的批评。但是，由于我们肯定亚当·斯密具有超乎寻常的能力，所以我们只把他的模糊空洞的论点归因于人性的弱点，归因于这位杰出经济学家追求这样一种崇高的目标的狂热，这种目标就是使人类相信普遍的自由贸易的利益。他总是希望实现这一目标。

亚当·斯密的上述推理是愚蠢的，这种推理无异于一位经济学家断言，面包师用面包换取现金就会失去生意。按照这种逻辑，如果面包师不必出售面包来换取现金，而是直接找磨坊主用面包换取面粉，这样，他所进行的就是一次交易而不是两次交易，可以省却一次交易的麻烦。但是，即使一个能力非常有限的人也能驳斥这种论调。因为磨坊主不需要面包师所生产的全部面包，即使他能够找到愿意用现金购买他多余的面包的顾客，他也不想这样做，而是继续干磨面的行当。换言之，只要磨坊主能用面粉换取现金，他就会拒绝用面粉换取面包。这正好与英国和葡萄牙间的贸易情形相同。为了说得更清楚，我们必须对梅修恩条约执行期的贸易方式加以考察。当时，葡萄牙把制成品销往南美的热带地区换取金银。由于葡萄牙人太懒或者说太愚蠢，自己不能生产制成品，只得用金银到英国或欧洲大陆去购买他们所需要的商品。得到这部分金银的这些国家或者把金银铸造成货币供国内使用，或将金银用于与中国或东印度进行贸易活动。英国每年用 50 万至 100 万英镑购买中国和印度的商品，其中一部分在英国消费，其余销往各国以换取金银或英国工厂所需的原材料。与葡萄牙对英国纺织品的需求相比，亚洲对英国纺织品的需求很小。当时英国每年对印度的出口品价值只是16万英镑。

根据常识，我们要问：假若葡萄牙人不买英国纺织品；或者假如葡萄牙人是向法国和德国购买，而不是向英国购买；或者假如葡萄牙人自己生产纺织品，那么，英国出口葡萄牙的全部纺织品谁来买？如果是这样，英国就不能在葡萄牙或葡萄牙的殖民地销售其纺织品。此外，英国的其他顾客对英国纺织品的需求已经饱和。因此，唯一切合实际的结论是：倘若如此，英国人就不可能生产出他们以前卖给葡萄牙的那部分纺织品，也就不可能得到葡萄牙的那些金银了，也就不会有以前用于亚洲贸易的那些金银了。进而，他们向印度和欧洲大陆购买的商品量就会减少。这种贸易的大量减少肯定就会削弱英国的生产力，而葡萄牙和那些给葡萄牙提供制成品的国家却会使他们的生产力得到增强。然而，最为重要的是，如果没有梅修恩条约，英国在东印度的势力就绝不会扩大。

亚当·斯密的第三个论点是，如果英国人不能从葡萄牙获得金银，就会从其他来源获得他们所需的金银，葡萄牙多余的金银势必会流向外国，最后以某种方式流到英国。这一论点与第二个论点同出一辙，是自相矛盾的。假若当时葡萄牙人自己生产纺织品，用其多余的金银购买中国和印度的商品，那么，英国就不可能攫取这些金银。假若葡萄牙人在德国或佛兰德购买他们所需的纺织品，也会发生同样的情形。要是这样的话，对英国而言就根本不会有葡萄牙及其殖民地的市场了，英国人哪怕要多生产一码布也不可能了；英国的出口势必会受到限制，英国人要想超过这种限制而从印度多获得一粒黄金或一磅香料都是办不到的。德国的历史经验可以证明这一点。德国的工业一度比英国的工业还强大，即使是今天，德国的智力和道德资源也可与任何其他国家相比。国内市场没有得到梅修恩式商业条约保护的所有国家的经历，也可以证明这一点。假若英国政治家200年前就遵循亚当·斯密那样的建议，那么英国的经历也会对此提供证明。

从亚当·斯密对梅修恩条约的评价中可见，如果政治家按照以虚假的世界主义为基础仅仅按从价值理论中推导出来的证据支持的一种经济学说行事，那是多么地危险。此外，亚当·斯密所使用的论点基本上可以解释英国人为什么在理论上尊敬他的对外贸易学说，但却从不愿把它付诸实践的原因。

劝说别国相信梅修恩式的商业条约不利于英国，但大大有利于与英国签约的国家，因为亚当·斯密都证明了这种看法，其他国家还有什么理由不接受这类条约呢。这就是英国劝说其他国家接受它的政策建议的绝招。

我们要求不理解国家经济学与世界主义经济学的差别、生产力理论与价值理论的差别的人把注意力转向葡萄牙和英国，对这两个国家的经济作一番比较。我敢肯定，他会清楚地看到，伴随着一个国家的繁荣，总有另一个国家丧失了经济独立，智力、商业和工业毫无生机，国势衰落，贫困交加。

注释：

① 赫罗尼莫·德·乌斯塔里斯(Geronymo de Ustariz)：《商业理论》

（*Théorie du commerce*）和伯纳多·德·乌洛阿（Bernardo de Ulloa）正确地把西班牙农业的衰落和整个经济崩溃归因于工业的毁灭。他们提到的原因包括各省关税、地方杂税（货物入市）和其他破坏性捐税以及道路条件的恶劣、缺少运河、外国商品大量涌入、走私活动猖獗、客栈环境恶劣。但他们对西班牙败落的两个主要原因——政治专制和宗教狂热却缄默不语。只有乌斯塔里斯对每年送到罗马的巨款冒险稍有微词。如果不说明罗马剥夺了西班牙人挣更多钱的权力这一事实，货币流入罗马不能说明任何严重后果。[见唐·赫罗尼莫·德·乌斯塔里斯：《商业和海军的理论与实践》（*Theoria y pratica de commercio y de Maria*）1724 年、1742 年和 1757 年；英译本，1757 年。李斯特使用的是法文版节译本：《赫罗尼莫·乌斯塔里斯论西班牙的贸易自由》（*Traduction libre sur VEspagnol de Don Geronymo de Ustariz*），1753 年。再参阅唐·伯纳多·乌洛阿：《西班牙商业与制造业的建立》（*Restablicimiento de las fabricas y commercio espagnol*），1740 年；李斯特使用的是该书法文版（阿姆斯特丹，1753 年）。关于乌斯塔里斯和乌洛阿，参阅维尔明豪斯（Wirminghaus）：《两位西班牙重商主义者：G. 乌斯塔里斯和 B. 乌洛阿》（*Zwei spanische Merkantilisten. G. de Ustariz and B. de Ulloa*），耶拿，1886 年。]

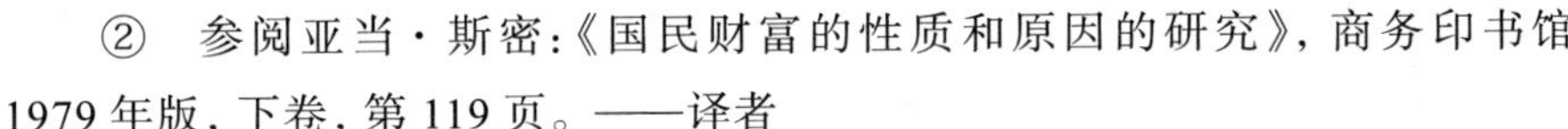

② 参阅亚当·斯密：《国民财富的性质和原因的研究》，商务印书馆 1979 年版，下卷，第 119 页。——译者

第三十一章　美利坚合众国经济政策史

从沦为殖民地到成为独立国家的这一历史时期，美国一直被宗主国英国当作开垦、移民和剥削的对象。1651年，英国对来自弗吉尼亚的烟草课征很重的进口关税。弗吉尼亚烟草种植园主把烟草出口到荷兰，以此回敬英国的这种关税政策。英国议会随即通过了一项法案，此法案规定北美殖民地的出口物品必须先运往英国港口，在那儿缴纳进口关税，然后才允许运往其他国家。直到北美殖民地起义之后，这一法案才停止实行。尽管有英国人的垄断，这些殖民地还是建立了一些工业，并且禁止英国船只运送北美的羊毛、纱线和其他制成品。

1719年，英国下议院的行为更为过分。下院宣称，北美殖民地工业的发展威胁着英国对它们的控制，随即通过了几项法令，阻止北美工业的发展。1750年，英国议会谴责北美沿海地区建立的铸造厂、锻造厂和钢铁厂及其他殖民地的几种制造企业，竟然把它们视为是有损于社会的"公害行为"。约西亚·柴尔德勋爵和达夫南特博士都宣称北美殖民地是所有海外殖民地中危害最大的殖民地，因为它们正在建立自己的工业(1670)。亚当·斯密是第一个在自己的名著中注意到英国对北美殖民地的商业政策不公正的人，这是值得赞扬的。英国对其殖民地工商业的专横态度，是北美独立战争爆发的主要原因之一。

独立战争促进了美国工业的发展，原因有二。第一，战争一爆发，美国制造商就立即摆脱了英国政府以前所强加的一切限制。第二，英美商业关系的中断使美国人既不能从英国购买到制成品，也不能向英国输出产品，因此建立新的工业企业既迫切又有利可图，而且还是爱国精神的表现。

战后，美国各州之间的松散联系太脆弱，不能为战时因为与英国的贸易中断而发展起来的工商业提供充分的保护。此外，由于英国对美国制成品继续实施进口限制，美国制成品的生产遭到了严重的阻碍。一个战时曾享受和平之福的国家，和平时期却饱受战争的不利后果之苦。工业和贸易的衰退，是美国独立初期各州不满的主要原因。这种不满最终导致了宪法的修订。

新宪法实施后，在1786年召开的第一次国会上，几乎所有的州——由纽约州和南卡罗来纳州领头——递交了要求保护工业和航运业的请愿书。乔治·华盛顿身着一套国产布料做成的衣服出现在国会开幕式上。官方新闻界报道说，他之所以这样做，是为了给他的全体同胞树立一个榜样，并表明要把这个国家的独立和繁荣建立在坚实的基础上应该采取什么行动。

这次国会作出决定，征收足以促进处于发展初期阶段的本国工业的进口关税。为了促进海运业的发展，国会发布命令，用美国船只运送的进口物品所缴纳的关税比用外国商船运送的进口物品所缴纳的关税低10%。1786年，国会通过的这些措施是如此有效，以至于当1791年召开国会时，总统已经能够庆贺美国农业、工业和商业的繁荣景象。

然而，不久就变得很清楚，美国经济正由于外国人——特别是英国人——对美国贸易所施加的限制而受到不利影响。还有一点也很清楚，原订的进口关税太低，不能实现给美国工业和航运业以充分保护的目标。于是，政府就指定财政部长亚历山大·汉密尔顿准备一份关于美国制造业的详细报告，他干得很出色。詹姆斯·麦迪逊以汉密尔顿的报告为基础，向1794年召开的国会提议，为保护工商业应该提高进口关税。国会采纳了这项建议。进口关税得到提高的主要物品是毛织品、印花布和钢铁产品。

虽然这些关税仍然不很高，但已经足以使美国东部诸州工业得到相当大的发展。然而，后来由于英国工业的迅速发展，美国的一些制造业——特别是毛纺、棉纺等重要的工业，深受英国竞争之害。但是，国会却无意帮助这些工业，因为，当时美国的农业和商业由于利用欧洲正在进行激烈的战争这一机会而呈现出欣欣向荣的景象。但是，最近英美之间的这场战争[①]，特别是随后而来的和平时期，完全改变了事态。战争期间，农业和对外贸易遭到毁灭性的打击，而各种工业却发展起来了。和平时期，商人和农场主的处境也是每况愈下，最终被迫与战后再次遭受着英国竞争之害的、不幸的工业家采取合作的态度。美国从痛苦的经历中再次认识到，听任外国竞争而牺牲本国工业的和平，比一场战争更糟。

英国成功的竞争，加上英国拒绝允许美国的小麦和木材进入英国港口，造成美国贸易普遍萧条。美国工业的生存现在成了事关国家的大问题。1816年召开的国会通过了一项关税政策，提高了对英国制成品的进口关税。但是人们最后发现，即使这一关税也太低，还不能达到保护工业的目的。美国工业没有复苏，且由于农场主无法卖出谷物，农产品价格一跌再跌，农场主和种植园主面临毁灭的危险。

1822年，美国政府曾作出努力，试图提高关税以缓和这种危机。但是美国棉花种植园主——他们在美国所起的作用类似于法国的葡萄园主——是保持低关税的既得利益集团。他们与对外贸感兴趣的商人联合起来，以其强大的势力凌驾于整个国家利益之上。

到1825年，种植小麦的农场主破产的人数增加到如此惊人的程度，以至于国会不得不再次提高关税。有关新关税的消息一传到英国，赫斯基森就开始行动，采取报复美国的措施，给英国制造商提供在美国国内市场上成功地与美国人竞争的机会。

英国的报复行为使美国制造商的处境比以前更糟。他们原以为新关税会在国内市场上保护他们，所以才开办了许多新企业，现在却发现从新工厂一开张那刻起，他们就面临着完全崩溃的命运。这些情况，加上英美贸易的现状给美国农业造成新的威胁，终于导致1828年实行新的关税——尽管棉花种植园主和外贸商都强烈反对这一关税。这一关税政策终于给美国工业——特别是棉纺织业、毛纺织业和制铁业——提供了抵制外国竞争的有效保护。这正是美国工业从那时至今一直繁荣的直接原因。

1828年的关税不过是对英国商业政策的一种自然的、必要的回敬。英国固执地拒绝接受美国以其小麦和木材交换英国制成品，只接受诸如棉花这类英国工业必不可少的原材料。对美国来说，英国的这种政策只有利于蓄奴各州，从某种经济的观点看，这些是美国最落后的州。然而,英国的这种政策却毁了美国最重要的、最富饶的、最繁荣的那些州的经济。因为,这种政策使这些州每年有 50 万最优秀的农业工人移居到西部荒野地带,由此所造成的损失抵消了这些州的经济活动所创造的利润。赫斯基森对此十分明白。众所周知,英国驻华盛顿大使曾屡次告诫英国政府要注意排斥美国产品进入英国市场所可能引起的严重后果。假若赫斯基森真如欧洲大陆的教条主义经济学家要我们相信的那样是一位伟大的世界主义者,那么,他就会利用美国实施新关税所提供的机会,向英国贵族说明,美国实施新税则是他们紧紧抓住谷物法不放的可怕后果;他就会告诉他们,只有废除英国那些不明智的法规,才能使英国工业至少能恢复一部分现在正冒着全部丧失的危险的美国市场。但是,赫斯基森做了什么呢?他就像一个玩牌作弊老手的把戏被揭穿时那样,对美国人横加指责。每个在土地上工作的美国人都知道,他的不顾后果的断言是露骨的谎言。他威胁美国人,扬言要不择手段地报复美国。简言之,他完全在自欺欺人。赫斯基森宣称,美国对英国的出口占美国总出口的一半,而英国对美国的出口却只占英国总出口的六分之一。他由此得出结论说,美国受制于英国的程度超过英国受制于美国的程度。这种肤浅的观点听起来似乎有道理,但是每个美国农场主都完全明白英美贸易的真正本质。美国农场主知道,美国出口到英国的全部是原材料,英国却不能没有这些原材料,这些产品的价值通过加工会增加 10 倍。美国农场主也知道,英国出口到美国的全部是制成品,没有这些英国制成品,美国也可以干得很好,因为美国既可以自己制造,也可以从法国或德国进口制成品。因此,是英国双重地受制于美国。赫斯基森夸耀近年美国出口英国的棉花量大增。这是事实，但应明白，这种增加的方式有利于英国而有害于美国。因为原棉产量的增加越来越快于市场需求的增加。请思考下述事实的意义吧。1816 年，美国出售棉花 8 100 万磅，卖得 2 400 万美元；而 1826 年出售 20 400 万磅，却只卖得 2 500 万美元。美国人 1826 年售出的棉花是 1816 年的 3 倍，收入却只增加了二十五分之一。在这样的情况下，美国种植园主是不会认真对待赫斯基森的威胁的。最后，赫斯基森威胁要限制美国棉花的进口。谁会真的相信他的话呢？我表示怀疑。假若赫斯基森所说的是真的，那就真使人对他的智力、实践知识和政治上的诚实产生怀疑了。他真的以为美国人如此糊涂，会被他的空洞威胁所吓倒吗？可以肯定美国人完全了解下述事实：(1) 印度的棉花质量差，(2) 印度、巴西和埃及的棉花产量不可能增长很快，(3) 只要英国不能从除美国之外的其他国家得到所需要的棉花，对原棉征收高额进口关税只会使欧洲大陆的棉纺织业得到好处，而毁掉英国棉纺业。显然这种政策还会促进美国棉纺产品制造业的发展，而且，不久之后，美国的这一产业就会成为世界上最重要的棉纺织业。

赫斯基森的另一个威胁违背了最普通的常识。他实际上是建议，通过加拿大边境走私商品，英国人可以避免美国关税对英国对外贸易可能造成的损害。虽然英国一般不怕报复，但它肯定要避免美国的报复。

赫斯基森显然对美国人和美国经济作了错误的估计，这正如坎宁低估了法国人和法国经济一样。梅修恩条约的时代已经结束，自由贸易经济学家们不能永远指望蒙蔽人民。今天重要的是行动，而不是空谈。只要使几个大臣相信就能让一个国家采取某种特殊商业政策的时代已经过去了。今天，有如此众多的记者、如此众多的报纸、如此众多的读者、如此众多的善于独立思考的人，要获得对某一商业条约的广泛支持，仅有冗长的议会辩论和低劣的外交伎俩是不够了。如今要获得人民对一项贸易协定的支持，就必须讲真话，使他们确信条款对贸易双方都有利。这一点是至关重要的。

我们认为有必要在本章和其他部分中讨论坎宁和赫斯基森的政策，因为我们对多年来大陆哲学家和政治家一直误解他们的政治活动感到惊讶。大陆政治家们的观点显然深受这两位大臣是受托利党人严厉攻击的辉格党人这一事实的影响。大陆自由主义者认为，辉格党人是他们的好朋友，而坎宁和赫斯基森则是他们的心头肉。

噢，上帝！英国辉格党人总是英国人。任何一个英国人，特别是英国领导人，绝不可能是一个世界主义者，除非这一术语是汉萨人、威尼斯人和荷兰人说希腊人的那种意思："我们害怕希腊人，即使是他们带着礼物来的时候。"

注释：

① 指 1812—1814 年的英美战争。——译者

第三十二章 俄国经济政策史

海因里希·施托希，作为俄国统治者的教师，一直向这些统治者灌输自由贸易学说。因此，废除大陆体系和恢复普遍的和平之初，俄罗斯帝国就失去了享受自由贸易之福的机会，也就不足为怪了。俄国 1819 年的关税制度确实是尽量遵循自由贸易的原则了，可是结果不久就清楚了。外国商品充斥俄国，国内市场遭到破坏，大部分金银外流。如果还需要什么东西使教条主义的自由贸易理论显得更荒诞滑稽的话，那就是所有这一切就发生在大不列颠对俄国小麦及其大部分原材料的进口加以种种限制之时。甚至在俄国的衰退已经严重到顶点之时，俄国政府还执行了一段时间的自由贸易政策，因为教条主义经济学家向沙皇保证，自由贸易的灾难性后果只会是一种短暂的现象，随之而来的无疑是美好的时光。沙皇等待自由贸易者的预言实现达 4 年之久。

最后是俄国灾难如此深重，其严重的后果使人触目惊心。甚至拿破仑入侵给这个国家造成的灾难，也没有实行自由贸易政策所招致的灾难那么大。沙皇决定转变经济政策，但是自由贸易支持者的影响如此之大，以致如此专制的政府还得谨慎地借助一位著名政治家来证明自己这样做的合理性。在 1822 年 5 月 22 日的一份紧急公函中，涅塞尔罗德伯爵写道：“土地所有者的产品没有市场，工场完全被国外产品的竞争所摧毁，我们的贵金属已经外流，连资金最雄厚的商号也面临着破产。”

从那时起，俄国完全改变了关税政策，我们再也没有听到这个国家有任何灾难。事实上，据说，它的农业、工业和商业现在正处于一个新的繁荣时期。然而，俄国显然还没有准备采取完全成熟的贸易保护政策。

第三十三章　不同经济学说有关关税法则的精神实质

重商主义的两个基本原则是：一个国家的繁荣只能以牺牲另一个国家的利益为基础；只有贵金属才是国家财富。由此得出结论，一个国家应尽可能多地从外国获得货币，并且应该采取措施保证这些货币留在其国土之内。这种政策来自商人那种缺乏远见的狭隘观点，并曾经借助于对贵金属的输出尽量实行关税限制而付诸实践。

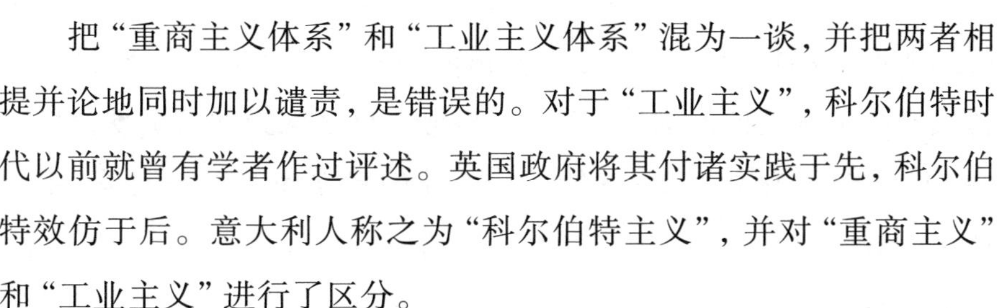

把“重商主义体系”和“工业主义体系”混为一谈，并把两者相提并论地同时加以谴责，是错误的。对于“工业主义”，科尔伯特时代以前就曾有学者作过评述。英国政府将其付诸实践于先，科尔伯特效仿于后。意大利人称之为“科尔伯特主义”，并对“重商主义”和“工业主义”进行了区分。

“工业主义”的支持者并没有认为一个国家的繁荣只能以牺牲另一个国家的利益为基础。工业主义者的目标是使一个国家的所有公民——制造商、农民和从事内外贸易的商人都富裕起来。“工业主义”是要谋求创造和促进国家的工业和“生产力”。实际上，假若有适合的社会、道德和政治制度的支持，假若有充足的自然资源，工业主义就必定会实现其目标。“工业主义”的支持者常常用进口关税保护本国工业在国内市场上免受外国竞争。但是，如果他们走得太远，竟然为了工业家的利益而限制农产品和原材料出口时，他们就损害了务农者的利益，而且也蔑视一切世界主义原则。到这种时候，“工业主义体系”就成了一种狭隘的民族主义，其支持者的视野也就受到极大的限制了。

重农学派所倡导的“重农主义体系”完全是对“重商主义”和“工业主义”的一种反应。重农学派在揭露重商主义和工业主义的错误时又走向了另一个极端，提出了一种相反的、实质上是纯粹世界主义的学说。他们想为整个人类谋求繁荣，但在力图实现其目标的过程中，他们没能意识到——事实上是完全忽视了——各国的特殊利益。由于被“工业主义”的缺陷和局限搞糊涂了，重农学派认为，只有实行全球完全自由贸易才能促进经济的发展。他们先制定了一套先验的原则，然后才开始寻求证据，以证明这些原则是正确的。他们看到民族国家的存在必然阻碍他们实现目标。对科尔伯特成就的考察使他们确信，在人类被分为许多国家的这个现代世界中，只有实行关税政策，才能促进工业的建立和发展。但是，由于他们的观点完全是世界主义的，所以他们对关税的存在视而不见。重农学派的“重农主义”虽然建立在不稳定的基础之上，但却是第一个充分认识到农业的意义并使整个人类的利益成为众人注目的中心的经济学说。重商主义者没能认识到这一点。

我们现在来谈谈“世界主义体系”。我们想不出更好的名称来称呼亚当·斯密和 J. B. 萨伊所倡导的学说。世界主义学说的支持者们认识到，重农学派的论点站不住脚，于是就恢复了工业在经济中的正当地位，阐明了工业是农业繁荣和发展的主要促进因素。

由于被世界主义的自由贸易理论所迷惑，“世界主义体系”的支持者们为实现自己的目标而选择了错误的途径。他们重蹈重农学派的覆辙，先制定原则，然后再寻找证据。他们没有认识到人类被分割为各具特点的许多国家这一事实的意义。他们没能认识到自然本身形成的一个问题——如何把所有个人的“生产力”联合起来以追求一个彼此互利的共同目标。由于这些事实与“世界主义原则”相矛盾，所以它们完全被忽视了。“世界主义原则”的支持者们对世界存在着各种国家这一明显的事实避而不谈，视而不见，只是一味地设想存在一个世界共和国。

与此同时，他们还回避战争和战争造成的严重后果，或至少是假设不存在这类讨厌的事情。他们把关税视为错误的税收政策，而关税实际上是人类被分割为独立主权国家所造成的。世界主义学说的支持者们正走在一条无视现实的道路上，他们假装现实中所存在的东西根本就不存在。因此，他们所有的结论毫无实际价值。而政府负责实际经济事务的人则必须接受国家敌对和国际冲突确实存在这一事实，必须对付这种时势的严重后果。此外，“世界主义体系”是一种纯粹唯物主义的思想，没能考虑到存在于物质后面的人的精神和力量。至少可以说，“世界主义体系”对物质产品的重视远远超过对使物质产品的生产成为可能的创造力的重视。“世界主义体系”的支持者们之所以会犯这种错误——正如前面已经提到的他们所犯的根本错误一样——是因为他们先定原则后作求证。[①] 他们认为，一切生产取决于劳动和物品的价值，是天经地义的。但是，一旦他们试图按照现实世界所发生的事情阐发他们的原理时，下述这点就会变得很清楚：他们的原理只适用于已经产生出来的物质产品，而不能用于遵从完全不同的规律的生产力。

这就导致“世界主义体系”的支持者们得出了一些错误的结论。他们得出结论说，因为只有用其他商品交换才能买到商品，所以通过外贸进行产品交换始终是合乎需要的。因此，在他们看来，试图以法令对国家生产的东西进行管制无论如何都是愚蠢的。他们认为，如果别国的限制使本国一种商品的产出背离自然规律所指引的方向，所受到的损害是无法弥补的。他们认为，任何报复的企图只会使事态恶化，是在第一次受损害的基础上又受第二次损害。他们相信，对于外贸来说，最聪明的做法是在最便宜的市场上购买，然后听其自然。

这些人根本没能认识到，国家只能逐步获得农业的高效率发展。他们忘了，维持和发展制造能力的根本基础在于农业的发展、文化的进步、国力和国家独立的加强。他们忘了，这种制造能力在相对落后的、处于自由竞争条件下的特别是受到高度工业化国家竞争的国家不可能得到发展。他们忘了，一个国家建立工业的着眼点不在于今后几年的发展，而在于未来几百年乃至几千年的发展。事实上这种发展将贯穿于国家的整个历史过程。他们忘了，按照国家的工业着眼于整个历史发展的观点，根本涉及不到价值论；关税只是建立工业以便最终达到高效率水准的唯一途径；国家之所以发展大工业是因为拥有必要的自然资源和智力条件。最重要的是他们忘了，这是人类最终实现普遍自由贸易目标的可靠方式。如果无视人类发展的自然过程，就绝不可能实现这一目标。

世界主义的支持者们由于忽视了对上述种种问题的考虑，必然陷入无穷的矛盾，得出违背自然进程的各种论点。他们承认工业的重要性，承认没有工业就没有进步、没有文明、没有农业。然而他们竭力不愿承认关税是工业赖以发展的唯一手段。他们不能否认所有工业化国家已经富强这一事实，但他们坚持说，尽管工业化国家实行关税政策，但工业化国家的富强并非由于关税政策。在他们的著作中，他们时而赞扬可怜的科尔伯特，时而指责科尔伯特[②]。他们感到必须谴责关税，虽然关税只是国家把贸易机会留给自己的方法。他们只能争辩说，尽管事实是农业从关税（对制成品征收的关税）中得到最大的好处，但关税是以牺牲农业为代价来保护工业。尽管事实上在一个纯农业社会中，工业一般只是利用闲置和无用的资源和力量，但他们却断言关税掠夺了农业的资本。尽管事实上商业条约是实现贸易自由的唯一方式，他们还是发现批判和贬低商业条约比较方便。然而，正是那些最符合“世界主义体系”的商业条约，却根本不曾产生过自由贸易者所预言的那种结果。

下述的论据惊人地说明，“世界主义体系”的支持者们对现实是多么无知。他们断言自然法则要求人们必须按照贸易自由原则进行贸易。他们声称自然法则完全排斥对商业的限制，因为大自然已经赋予不同的民族以不同的资源和生产不同产品的能力。他们坚持认为，试图让北方国家种植南方国家出产的水果，就是公然违抗事理。这种论调真是妙极了，但是我们在第十七章说过，它只适用于农产品。就制成品的生产而言，很显然，地处温带的主要国家如果具备必要的道德素质和必要的政治文化制度，也同样能够建立大工业。对于像亚当·斯密和萨伊那样才能出众的学者来说，如果不是被要不惜任何代价捍卫某一原理的偏见所害的话，他们本来是肯定会认识到工业和农业之不同的。

“世界主义体系”的错误和弱点的最好证明就是其支持者无力解释未来的世界共和国将怎样实行普遍的自由贸易。而且，他们从来没有在实践中作过任何努力去实现这一目标。[③]

亚当·斯密因提出一国财富不仅仅由贵金属构成而且还包括一切具有交换价值的产品这一论点而受到高度赞扬。这的确是极有意义的观点，但是还应该注意到某种甚至比物质产品更重要的东西这一事实。这就是人的因素——生产物质产品的意愿和能力。丧失生产意愿的人无论拥有多少物质财富都会陷入贫弱痛苦的境地。对于这个论点的真实性，我们已经用威尼斯、汉萨同盟、西班牙和葡萄牙衰落的历史作过说明。有人还声称亚当·斯密已经证明劳动是国家财富的唯一真正源泉。对财富起源的这种狭隘的定义，实际上没有什么真理，这本身就暴露了整个“世界主义体系”的全部弱点和不实用性。亚当·斯密也许是认为人的手脚是一切财富之源泉。但是从这种观点也同样不可能导出任何合理的原理或结论。

说人所进行的劳动是一切财富之源毫无意义。难道轮船上操舵的小伙子的劳动与工程师的工作之间没有差别吗？掌舵者的体力劳动强度可能比工程师的体力劳动大10倍，但是工程师的工作要比小伙子的劳动重要1 000倍。如果撇开机械本身的力量不讲，我们也许能指出一个英国人和一个营养不良的印度人的产出的差异。我们可以比较两个农民的劳动，一个农民远离任何工业城市，很难进行商业活动，而另一个农民却与许多不同的制造商有着密切的交往。再就是在情绪低落、迷信的奴隶与自由、开明、有文化、有智慧的工人之间其产出也有极大的差异。

为了获得对生产力及其得以发展和受到保护的方法的清楚准确的认识，有必要问：如果是劳动创造了财富，那么又是什么创造了劳动？是什么东西促使人们运动四肢制造物品？使人们的努力得以成功的因素又是什么？我们始终发现有某种内在动力使人体运动起来。一个人越明白必须为自己和亲属的未来提供财富，他就越努力，做的工作越多。一个人越是尽早惯于劳动、教育唤起的潜力越大，就越能以父母和教师作为好榜样，他受错误和迷信观点的影响而听任自己偏离自己的使命的可能性也就越小。这样的人会发现，他的工作技能和热情会随着时间的推移而提高，因此产出也随之增加。基督教、一夫一妻制和自由比伊斯兰教、一夫多妻制和奴役或非常有限的自由更能促进生产力的发展。甚至即使在各种基督教派信徒的生产力之间也存在着极大的差异。

自然以水、风、动物及蒸汽的力量补充和增强人的生产力，提高人的劳动产出。但是只有当人们获得必要的智能进步后，他们才能利用自然力建立先进的工场和工厂。他们必须受到启蒙和良好的教育，必须具有充分的科学知识和很高的技能。因此，发达国家工人的产出远远超出落后国家工人的产出。

由此可见，在人的生产力及智力和体力劳动能够被成功地运用于具有交换价值的物质商品的生产之前，必须具备某些条件。必须有健全的、得到有效地实施的法律。人身和财产安全必须得到最大程度的保障。人们必须有很高的道德和宗教水准，根除迷信、偏见和恶行。必须有一个良好的教育体系。必须热诚地促进科学和艺术。工场和工厂必须得到充分的保护。所有的生产部门之间应该有一种和谐的平衡。一般而言，应该刺激整个国家经济的发展。政府应该保护国内经济的繁荣，保护国家不受外国的侵略。此外，那些促进生产力发展的人的劳动也如同那些实际制造具有交换价值的产品的人的劳动一样，同样是生产性的。

反对我们观点的人可能会认为，我们提出的这一原理岂不可以解释为一国经济的繁荣与该国律师、牧师、士兵、教师和学者的数量有直接关系。对这种诡辩，很容易反驳。智力生产和脑力劳动也像体力劳动和物质产品的生产一样，不能以计算有关人数的方式来衡量。如果有必要的动力机器装备的话，200 个工人就可以生产出与没有这种机器辅助的 1 000 个工人同样多的服装。在这种情况下，就产品量而言，说不定这 1 000 个工人还不如那 200 个利用动力机器的工人呢。同样，1 000 个热诚献身于自己职业的教师和牧师可以生产出的智慧生产力胜过 10 万个较缺乏献身精神的教师和牧师。

亚当·斯密把生产具有交换价值的商品的体力劳动视为唯一的财富之源，却没能考察驱动这种劳动的力量之源。正因为如此，他忽视了掩藏在生产力的创造后面的智力资源而铸成大错。如果亚当·斯密对这些智力资源进行考察，他肯定会认识到工业的力量对一国所有其他经济活动的重要性，也就不会陷入以交换价值理论评判对外贸易的错误了。

J. B. 萨伊意识到了亚当·斯密的错误，并以“勤奋的阶层”这一概念代替斯密所用的“劳动”一词。但是，这一概念仍然太狭窄，意义有局限。以下事实可以证明，萨伊没有认识到或者说至少没有充分认识到生产力这一现象的存在：(1) 萨伊对商业和贸易限制的看法与斯密完全一样。(2) 萨伊没有认识到本国工业对一国的文化发展、国家独立、国力的增强和农业的充分发展是绝对重要的。(3)萨伊完全不懂一国的政治和社会状态对其经济发展的影响。由于这些原因，萨伊犯了与其前辈相同的错误。

现在，通过沙普塔尔、查尔斯·迪潘和德罗兹内容丰富渊博的著作，生产力学说已经广为人知了。这些学者使我们加深了对经济学真正性质的了解。沙普塔尔的研究只限于说明法国怎样实行促进国内工业和对外贸易的政策而增加了国家财富。迪潘收集的资料不仅说明了萨伊所谓的“工业”，而且说明了法国的道德状况、智力条件、教育设施及社会和政治制度。他对法国在实践中发掘各种生产力的方式作了彻底的、详细的、全面的和系统的考察。其研究之深刻、思路之清晰、观察之全面——而不是对亚当·斯密的批评——极为精妙地揭露了“世界主义体系”的严重不足。法罗兹以犀利的文笔对亚当·斯密和萨伊的“世界主义体系”进行了尖锐的抨击，最后一章精彩、详尽、文辞华美，将“世界主义体系”与生产力学说作了比较。假如他把这一章加以发展，他就可能会提出一种以现实世界所发生的事实为坚实基础的新学说。

我们在前面几章已经说明英国人对一种使他们的国家称霸世界并确保未来霸权的学说是怎样顶礼膜拜的。英国经济学家们把反对他们学说的其他国家政府领导人斥为鼠目寸光、心胸褊狭。这很自然。[④]在英国，经济理论和经济实践携手并进，甚至连自由贸易学说的错误方面也对英国有利。

德国经济学家也对自由贸易学说顶礼膜拜，而且现在仍然如此。这也是可以理解的。一些德国经济学家实际上已经把重农学派的理论又从那布满灰尘的原著中重新挖掘出来。德国迄今仍被分割成为许多诸侯小邦，因此，德国不可能实行一种全国性的商业政策。德国知识分子自然欢迎自由贸易学说，指望这种学说的采用会给自己的祖国带来繁荣。完全可以理解，他们本来就应该拥抱“世界主义体系”的种种理论。一个受其强大邻国压迫的弱国自然要寻求一种以公正和道德原则为基础的学说的庇护。

然而，有一些国家——虽然工业已经相当发达——已经深受更先进的工业国的无情经济政策之苦，却还有人准备捍卫和支持“世界主义体系”，这岂非咄咄怪事。这些国家接受这种体系的实际结果必然造成财枯国敝、文化败落、受工业先进的竞争对手的压迫。捍卫和支持这种体系的态度肯定违背常识。唯有用愚昧无知和极端利己主义才能解释这类“世界主义体系”支持者们的行为。

教条主义经济学家们宣称，不承认英国工业霸权就会损害整个世界。在他们看来，英国工业已经取得如此惊人的进步，英国的经济影响已经发展到如此深远的程度，以至于各国的工业和经济只能听其自然，人类才能获得更大的进步。如果在文化和国力方面与英国相当的国家试图采取限制贸易的政策以追赶英国的工业，那人类就不可能获得那么大的进步。

如果有关国家真的决定在英国的霸权之下谋求生路，真的准备放弃主权国家的权利，那么，我们就只有准备同意这些经济学家的观点了。但事实是不可能指望这些国家会这样做，即使能使它们确信英国确实比它们所有国家都优越得多，也无济于事。如果教条主义经济学家的观点不能得到证明——而且人们也肯定不是普遍持有这种观点的，那么我们就必须看到，法国人、美国人、比利时人和其他民族会满怀希望，相信他们能用英国人用过的那些方法来促进自己工业的发展及社会和政治的进步。在这种情况下，什么学说也不能阻止一个国家采取这样的发展政策。英国至上，因而别国就该放慢经济发展以利于人类进步的这种观念会被其他国家视为荒唐可笑。这些国家认为，现存的格局只是因为英国（除了有利的自然条件和机遇外）比其竞争对手早起步 30 到 50 年的缘故。它们相信人类可能会由于限制性商业政策而进步较慢，但是这种进步会比听其自然所取得的进步更平衡。对民族工业的保护会使国家能够维护自己的自由。如果目前比较落后的国家紧随文明国家一起努力追求同样的经济进步，建立一个全球共和国的可能性就会大大提高。这种情形总比一个国家的工商业力量凌驾于所有其他国家的工商业之上的局面要好得多。因为，要是一国的工商业凌驾于其他国家之上，就会形成一种垄断世界贸易的局面，就会形成对全球专制的局面。

注释：

① 德罗兹（《政治经济学》第六部分导论）严厉批评了那些不愿对已经知道的东西和尚未知道的东西加以区分的人。这种区分是获得真理的唯一途径。

② 萨伊（《政治经济学概论》，第 294 页）写道：“科尔伯特对制造业的鼓励给农业造成了负担。”而在同一章第 279 页他却说：“也许丝绸业和其他行业从科尔伯特的鼓励中得到了好处。”在第 275 页他又写道：“如果一种工业有利可图，它就不需要任何鼓励；如果没有获利的可能性，采取促进工业的措施也毫无意义。”就在同一页他却说：“给予某些未来有可能繁荣的工业以鼓励，也许是正确的。”在同一章第 268 页，萨伊写道：“商业条约只有在能够保护由于错误政策而误入歧途的工业和已经投入其中的资本时才是有价值的。”最后，萨伊还写道（第 404 页）：“一个国家除非有繁荣的城镇和欣欣向荣的工业，否则它的农业始终会处于一种不幸的、衰退的境地。”萨伊的观点确实矛盾百出。

③ 萨伊自相矛盾地写道："也许政府最好对某些工业生产加以促进。开初可能会蒙受损失，但是，几年之后就会从这种行动中获得宝贵的利益。"这种"也许"与萨伊反对国家帮助工业的主张完全矛盾。而且，他为什么不承认工业要经过许多年才会繁荣起来，而不是几年？难道一个国家只存在几年吗？

④ 孟德斯鸠在引述西塞罗（Cicero）"Nolo eundem populum imperatorem et portatorem esse"时对英国政策作了精辟透彻的分析。

第三十四章　政治经济学的自然体系

我们把本文提出的经济理论称为“自然体系”。我们并没有作出任何先验的断言，然后再试图去证明这种断言。我们的结论是证明从现实世界所发生的事件中得出的原理的真实性后才得到的。我们不是否定各国有各自的特点和特殊利益的人。我们没有忽视正是各国自身的特殊利益导致国家之间的特殊关系这一事实。我们赞成世界上所有民族能在不同国家的基础上最终形成一个统一体。我们把自由贸易和世界共和国都视为是所有国家在政治和社会制度方面和谐统一地发展的自然结果。

教条主义经济学家们无法指责我们是以一国获取财富必须以他国的牺牲为代价这样的论据来捍卫贸易保护政策——像重商主义者那样。我们也不建议把我们的金银保留在本国的疆界之内，不建议吸引其他国家的贵金属，不建议获得贸易顺差。我们的论敌不能指责我们像“工业主义”者那样没有认识到大自然赋予某些国家生产某些产品的优势而赋予其他国家生产其他产品的优势。至于食物和原材料，我们拥护尽可能实行贸易自由。我们的论敌无法指责我们企图把世界永远分割为继续彼此对抗的不同国家。我们仅仅把民族主义视为人类发展的一个特定阶段，总有一天，这种民族主义要被世界主义所取代。我们的论敌无法指责我们没有认识到“世界主义体系”的伟大优点，因为我们已经接受这种体系的价值理论。我们只是坚持认为，还有一种生产力理论，而且在讨论国际贸易问题时，价值理论应从属于生产力理论。我们的批评者无法指责我们没有认识到亚当·斯密著作的意义，尽管我们反对他关于劳动是唯一的财富之源的观点。J. B. 萨伊已经阐明亚当·斯密关于“劳动”的定义太过于狭窄。我们相信我们已经阐明萨伊用来替代亚当·斯密“劳动”一词的“勤劳阶层”这一概念也是一个非常狭隘的定义，他仅仅只是从纯粹唯物主义的角度来解释生产力。

实干家也无法指责我们没有认识到每个国家都有自己的特殊问题和特殊利益。他们无法断言，说我们以虽然总有一天会实现但目前根本不存在的博爱格局为托词。他们无法说我们以违背常识和普遍经验的论据来支持我们的结论。他们必须承认，我们已经提出的理论上的论据所支持的又何止于他们关于关税保护的要求。我们与他们的意见分歧仅仅在于，他们想用进口关税促进农业，他们以为所有关税都应该永远存在下去。

我们把我们的学说称为“自然体系”，因为我们相信我们的学说能使我们把注意力集中于“世界主义体系”支持者们的错误和自相矛盾之处，因为我们已经能够说明怎样在经济理论和经济实践之间建立起和谐的关系。

第三十五章　科学院所提出的问题

至此，我们已经完成旨在回答下述问题的论文：

“假若一个国家准备实行自由贸易或修改其关税政策，应该考虑哪些因素，以便以最公平的方式协调生产者与消费者之间的利益关系？”

对达到经济发展不同阶段的国家，应该加以区别。

1. 我们先考虑文化、道德、社会和政治发展滞后的国家。它没有独立富裕的中产阶级；土地、资本和技术知识掌握在一小层特权阶级手中；农业比较落后，那些在土地上工作的人没有技术知识。要促进这种国家的经济迅速发展，必须鼓励制成品的输入——当然前提是提供制成品的国家对作为交换的食物和原材料的输入不征收进口关税或实施禁运。在这种情况下，该农业国应该与提供最优条件的工业国家进行贸易，并保留将来把贸易范围扩展到任何准备以类似条件进行贸易的其他工业国家去的权利。

2. 我们要考虑的第二种国家是，具备未来工业发展所必需的一切文化条件，但疆土很小，不能指望有能力大规模地建立制造业，因为它缺乏充足的自然资源和容量足够大的国内市场。这样的国家应尽力要么加入关税同盟，要么与其他国家缔结商业条约以扩大市场。

3. 我们要考察的第三种国家具备未来工业发展的一切必要条件。当考察这样的国家——已达到工业化第一阶段的国家时，必须注意：

（a）这样的国家是否已经实行禁运或高额进口关税政策。如果是这样，就应该逐渐降低关税税率，直到还能保护那些看来在未来的某一时期很有可能成为有利可图的工业为止。

（b）这样的国家是否没有保护性关税但打算建立保护性关税。如果是这样，要采取的最佳政策可能是逐渐保护和促进那些看来将来很有可能成功的制造业。

4. 现在我们要考察的国家具有未来工业化所需的一切条件。这是有能力走向最先进的工业化阶段的国家。如果这样的国家已经借助禁止性制度而使生产力得到充分发展，那么，它就应该准备逐渐改变禁止性政策，走向保护性关税政策。

5. 最后我们要考察的是工业化国家。这种国家的制造业已经发展到如此程度，即使实行自由贸易，也能够成功地与任何其他国家竞争。这样的国家就应该逐步降低进口关税，以便让外国制成品进入国内市场与本国产品竞争。

在第十二到第二十六章，我们讨论了所有农产品完全自由贸易的必要性，讨论了从一种关税制度转变为另一种关税制度的必要性，讨论了一国应该保护本国工业的诸种情形和外国竞争的各个方面。

歉　　意

我在第 17 页曾给读者提到过一个很长的注释。[①] 当时，科学院的期限已到，我既没有充分的时间校正誊写人的誊写错误，也没有时间加上许多注释和参考书。

注释：

①　这指的是李斯特原稿的第 17 页（第四章）。这一注释已作为附录刊印在后面。——编者

附录　李斯特对第四章的注释

我写本文的草稿和定稿所用的钢笔及精良纸张，可以作为一个极好的例子，清楚而简洁地说明交换价值理论和生产力理论之间的差异。

起初我以为用精良纸张写草稿和最终定稿可能是一种浪费，但后来我发现钢笔在精良稿纸上比在劣质纸上写得更为畅快。此外，在劣质纸上书写时钢笔会发出噪音，干扰我的思路。因此我算了一笔账。如果我以笔谋生，每天就必须挣 40 法郎。这篇论文的写作花了我 40 天的时间，它代表着 1 600 法郎的挣钱能力。如果我因为削铅笔或写作速度较慢而浪费时间，如果我受到在劣质纸上书写而产生的噪音干扰，我可能就要用 70 天的时间来完成这篇论文，亦即要耗费我挣取 2 800 法郎的能力。而且，即使在最有利的条件下，我也可能不会获得“交换价值”。

由于使用较好的工具，使我能把成本降到了 1 600 法郎。较好的笔和较精制的纸张至多花费了 40 法郎，所以，我净得 1 560 法郎。这样计算是以价值论为基础的。但是，如果以生产力理论为基础进行计算，会得出颇为不同的结果。按生产力理论计算，使用较好的笔和较精制的纸张所获得的收益要大得多。假若我每年的新思想对像我这样以笔谋生者的生产力产生某种影响——这当然是极不可能的，那么，我对一般公众的影响会扩大一倍。如果本文有什么思想价值的话，要完全归功于构思速度。20 多年来我一直在观察和思考本文所讨论的问题，但设计这一手稿的写作提纲、阅读必要的书籍、写出必要的注释、写下我的观点和批评意见，却只用了我 40 天的时间。此外还得监督稿件的誊写。为了及时完成写作，我不可能等到全部初稿完成之后才开始誊写，虽然写如此长的论文这样做较好。初稿一完，我就必须把它交人誊写。同时我担心，我对科学院所提问题的某些方面谈得太多而对某些方面又论述得不充分。谈得太多，会让人读得心烦；论述不充分，又会使评委们认为我的论文达不到他们所期望的标准——他们所定的标准很高。无论出现哪一种情况，我都不可能达到自己的目的，也就是说，这篇论文就得不到评委们的赞成票，得不到这个在其所关注的每个知识领域都居于世界一流水平的学术机构的首肯。正是这个学术机构，对任何学术研究都既握着授予最大荣誉的权力，亦握着给予最严厉的挞伐的权力。

但是，如果我的论文真的如此不完善，如此不充分到我应自责的话，我就不会把它递交给科学院了。如果我一开始就不成功、不相信自己的能力，我也许就半途而废、不用自寻烦恼了。尽管本文的写作遇到各种不利的条件，但是，如果我仍然还是写出了一点值得注意的东西，这得归功于好笔和好纸所给我带来的生产力的提高。同时，这也有力地证明，由于我所用的笔和纸都是英国生产的，如果实行禁运可能产生什么样的有害后果。

我必须解释为什么我只有那么短的时间写此论文。我原以为——不幸我不知道——科学院征文的评选时间已过，只是在两个月前我才得悉情况并非如此。由于还有其他约稿任务，又过了两个星期，我才着手本文的写作。我对解释本文写作的一些具体情况有点犹豫不决，但我想我应该这么做，以期获得评委们的注意。我既无时间检查粗糙的第一稿，也无时间核对清稿。本文的风格肯定会证明我写作的仓促。最后的清稿是由两个人誊写的，其中一人的能力如何我不清楚。甚至当我写这一注释时（已是递交论文限期的最后一天），我还不知道能否有时间检查各章和注释的数码是否正确以及填补誊写员造成的缺漏，因为誊写员看不清我如此仓促地写下的某些词句。

科学院有奖征文的参加者都可能自认为会获奖。这篇论文并非完美无缺，但如果有幸获奖，我自信能够对它作进一步的扩充和修改，以证明科学院的评选是正确的。

美国政治经济学大纲
（美国体系）

致《国民时报》编辑

给我写信的这位李斯特教授，是一位品格高尚、很有造诣、令人尊敬的先生。他因政治原因被驱逐，离开德国，想在美国安家落户。李斯特教授在符腾堡王国的图宾根大学讲授过几年的政治经济学，其后被选为德国工商业协会顾问。该协会的宗旨是实现统一的德国国民经济制度。在任期间，他访问过德国各诸侯国的宫廷，1820 年还参加了在维也纳举行的德国各诸侯国使臣会议。后来，他曾当选为符腾堡众议院议员。在众议院，他主张在刑事和民事纠纷的审理中采用依法由陪审团审理和诉讼公开的制度。由于他的改革方案引起政府的反感，李斯特先生被指控犯有重大叛国罪，并被投入监狱。经过几年的起诉后，政府最终允许他拿到美国进行科学考察访问的护照离开符腾堡。他大约两年前到达这里，曾受到拉斐特将军的热情欢迎。将军在引见信中称李斯特先生是一位被放逐的爱国者和科学家。

他现在住在美国雷丁。他在德国执教期间就研究和讲授过政治经济学说，最近哈里斯堡大会又引起他对这一学科的注意，所以，他主动给我写了这一系列的书信。

李斯特先生希望通过交流，以他对大家极为关心且颇多争议的问题的知识报效美国对他的接纳，我按他的愿望，把这些信件交给您发表。贵报的一些记者也许会把李斯特教授视为值得注意的对手，但是，对这种情况，他会允许我向您保证，他欢迎对他的基本观点的任何公正的、有理有据的反驳。因为，这些问题需要公正的讨论,不公开讨论就不会得到深入的考察。

怀着最崇高敬意的

您卑贱的仆人

C. J. 英格索尔

作为一位德高望重的人士,李斯特教授的名字早在符腾堡立法委员会任职时就已为公众所熟知了,这足以证明有他亲自签名的信件是多么有趣,说明教授是我们的"国宾"。

下面这封给李斯特先生的信,发自白兰地酒号的船上。这封信本身就说明发表李斯特教授的信件的理由,没有必要作任何解释了。

写于白兰地酒号船上,1825 年 9 月 7 日

亲爱的李斯特教授:

我就要离开这个我所热爱的海岸了,遗憾没能为您的荣誉、为您在自由事业中所遭受的痛苦、为欧洲最杰出的博学德美之士对您的关注尽力效劳。要不是因为在美国不管干什么,必要的条件是讲英语的话,以您教授的才能、对自由的献身精神、议员(符腾堡立法院是这样称呼您的)的资历以及您所受到的不可思议的迫害,您在美国不仅会引起公众的注意,而且会得到许多美国朋友美好热情的祝愿。

请相信我对您和您的家庭的友情。——向李斯特夫人致意。

您最忠实的

拉斐特

第 一 封 信

雷丁　1827年7月10日

亲爱的先生:

您的要求使我深感荣幸,若不是由于临时生病,我早就毫不犹豫地照办了。病刚好,我就赶忙写信给您,谈谈我对政治经济学的一些观点和想法。这不仅是我多年研究的结果,而且也是我作为以实现统一的德国国民经济制度为目标的德国制造商协会顾问所进行的长期实践的结果。

在我仔细地读了费城民族工业促进协会的各种书信、国会对这一问题的各种演说以及奈尔斯年鉴等等许多资料之后,我以为要对这个国家第一流的政治家们早就作过非常坦率、非常敏锐的阐述的许多实际问题发表自己的意见,就显得目中无人了。因此,我的努力仅限于驳斥亚当·斯密及其同伙的理论。这种理论的基本错误尚未得到应有的清楚认识。

先生,正是这种理论给反对美国体系的人提供了理论根据。正是这些所谓的理论家与那些自认为对所谓的自由贸易感兴趣的人联合起来,使反对派似乎显得有多么了不起。为了炫耀他们在科学和知识方面的那种幻想出来的优势,斯密和萨伊的这些信徒们把每个维护基本常识的人都视为没有足够的智力和知识水平认识到斯密和萨伊的崇高学说的经验主义者。不幸的是,这种危险的学说的创立者们是知识渊博的人物,他们的才智使他们能够让自己营造的空中楼阁看上去具有基础牢固、坚实的外表。由于他们揭示了一些重要的真理，因此使整个体系变成了一种高不可攀的、后人不能质疑的学说，从而使那些真理成了不幸的根源。先生，大部分专门研究政治的学者都信奉这种学说。在对这种学说颂扬和赞美达10年、20年之久后，要让他们放弃这种学说是很困难的。承认我们长期以来一直对一种充满谬误的、出于私利的理论体系给予如此充分的信赖，是需要一种完全独立自主的精神的。

因此，我认为，哈里斯堡大会的责任不仅是要支持羊毛生产者和羊毛加工者的利益，而且还要着手铲除祸根，宣告亚当·斯密及其同伙的体系是错误的——用美国体系向斯密体系宣战，邀请学者揭露斯密体系的错误并撰写有关美国体系的普及讲义——最后，要求联邦政府和各州政府支持在它们主办的各种院校和学术机构中研究美国体系。

从库柏博士的近作可以清楚地看出，我们支持美国体系的人必须采取这些措施。根据库柏的著作(纯粹是一本资料拼凑)，您、我、所有参加哈里斯堡大会的人以及所有的美国体系的支持者都不过是白痴；因为照该书所说，“当可以通过外贸便宜地获得商品时，却以关税保护工业，是愚昧之举”；“政府保护个人产业，那是愚昧的”等等(见《政治经济学讲义》，第195页，在那儿，您会发现一连用了11个“愚昧”，参加哈里斯堡大会就是“愚昧”。)，先生，这就是美国目前唯一一本让我们的青年和人民从中学到所谓“政治经济学”原理的入门书。这样的种子还能指望结出什么样的果实呢？要使美国体系的支持者确信自己学说的优越性，在理论上和实践上继续前进难道不是哈里斯堡大会代表们的责任吗？难道他们不该为美国人民特别是青年提供政治经济学普及读物和政治经济学专业教师、根据美国体系解释政治经济学原理吗?美国体系最终必然会随着国家立法机构对其正确性的认识而为更多的人所接受。

我想起一位内科医生的一件轶事。他发现病人查阅关于他疾病的治疗记录之后,就告诫病人不用担心会死,因为那是印刷错误。所以,先生,我也想告诫那些信赖著名的斯密体系的美国人不用担心至美理想的破灭。的确,先生,如果历经几个时代以后一个历史学家不得不用下面这样一段话来纪念美国的衰亡的话,那听起来差不多就是一种讽刺了:

"他们曾经是一个伟大的民族,他们曾经在各方面都有指望成为世界上第一流的民族;但是,他们之所以衰弱并处于奄奄一息的境地,就是因为盲目相信两本输入这个国家的书——一本是一位苏格兰人写的,另一本是一位法国人写的——一贯正确,而不是因为盲目崇拜教皇或国王绝对正确的结果。不过,每个人不久之后都承认这两本书完全不适用。"

我认为,如果不以充足的证据来支持这种政治经济学理论不适用的论点,仅以一个开明的社会团体的名义痛斥这种理论,那是不够的。所以,我感到有责任向您陈述我的下述观点,让您那非凡的才智对这些观点进行评判。限于书信形式所容许的时间和篇幅,我只能简略地讨论这一科学的主题。

根据我的研究成果,我发现政治经济学由以下几部分组成:1. 个人经济学;2. 国家经济学;3. 人类经济学。亚当·斯密探讨的是个人经济学和人类经济学。他研究个人怎样与他人一起创造、增加和消费财富,以及人类的产业和财富怎样影响个人的产业和财富。他完全忘记了他的《国民财富的性质和原因的研究》一书的标题本身所包含的要探讨的问题。由于没有考虑到各个国家不同的国力、政体、需要和文化,他的著作纯粹是关于这样一个问题的专题论文:如果人类不被分成许多国家而是由统一的法律和共同的文化统一起来的整体,那么,个人和人类的经济会怎样?他对这一问题的探讨颇有逻辑;按照这一假设,他的书确实包含有伟大的真理。假若全球像北美 24 个州一样是个统一的联盟,那么,全球自由贸易确实就会像美国各州之间的自由贸易一样是颇为自然和有益的,也就没有理由把地区的利益与全球的利益分割开来、把一些人的利益与全人类的利益分割开来了;也就不会有与整个人类自由相对立的国家利益、国家法律,不会有限制、不会有战争了。一切都会顺其自然而随波逐流。英国的资本和熟练工人如果在英伦三岛过剩,就会自然流动到塞纳河流域、流动到易北河流域、流动到莱茵河流域、流动到塔古斯河流域了,就会促进波希米亚的经济繁荣,促进波兰的经济繁荣了。然后就会流动到恒河流域,流动到劳伦斯地区。总之,无论走到哪儿,就会把自由和法律带到哪儿。英国人移居加利西亚和匈牙利就如同现在美国新泽西州人移居到密苏里州或阿肯色州那样容易了。没有哪个国家会担心由于其他国家的措施而危及自己的独立、国力和财富了。

这样的局面也许是非常令人向往的——也许可以对怀有这种愿望的哲人表示敬意——这甚至可能就是上帝要在许多年代以后实施的伟大计划。但是,先生,现实世界的实情并非如此。在目前这种条件下,亚当·斯密的体系与善良的阿贝·圣皮尔的永久和平之梦如出一辙,与那些对各国法律存有幻想的人的体系别无二致。我本人认为,确实有理由要求各国像美国各州之间那样,依据法律来解决彼此的分歧。战争就是国与国之间的一种决斗，对自由贸易的限制就是不同国家工业力量之间的战争。但是，先生，如果国防部长信奉公谊会教友们的理论，以地球上没有战争人类会更幸福为由，拒绝修筑要塞、创办陆军军官学校，您会怎样想呢？然而，先生，仅仅因为在较为完美但却完全是虚构的人类事态中自由贸易有利于人类发展，那些信奉亚当·斯密的不完善体系的人就让国家利益受制于外国及其法律。如果这种行为是明智的话，那么这位国防部长的行为也同样是明智的。

然而，先生，我绝不是说，从科学的观点看，亚当·斯密的体系一无是处。相反地，我认为，正是他对个人经济和人类经济的研究，才使经济学的基本原理得以发现。他的错误在于，没有对那些一般原理加以修正，以适应人类划分为国家的情况，也没有给一般原理留有例外的余地，或者说是没有注意到国家经济问题。

亚当·斯密所研究的个人经济学和人类经济学所探讨的是个人在与其他人的联系中以什么方式创造、增加和消费财富，以及人类产业和财富怎样影响到个人的产业和财富。而国家经济学探讨的是一个国家根据自己的国情可以通过什么样的方式指导和管理个人经济，限制人类经济以防止外国的限制和外国的势力阻碍本国的经济，发展本国的生产力——或者换言之，国家经济学探讨的是，在缺乏全球统一的法律秩序的条件下，一个国家如何在本国创造出一种环境，既可以使本国的力量和财富得到增长从而成为世界上最强大、最富裕和最完美的国家之一，同时对个人经济和全人类经济的限制又没有超出人民的福利所许可的程度。

在下一封信中，我将更详细地阐述这个问题。最后，利用这点空隙，请原谅我不能用英语准确和流畅地表达我自己的观点。

怀着最崇高敬意的

您最卑贱的仆人

弗·李斯特

第二封信

雷丁　1827年7月12日

亲爱的先生：

一旦我们把政治经济学的三个组成部分搞清楚，这门科学也就清楚了。理论的错误也就一目了然。

个人经济学的目标只是个人获得生活必需品和舒适品。而人类经济学的目标，或更确切地说，世界主义经济学的目标则是最大限度地给全人类提供生活必需品和舒适品。一个生活在宾夕法尼亚的人，如果是作为人类的一分子来考虑，那么，对于应该在美国佛蒙特州、缅因州还是在新英格兰发展生产力和增进财富的问题，他是不会有什么特殊的兴趣的。如果这个人碰巧是个外国工厂的代理商，那么邻州工业的发展就可能损及他的生计。整个人类不在乎工业在何处繁荣或者哪个民族擅长于工业；工业的任何增长都会使全人类受益，任何限制都会使全人类受害，就如同限制美国24个州之间的自由交往会损害美国财富和生产力一样。国力这一概念既不适用于个人，也不适用于整个人类。如果全球是一个实行普遍通用的法律的统一体，那么，对某一具体的民族来说，只要它是自由和独立的，无论其人口、实力和财富强弱，都是无关紧要的；正如尽管特拉华州的财富、人口、面积只及邻近宾州的十分之一，却不影响自己的自由和独立一样。

先生，这就是亚当·斯密及其信徒库柏博士的理论。如果仅就政治经济学的这两个极端而言，他们是正确的。但是他们的理论既没有考察和平和战争的不同情况，也没有考察不同国家和不同民族的具体情况；他们根本就无视人类分裂为许多国家这一事实。因此，萨伊先生才会指责法国政府，因为她雇用法国船只把法国军需品从俄国运到法国，而当时荷兰人可以以每吨便宜 15 法郎的运价做到这一点。

他说，用法国船只为法国海军运送军用物资，是只考虑政治利益而不考虑经济利益！徒弟往往比师傅更敢作出无根据的断言。我们的某些国会议员就颇为严肃地断言，从英国进口火药可能更好，如果可以在那里以低于这里制造的费用的价格买到的话。我在想为什么他们不建议解散海军，因为战时到英国雇用船只和水手可能更经济。我们这位祖籍英国的斯密和萨伊体系的美国支持者库柏先生，在其政治经济学讲稿中信口开河地说过一句与萨伊的意思相同的名言："必须记住，政治学实质上并非政治经济学的一个组成部分。"如果我冒昧地对化学家库柏博士说"必须记住，化学实质上并非化学技术的一个组成部分"，他会怎么想呢？

的确，那位苏格兰理论家的信徒们竟然荒谬到如此地步，尽管他们为自己研究的学科所选择的名称是政治经济学，却要我们相信政治经济学与政治无关。如果他们研究的学科该称为政治经济学，那么，在其中政治学就必须与经济学处于同等地位；如果其中根本就不包括政治学，那就不该称为政治经济学，而仅仅是经济学。实际情况是，名称是对的，正好表达了这些先生想探讨的东西；但是他们实际所探讨的东西却与名称不符。他们探讨的不是政治经济学，而是世界主义经济学。

为完善政治经济学，我们必须加上国家经济学原理。国家经济学的思想产生于国家概念。国家介于个人和人类之间，是由这样一些个人组成的一个单独的社会，这些人拥有共同的政府、共同的法律、共同的权利、共同的制度、共同的利益、共同的历史、共同的荣誉、共同的防御和保护他们的权利、财富、生命的共同制度，他们组成一个自由和独立的实体。在与其他独立的国家的交往中，这个实体只遵照国家利益的律令行事，而且有权调控个人的利益，以便在它自己的疆土上尽可能创造出最大的共同福利，形成最强大的、抵御其他国家的力量。与个人经济学和人类经济学不同，这种国家经济学的目标不仅仅是财富，而是强大与财富并举。因为国家强大会增进和保护国家的财富，而国家的财富丰裕又会增进和保障国家的强大。因此，它的主要原理不仅仅是经济学的，也是政治学的。个人可能会非常富有；但是，如果国家没有力量保护他们，他们总有一天会丧失若干代人所积聚起来的财富，还会丧失权利、自由与独立。从纯粹经济学的观点看，对一个宾夕法尼亚人来说，用衣料与他交换小麦的制造商无论是住在英国还是新英格兰都无关紧要。但是在战争和遇到别国的限制时，他就既不能把小麦销往英国，也不能从那儿进口衣料，而与新英格兰州制造商的交换则永远不会受到干扰。与英国制造商的交换会使英国人变得富有，从而增强敌国战时的力量；而与新英格兰制造商的交换会增强本国的防御能力。在和平时期，宾夕法尼亚农民也许能顺利地从英国买到打猎用的枪

支弹药，而战时英国人决不会给他提供用来射击自己的武器。

正如国家的强大保障财富，财富又促进国家的强大一样，一国农业、商业和工业的和谐发展同样会促进国力和财富。如果缺少这种和谐的发展，一个国家决不会富强。一个纯农业国家，供销都要受制于外国的法律和好恶。此外，工业是艺术、科学和技能之母，是国力和财富之源。一个仅仅从事农业的民族永远都穷困（这是萨伊自己说的）；一个既无多少东西可卖，也无多大能力购买的贫穷的民族决不会拥有繁荣的商业，因为商业就是买卖活动。

无人能够否认这些真理。但是，先生，有待进一步探讨的问题是，第一，为了实现工农商这三个国家产业的和谐发展，政府是否有权利限制个人的产业；第二，如果政府有权利借助于法律和限制措施来实现这种和谐发展的话，政府是否又能有效地做到这一点呢？

先生，如果个人无法有效地进行这种工作，政府不仅有权利也有责任促进将有助于增加该国的财富和国力的每一项工作。所以用海军保护贸易是政府的责任，因为商人无法保护自己；以航海法保护航运业，也是政府的责任，因为正如海军可以保护海运业那样，海运业的发展反过来又会加强海军的力量；所以政府必须修筑防波堤以保护海运业和商业，修筑公路、桥梁、运河和铁路，以促进农业和其他产业的发展；实行专利法以鼓励新发明。所以，如果外国的资本和技术阻碍本国公民的工业活动的话，政府也必须以保护性关税来扶持本国的工业。

至于保护措施的策略是否有效，我认为完全取决于一国的具体条件。正如个人的条件因人而异一样，各国的条件也各不相同。有巨人和侏儒，有青年和老人，有残疾者和健全者；有的人迷信、呆笨、懒惰、无知、野蛮;有的人开明、积极、进取、文明;有的人是奴隶,有的人是半奴隶,而有的人却是自由自在的自由人;有的国家支配着其他国家,有的国家是独立的,而有的国家却或多或少处于一种依附状态。我简直无法想象怎么能把一般规则运用于这些千差万别的国家。我认为这样做实在与医生不分大小老幼、不分病情一律开给食物和药物用量完全相同的处方的办法没有什么不同。

西班牙如果实行保护性关税只会使它失去如今尚存的弱小工业。——由于没有海军,它怎么能够维持关税措施呢?一个愚笨、懒惰和迷信的民族决不会从关税措施中获得任何好处,一个头脑健全的外国人决不会把自己的资本和生命交给一个野蛮的、专制政府。这样的政府最好是翻译库柏先生的著作,以便使人民相信"自由放任,自由通行"是世界上最明智的政策。墨西哥和南美诸共和国如果在它们目前的条件下以关税保护其工业体系,那同样是愚蠢的行为;对于这些国家来说,自由地用其原材料和贵金属交换外国工业品,是培育其工业、民族精神和增加财富的最佳政策。如果有哪个经济学家建议瑞士人制定航海法,建议土耳其人制定专利法,建议汉萨诸城市建立海军,建议西南非洲的霍屯督族人或美洲的印第安人修筑铁路,肯定人人都觉得好笑。即使是美国各州,在摆脱殖民地的地位而成为一个独立国家之后,一度暂时保持经济依附的状态,也发展得很好。但是,在获得成年男人的力量之后,还像一个小孩一样行事,那就荒唐了。正如圣经所说,"当我是孩子的时候我就像孩子一样行事,但当我成为男子汉时,我就要像男子汉一样行事了"。

美国的条件是任何其他国家不能相比的。以前,人们根本就不曾

见过这样的政府和这样的社会结构;也不曾见过如此普遍而公平的财产、教育、工业、权力和财富的分配;也不曾见过大自然如此慷慨的恩赐:赋予这个民族以丰富的自然资源、南北温带有利的气候条件、漫长的海岸线、待开发的广大土地、年轻国度的朝气和自由的活力。现在没有哪个民族、过去也不曾有过哪个民族像美国一样,人口每25年增加一倍,州的个数15年内就增加了一倍,工业、技术和国力都达到相当高的水平,在几年之内创建起一支海军,在短时间内完成公共设施的改善;仅仅这些成绩就足以使一个国家流芳百世。

由于美国的条件是绝无仅有的,因此它努力培养工业的效果也将是空前的。如果说小国不得不屈从于英国的海军优势,那么美国人却可以昂起头颅直视英国的优势。如果说贫穷、愚昧、懒惰和受压迫的民族不能凭借自己的努力而崛起,那么,美国这个自由、进取、文明、勤奋和富有的民族却可以凭自身的努力而崛起。如果说其他民族是因为处于尚可忍受的政治依赖和经济附庸地位而不得不抑制自己的抱负,那么,美国如果不谋求完全的独立、不去追求无与伦比的国力以保护其史无前例的自由和幸福,那就有负于自然的召唤。但是,如果不想方设法使工业、农业和商业协调发展,那美国就绝不可能获得高度的富强和完全的独立。因此,政府必须充分支持工业,不支持工业是错误的。

由于国情不同,美国的国家经济学与英国的国家经济学也颇为不同。英国国家经济学旨在为全世界制造产品,垄断所有的制造业,为了以政治手段及其资本、技能和海军优势使世界特别是其殖民地处于依赖和附庸的地位,甚至不惜以其国民的生命为代价。美国的国家经济学则旨在使农工商三个产业部门协调发展,舍此则任何产业都不可能臻于完善。它的目标在于以本国的原料和工业生产满足自己的需要，向未开发地区移民，吸引外国移民、外国资本和技术，增强国力和防御手段，保障国家独立和未来发展。它的最终目标是把美国建设成为自由、独立和强大的国家，同时人人都能随心所欲地享受自由、权利和财富。英国的国家经济学旨在使英国称霸世界；而美国的国家经济学所谋求的只是政治经济独立。这两种体系没有相同之处，因此，其结果也不会相同。美国的仓库中绝不会堆积着比现在更多的毛织品；工业也不会引起道德的败坏，因为每个劳动者都可以赚到足够多的钱，诚实地养家糊口；无人会因为找不到工作而备受折磨或挨饿，因为如果劳动者挣不够钱养家活口，他可以转而去开垦土地——美国还有足够的空地让千百万人成为独立的农民。

我已经解释了斯密和萨伊把世界主义经济学与政治经济学混为一谈的根本错误。在下一封信中，我想阐明是什么错误使这两位杰出的经济学家断言限制措施不可能增加一国的财富和工业。

怀着最崇高敬意的

您最卑贱顺从的仆人

弗·李斯特

第 三 封 信

雷丁　1827 年 7 月 15 日

亲爱的先生：

亚当·斯密体系僭取了如此大的权威，以至于使那些敢于反对的人、甚至于对其可靠性持怀疑态度的人都被斥为白痴。在萨伊的整部著作中，他总是把对其高论的所有异议一概斥之为下等人之见、粗鄙之见等等。库柏先生出于自己处境的考虑，也许意识到在美国不宜像那位巴黎人一样大谈贱民、群氓等等，因而使用无知一词。对于皮茨和福克斯先生竟然傻到连斯密、萨伊高论的基本原理都想象不出来，库柏非常遗憾。这些一贯正确的理论家们竟然严肃庄重地要我们相信，爱德华三世、伊丽莎白、科尔伯特、杜尔哥、弗里德里希二世、约瑟夫二世、皮特、福克斯、拿破仑·波拿巴、华盛顿、杰斐逊、汉密尔顿等一大批古今最有见识的贤达，悟性都不够高，不足以理解政治经济学原理的真谛。因此，虽然作为萨伊先生的论敌，我发现在被指斥为无知的人中我也有一些还说得过去的好伙伴，我仍认为有必要说明：有许多年，我曾经不仅是斯密和萨伊的忠实信徒，而且还是一位把他们的理论当作确实可靠的学说热情地讲授的教师；我不仅勤奋不懈地研究过这两位大师的著作，而且还研究他们在英国、德国和法国的最有才华的弟子的著作；直到成年，我才改变了信仰。当时，我在我的祖国看到了大陆体系的绝妙效果，以及拿破仑垮台之后恢复所谓自由贸易的毁灭性影响。在大陆体系时期，虽然法国的竞争仍在德国肆虐而且法国仍对德国紧闭国门，但仅仅因为大陆体系使德国工业得以免除英国的竞争，德国的工业得到扶持从而取得了极大的进步；不仅各个制造业部门如此，即使是处于战乱和法国的专横政策措施之下的所有农业部门也都繁荣起来了。各种产品供不应求，价格高昂，工资、地租、资本利息以及土地和各种财产的价格都随之提高了。但是，大陆体系崩溃之后，由于人们可以得到比本国制造品便宜得多的英国产品，德

国的制造业失去了活力。英国产品涌入德国市场之后，农场主和土地贵族为能买到如此低廉的英国产品而喜不自禁，特别是牧羊场主为能以很高的价格把他们的羊毛卖给英国人而眉开眼笑，斯密和萨伊的原理备受赞扬。但是，英国人在其制造业获得德国市场之后，毫不迟疑地实行谷物法和羊毛法，以此促进他们自己的农牧业；德国羊毛和谷物的价格日益下跌，地租、工资和地产价格也随之越来越低，最严重的毁灭性后果接踵而来。现在，德国农产品的价格比大陆体系时期下跌了 3 到 4 倍，地产更是几乎分文不值。牧羊场主、农场主和制造商的产业都遭到严重摧残，因此，在这种情况下，他们能够购买的英国廉价制成品的数量，还不到他们以前所享受的价格较高的国内制成品数量的三分之一。

对这些结果的思考使我第一次对斯密和萨伊的理论的正确性产生了怀疑。由于我的眼光不够敏锐，不能一眼就发现构造得如此精巧、包含着那么多的真理的理论体系的错误，因此，当时我是以这种理论付诸实践之后所产生的后果来评判这种理论的。我想，一种医学理论，不论其构思多么精巧，不论其中包含着多么伟大的真理，只要它的运用会断送病人的性命，那么，它在根本上就必然是错误的；同样的道理，如果一种政治经济学体系所产生的实际效果刚好与具有常识的人预期它应产生的效果相反，那么这种体系也必然是错误的。由于对此深信不疑，当时我就站出来公开反对这种理论的信徒。我的反对意见如此备受欢迎，以至于几个星期后，来自德意志古老帝国各地的数千名第一流的制造商和贸易商聚集在一起组成一个协会，旨在建立起一个全德意志国民经济体系。作为他们选出的顾问，我在协会代表陪同下访问过德国各邦的朝廷，并参加了 1820 年在维也纳举行的各邦使臣会议，目的在于使这几个邦的政府确信这样一种体系的必要性。内地的所有人民、农场主、牧羊场主、地产所有者和制造商，终于都相信这种必要性。除了汉萨城市和莱比锡市外，根本听不到反对这种国民体系的意见；即使在汉萨城市和莱比锡也只有眼前利益危在旦夕的英国商行代理商人和银行家提出反对意见。这些危害公共利益的人曾经以少数几个学识渊博的斯密和萨伊的信徒唯命是听，并得到后者的支持。这几个信徒或者感到我们对斯密和萨伊的批驳损害了他们的自尊心而与我们大唱反调，因为他们正是由于阐述和发展这种理论而享誉学术界的；或者囿于个人利益和个人境遇，在当时自由的贸易交往随时都有可能被外国限制措施所扼杀的情况下仍然沉醉于重弹自由贸易的老调，喋喋不休地反复讲述自由的好处。相反地，内地最开明的理论家赞同这个协会的原则，其中的许多人(特别是德国最著名的政治经济学著述者佐登伯爵)还给当时我编辑的一份周刊写过许多极有价值的东西，这份周刊旨在向公众宣传全德国民经济体系。德国所有的第二流和第三流各邦政府(除了汉诺威和汉萨城市)最后都确信建立全德国民经济体系的必要性，于是于 1820 年在维也纳缔结了一个适合国家利益的初步协定。如果说这个协定至今尚未实施，那也只是因为不同的邦在贯彻这一协定时困难重重，各邦各自为政，没有一个代表它们共同利益的立法机构。但如果传闻属实，巴伐利亚的现任国王，一位以其明智的见识、坚强的意志和对整个德国的利益的开明态度而著称的统治者，不久将会克服这些困难。由于多年来天天与斯密、萨伊的信徒论战并以此为自己的职责，经过这样不屈不挠的努力，我终于揭露了旧理论中那些使谦卑

的有才能者永远不可能施展其才智的所有教条。

先生，为了给自己运用如此低劣的才能来进行驳斥政治经济学中最杰出人物的著作这一艰巨的工作寻求借口，我不得不以如此累赘的长篇解释打扰您，实在抱歉。我在德国时所走过的道路，与美国爱国者所走的是同一条道路，甚至萨伊都发现在这条道路上有个强有力的对手竟然是其同胞，那就是化学家兼政治家沙普塔尔伯爵。这位伯爵利用他在化学方面的研究成果和政治上的影响力，对促进法国工业所做的贡献超过任何一个其他国家的人对自己国家所做的贡献。我请求您阅读一下他的优秀著作《法国工业》（1819年）的第十五章（第一卷），在那里，您会发现对萨伊理论的最实事求是的、有理有据的反驳，虽然他好像并不直接反对萨伊。

我希望像沙普塔尔这样的权威意见——即使是在迷信名望而不注重论据的人的心目中也是权威——会成为我批判斯密、萨伊理论的根据，甚至或许会成为使其他人对反对斯密、萨伊理论的论据进行公正考察的动因。有些人惯于声称英国内阁最近以惊人的勇气皈依斯密和萨伊的体系，试图以此证明该体系具有征服一切、不可抗拒的力量。对于这些人，我在这里只想陈述我经过思考得出的结论，至于对这一有趣的论题和英国国家经济学的一般情况，我准备在下一封信中进行探讨。我思考后得出的结论是：坎宁先生、赫斯基森先生表面上信奉斯密和萨伊先生的理论，实际上却是在玩弄古今政客们愚弄世界的第一流拿手政治花招之一。这两位先生口头上挂着世界主义原理，实则图谋说服其他大国放弃发展自己的政治实力的努力，让英国获得无上的生产力和政治势力。坎宁先生带着萨伊先生的《概论》到巴黎，把有关章节指给维莱尔先生看。根据那些章节的观点，只要维莱尔先生让整个法国工业的利益听凭坎宁先生的摆布，法国把葡萄酒和烈性酒出口到大英帝国去，然后再从大英帝国进口制成品，这样不仅有利于法国，也最有利于全人类。先生，如果这位法国大臣巴结坎宁而再次被坎宁先生所愚弄，那么，可能已经产生什么样的后果，或者说将会产生什么样的后果呢？法国制造业及其技术和能力无疑就会在几年之内被摧毁殆尽。真的，要是那样，法国就只好比以前多出售、多生产葡萄酒和烈性酒了。但是，先生，如果是那样的话，要在一个小时之内就取消法国葡萄酒在英国的市场，不就是坎宁先生或任何一位继任的其他英国首相可以轻易地做到的事吗？如果法国葡萄酒市场由于英国的限制性的法律或英国公开宣战而被毁，那么法国人能在英国人毁掉法国酒类市场的同一小时恢复自己的制造能力吗？不，先生；制造能力的重建需要几代人和千百万人的努力。1703 年的梅修恩条约使葡萄牙从一个独立的国家变成了英国的葡萄园和省份。① 如果维莱尔先生与坎宁先生签订条约，那么法国从缔结条约之日起难道就不会像葡萄牙从梅修恩先生的杰作中感受到的那样感到自己正成为英国的附庸吗？维莱尔先生极可能很快就会从伦敦的信使处获悉，坎宁先生已经在国会作过一次讲话，吹嘘他在如此重大的问题上愚弄了维莱尔先生，就如同去年在法国出兵占领西班牙的问题上他大出风头一样。这两件事确实是惊人地相似。当法国即将入侵西班牙时，坎宁先生在提到各国的法律时说，根据西班牙的法律条文，英国干涉这一事务是违反这个国家的法律的。但是就在去年议会开幕那天，他在一阵自吹之后，直言不讳地宣称他略使小计就使法国政府卷入与西班牙的战争，同时又背上侵占西班牙的罪名，因此削弱和瓦解

了法国的力量，因而南美诸共和国才能得以产生，为英国制造业打开了一个广阔的市场。坎宁先生干得真不赖！但是，在坎宁先生尊重别国法律的真正动机暴露无遗之后，难道每一个具有常识的人，我希望维莱尔先生也一样，还识不破他尊重世界主义经济学原理的真实动机吗？的确，公开吹嘘再次愚弄了过去已经被愚弄过的人，算不上什么高明，因为人们从被愚弄中可以获得的唯一真正好处在于学会不被再次愚弄；我认为，对维莱尔先生来说，最好的办法就是不要让坎宁修改他的讲话而让它保持原样。

但愿我就这一问题所作的说明已经很充分，足以使每个美国公民不会再受库柏先生提到坎宁和赫斯基森皈依自由贸易学说时的那种热情所感染。的确，再也没有什么事情会比坎宁先生以他那狡诈的方式把萨伊的理论体系付诸实践时对萨伊先生及其荣誉所造成的损害更为严重的了。我敢肯定，法国的历史不会把萨伊的名字作为造福于公众的恩人而流传下去，因为我确信，在目前这种情况下，若与英国进行自由贸易，对法国独立的损害将超过“神圣同盟”的那两次入侵。

在对自由贸易作进一步探讨之前，我必须作进一步的考察，以说明为什么这种理论能够对所有国家的学者具有如此大的权威性。斯密先生揭示了许多以前未被认识的有价值的真理，其著作是以杰出的才能、深刻的洞察力和丰富的经验写成的，对许多问题都有精妙论述。这些优点给斯密体系带来了较大的荣誉，因为当时这是经济学家唯一可以选择的体系，所以这一体系的错误和缺陷也全部被人们所接纳。当时，学术界需要一种政治经济学体系，而斯密先生的体系是当时最好的现成体系。这一体系正好出现在世界主义时代，因此，受命于世界主义精神的该体系自然也就得到这个时代的厚爱。全球的自由、永恒的和平、天赋的权利、全人类大家庭的联合等等，都是当时的哲人和慈善家们喜欢谈论的话题。全球的自由贸易自然也就完全与当时的学术气氛和谐了。因此，斯密理论获得了成功。此外，斯密体系对较弱的国家也是一种很好的慰藉。由于弱国没有力量建立自己独立的国家政策体系，只好求助于可爱的自由贸易体系，正如这些国家无力凭借武力保护自己就求助于格劳秀斯、求助于瓦泰勒、求助于普芬道夫、求助于马顿斯一样。最后一点是，要领悟斯密体系的奥秘是一件极容易的事，只要只言片语就可以将其归纳无余，那就是：“取消产业限制，让其自由、任其自便。”只要得到这些箴言，既无需伟大的才能，也无需巨大的努力，更无需多少实践，就可以充当一个聪明的政治家了。要想被举入世界上最明智、最博学的伟人之列，您只需让一切事物自行其是就行。那确实是件很容易的事。然而，正如福克斯先生在国会所供认的那样，英国政界大人物对这样一种消极的管理体系根本就不感兴趣，他们不愿让事物放任自流、自行其是：他们想通过政治措施来增进国家的财富，加强国力，使所有其他国家望尘莫及。

如果现在英国的大人物们假装要信奉亚当·斯密体系(仅仅表现在国会的演讲中，而不采取实际行动)，那他们不过是重弹拿破仑的老调。拿破仑也宣称他的侵略行径是为了全世界的和平。但实际上，如果拿破仑在其权力和荣耀处于巅峰时期真诚地向各国建议，为了大家像兄弟和朋友一样生活在普遍的和平环境中，各国应该解散军队和拆毁军舰，不再以高昂的代价维持战争工具，不再互相杀戮和损害普遍利益，那么，各国可能早就接受此建议了。

但是，自从亚当·斯密时代以来，世界在经验和知识方面都已经有了惊人的进步。这期间发生了美国革命和法国革命，有过英国的海上霸权，法国旧政府的复辟，反法神圣同盟和南美诸共和国的解放。一个新民族已经崛起，这个民族有一种新的政府形式，对普遍福利和自由有着新的理解。这个民族已经学会对每一个政治问题都进行普遍的、自由的讨论，通过讨论，辨别是非，区分空想的体系和明白可靠的认识；明辨言与行的差异。如果这个民族既不损害其他国家的利益，也不以促进人类福利为己任，只是打算通过自身的努力使本国的财富和国力发展到最高的程度，那么，我们就不能指责它自私自利，因为，它如果不实行那种谋求富强的政策就会丧失它在世界强国之列的地位。它的整个社会制度就会被毁灭。拿破仑也许很想以统一全球为己任，给人类带来普遍自由交往的幸福，但是，英国人似乎不喜欢这种以拿破仑的强大为基础的普遍幸福前景。同样，我以为美国人民决不喜欢用自己国家的独立和强大为代价来换取以英国的强大为基础的各国通用的法律——美国人不会喜欢看到这种局面。

因此，看来把全球自由贸易这样的世界主义制度付诸实践的时机尚未成熟。首先必须确定世界上哪种社会制度会成功，是拿破仑实行的社会制度，还是英国实行的社会制度，抑或是美国实行的社会制度。可能还需几个世纪才能确定这一点。有些人在人类最终会采取什么样的社会制度都尚未确定之前就认真地行动起来，好像这个问题已经解决了一样。他们可能是非常诚实的、品格高尚的人，但却是缺乏远见的政治家。他们想为人类的事业尽力，却会毁掉自己的国家。历史将会谴责他们把国家的经济观与国家的政治观割裂开来看问题。就如同历史谴责葡萄牙为了出售葡萄酒而出卖了国家的独立和强大一样;就像历史嘲笑伊索为了暂时的物质享受出卖了长子继承权而不是靠自己的力量去取得生存资料一样。

这封信说了这么多的离题话,在下一封信中,我将言归正传。

怀着最崇高敬意的

您顺从的仆人

弗·李斯特

注释:

① 参阅亚当·斯密:《国民财富的性质和原因的研究》,第四篇,第六章。这位杰出的经济学家严重误解了梅修恩条约的后果。由于他把国家的政治观念和国家的经济观念割裂开来,他竟然认为这一条约极不利于英国,只有利于葡萄牙。实际上,葡萄牙正是因为这一条约而丧失了独立,失去了制造力,损害了商业,而这一切,是每个国家都应该珍惜的东西。

第四封信

雷丁　1827年7月18日

亲爱的先生:

说到正题,我想先批判斯密、萨伊体系的主要支柱,而把批评次要论点的任务留给那些不想推翻整个体系的人去做。

由于这两位理论家混淆了世界主义原则和政治原则,所以他们完全误解了政治经济学的目标。与个人经济学和世界主义经济学的目标不同,政治经济学的目标不在于通过以物易物来谋取物质财富和这种财富的交换,而在于通过与其他国家的交换获得生产力和政治力量,或者说通过限制与其他国家的交换来防止国家的生产力和政治实力的衰退。由于误解,斯密和萨伊主要探讨的是物质交换的影响,而不是阐述生产力。由于他们没有把一国生产力及其兴衰的原因作为主要研究对象,所以他们既没有弄懂生产力不同组成部分的真正影响,也没有搞清物质交换及其消费的真正影响。他们把人类产业所生产出来的现存物质财富统称为资本,不仅把这种物质财富的不同组成部分视为同质的东西,而且认为这种财富具有无上的影响。按照他们的观点,[①]一个民族的产业只受资本数量或已生产出来的物质存量的限制;他们没有考虑到这种资本的生产率取决于自然所赋予的资源,取决于一国的智力和社会条件。我接下去会说明,如果政治经济学要求用资本这个一般术语来称呼已生产出来的物质财富存量的话,那么,同样有必要创造出一般术语来称呼现有的自然资源存量、现有的社会和智力状态:换言之,资本有自然资本、智力资本和生产性物质资本。一国的生产力不仅取决于后者,也取决于而且主要取决于前两者。

我不指望通过这么简短的说明别人就能理解新体系的原理和旧理论的荒谬。新原理需要科学地加以阐述和发展。但是,由于这些书信的主要宗旨是解释一个实际问题,我想先说明我的思路的正确性,然后再把它用于研究美国和英国之间的羊毛和棉花贸易问题。

先生,假如美国卖给英国价值 1 200 万美元的原棉等物品,以此换取价值 1 200 万美元的英国棉毛织品。按萨伊先生的观点,这种贸易对两个国家都是有利可图的,因为,如果我们种植棉花的条件比生产棉布和棉织品更好，如果能以低于国内制造的价格买到制成品，那么，最好是种植棉花，用棉花换取英国的棉布。就像一个商人那样，萨伊只考虑到以物品交换物品的利益；他是根据个人经济的原则来判断是否有利的。但是，如果作为一个美国公民或一个政治经济学家，他就应该这样来考虑问题：一个国家的独立和强大取决于工业的独立和生产力的发展。美英间的这种交换会使美国的商品供应和销售都依赖于英国这个世界上最强大、最勤劳的国家，而且在从英国购买棉织品和毛织品的过程中，美国会丧失大量的生产力。如果说我们的商人可以从这种买卖中获得几百万美元，如果说我们的棉花种植者会受益于这种买卖而穿上制作精美的英国棉毛织品，那么，让我们看看整个国家会因制造力的衰退而失去什么。事实是，拥有 1 700 万人口的英国，倾其生产力，在国内可以消费和出售 5 500 万英镑或 23 500 万美元的棉毛制成品。[②]

30 年后，美国人口最起码将达到 3 000 万。如果到那时我们充分发挥出自己的生产力并赶上英国，那么，按人口比例，棉毛织品的价值将会高达每年 41 500 万美元。由于拥有广阔的土地和牧场，足以使我们生产出所需要的大量棉花和羊毛，我们完全可以通过自己的努力生产出 41 500 万美元的棉毛织品。即使到那时，美国的制造能力只及英国的四分之一——年产值为 1 亿美元，那么，即使仅仅从货币总值方面与那区区 1 200 万美元的进口相比，这种无限期地每年可以创造出如此大量产品的生产力也不知要强多少！如果进一步考虑到我们的这部分生产力充分发挥作用之后势必会促进人口的增长、资本的增长、智力和物质财富的增进，以及由此而生的国力的增强这一点的话，我们肯定就会认识到：斯密和萨伊这两位先生的体系,仅仅考虑到物品之间的交换,因此从根本上就是错误的。

萨伊先生认为,只有借助于自由贸易在增加资本方面的作用,才有可能使生产力充分发挥出来;借助于政治措施,不可能增加资本,这类措施只会人为地把资本和产业引向另一个方向,因此,应该让产业不受限制地引导资本自由发展。因为,如果生产呢面绒和棉纺织品比种植小麦和生产原棉更有利可图,那么,人们就会宁愿从事前一种产业,从而无需人为的促进就会充分发挥生产力。

这种推理对个人经济和世界主义经济来说,在一定程度上是正确的,但对国家经济来说就错了。其理由如下:

第一,就其本性而言,如果不受政治力量和国家利益的推动和干涉,人口、资本和生产技能本来具有在全球范围内扩展、从过剩的国家流动到匮乏的国家的倾向。如果按照资本的这种自然趋势,英国用于扶植和维持海军、陆军和要塞的千百万资本可能已经去增进其他地方的工业了;英国国内资本可能就不会满足于国内因资本过剩而只有百分之二或三的利息了;英国的工艺技术和经验就宁愿到其他地方发展外国工业也不愿留在国内备受困顿。然而,英国却以其政治力量和自己的民族利益将英国的智力和物质资本结合为一个整体,使这个岛国雄踞于全球之上,改变了资本的自然发展趋势,抑制了所有其他国家的制造能力。其他国家的个人产业和技术不能阻止英国这种对资本自然趋势的改变。个人的力量不可能对付一个国家联合起来的资本和技术的力量,正如一个美国商人如果没有美国海军的帮助就不能靠自己的力量抗击英国海军的侵略以保护自己的商船一样。

第二，一国生产力只受其物质资本限制的观点是不准确的。萨伊和斯密只看到物品交换获得的物质利益，因而把并非万能的物质说成是万能的。生产力主要在于个人的智力和社会条件，我称之为智力资本。假设乡下有10个单干的毛纺工，每人有1 000美元资本，他们以纺车纺羊毛，工具非常粗陋，缺乏印染技术，各自为政，一切都必须自己做，因此，每人一年所生产的布匹的价值不超过1 000美元。现在假设：这10个人把其资本和劳力联合起来，发明一种纺毛机器和一种性能更好的织机，学会印染技术，彼此之间进行劳动分工，这样，他们每月就能生产和销售1万美元的呢面绒。可见，同样是价值1 000美元的物质资本，过去每年只能生产价值1万美元的呢面绒，现在，由于社会和智力条件的改进或者说获得了智力资本，每年却能生产出价值10万美元的呢面绒。所以，一个国家通过改进其社会和智力条件，就能够运用现有的物质资本，使生产力提高10倍。

第三，问题的关键是：美国究竟是否能够：

1. 借助自己的自然资源（自然资本），通过促进棉毛纺织业来增进生产力。

2. 它是否能够借助于现有的工业、教育、进取精神、坚韧不拔的斗志、陆海军、行政管理（智力资本），获得必要的棉毛工业技术，通过发展这些工业，在短期内完善生产力；它是否能利用它所获得的政治力量来保护棉毛工业？

3. 美国能否有充裕的食物、用具、原材料等等（物质资本），以便通过利用自然资本和智力资本发展棉毛工业。

根据以上三条标准衡量：

Ⅰ. 美国有辽阔的草原可饲养亿万只羊；有广阔的土地可种植足以供应全世界的棉花，还有其他资源和条件。如果说瑞典政府要建立棉、毛纺织业是绝对愚蠢的，因为它既没有条件生产大量的羊毛和棉花，又没有强大的海军来保证国内外的原料供给和它的国外制成品市场，那么，美国不建立和促进这些工业不也同样是愚蠢的吗？

Ⅱ. 美国有一定的工业和教育基础，有竞争精神，有坚韧不拔的意志，国内各州交往不受限制，工业没有任何障碍，财产安全，生活必需品和舒适品的消费市场有保证，还有自由，这一切条件是任何其他国家都不具备的。如果说西班牙政府不论怎么想方设法也不可能在100年之内建立起10个繁荣的制造企业，即使建立起来，也不能保护它们的话，那么，美国却能够在几年之内就建立起100个企业，并且能给它们提供各种保护。

Ⅲ. 美国有非常充裕的各种生活必需品，有大量的劳动力，足以给两倍于现在的人口提供衣食，足以为他们建筑住房和工厂，给他们提供工具和其他生产资料。拥有如此优越的条件，还有什么工业不能建立呢？拥有如此丰富的资源还有什么工业不能发展呢？我们来看看粗棉布制造业吧。请问这一行业是否占用了其他更有利可图的工业部门的资本？粗布制造商建筑房子和制造机器，需要木材、铁、砖、瓦等材料，但是，农业因此而失去它所获得的劳动人手或是一根木头和一磅铁了吗？不，先生，这些东西是过剩的。粗布制造商需要原棉，但这种原料在国内难道不过剩吗？新英格兰从新奥尔良运来原棉制成粗布，然后把粗布运回到新奥尔良以支付原棉的货款，比之于以前我们把原棉运往英国的利物浦，堆在那儿等买主、再等到制成粗布之后才运回我国，所需要的时间难道不是可以减少一半吗？而且，粗布制造商要给建筑厂房和制造机器的人提供食品，每天还要给生产粗布的工人提供食品。宾夕法尼亚州的农业把 60 万桶面粉卖给新英格兰粗布制造商之后少生产一蒲式耳小麦了吗？办企业花了钱，但这钱不是取自农业，相反地却是支付给农业的，因而起到扶持农业的作用。先生，从这个例子您也许可以看到，斯密和萨伊关于物质资本只会缓慢增长的断言是多么错误。在以前的时代中，工业在各个方面都受到阻碍，化学、机械等新的力量尚未出现，对这种时代来说，他们的这一断言是正确的；在早就有居民定居的国家中，几乎所有的自然资源都已被开发利用，对这种国家来说，这一断言也是正确的；但是，在一个新开发的国家中，被利用的自然资本还不到贮量的十分之一，新的发明正在创造着奇迹、工业的所有障碍被清除，这个新的社会在如此短的时间内已经形成一种从未有过的智力资本，对这种国家来说，这种断言就是错误的。如果这样一个国家的人口以前所未有的速度增长，但只要社会非常明智地利用其智力资本来开发和利用天赐予的自然资本，那么，物质资本的增长就会超过人口的增长。

Ⅳ. 旧理论的信徒断言，一个国家为了获得未来的生产力而暂时牺牲从物资交换中得到的一些好处是不合算的。我将以一个显明的例子来驳斥这种论点。假如一个农民相信，如果他建一个漂洗厂，他的经济条件会改善两倍。他已有水力、木材、毛线等必要条件，只是缺乏建厂和经营的技术与经验。因此，他送其儿子或一个家庭成员到城里学习必要的技术。先生，这样做，这个农民不仅损失了儿子的劳力及儿子的劳动能够生产出的小麦和谷物，而且还损失了儿子学习期间实际所花费的那笔钱。他牺牲了一大笔物质资本，他的账目结算显得对他不利。于是，见识短浅的愚人就会指责他。但是，他所损失的物质资本会由于生产力的增强而得到10倍以上的补偿。先生，这个农民就是乔纳森。的确，通过政治措施牺牲一些个人利益会使一些人首先变富，但这只是完善国家生产力的一笔小小的代价。若干年后，最初付出的代价会由于国民经济的更完善而得到10倍的补偿。这一点对于新发明的专利权同样适用。保障发明者获得这些发明的最初利益，这将会鼓励新发明。社会为使发明者获得这些利益而付出代价，但这种代价绝不会超过新发明本身的价值和新发明给整个社会带来的价值。如果没有这些优惠，许多最有价值的发明就会像以前一样与发明者一起进棺材。如果有人要重复斯密和萨伊关于进口关税会造成国内制成品垄断的断言，那是因为没有考虑到已经改进了的社会条件。在过去那种资本短缺、工艺稀奇、大部分化学和机械技术保密的时代，保护性关税也许会造成垄断。但是，在我们这个时代和我们美国，情况已经不同了。人人都知道(或从书本上知道)怎样制造白铅、硫酸和其他各种东西。美国任何地方都有足够的资本和进取精神，从事有利可图的产业。经验表明，竞争不久就会把每一种可望获得超额利润的制造业推上一个新水平，美国粗棉布业就是一个极好的例证，现在美国粗棉布的售价已经比英国粗棉布的售价便宜一半。

V. 即使美国没有足够的资本和技术，也可以通过政治措施从国外引进。在第一点中我就提到，资本和知识本身具有向全球扩展的自然趋势，会从过剩的地方流向匮乏的地方。(就我所知，旧体系的理论家们既没有注意到这种倾向，也没有正确地对待这种倾向)

因为这种倾向受到其他国家的政策手段等因素的抑制，所以可以采取抵消那些政策手段的行动恢复这种趋势。只要采取奖励的措施美国就可以把外国资本和熟练工人吸引过来。美国人在这方面比其他国家更有力量，因为美国拥有的自然资本(尚未开发)和智力资本都超过其他任何国家。这里，大量的自然资源尚未被私人占有。英国人会发现这里的语言、法律和生活方式都与自己的相同；在这里唯一看不到的东西是在英国存在的那种沉重的赋税和种种邪恶。将来到这儿的人，不管来自什么国家，只要拥有资本、勤奋和有用的知识，都会改善自己的境况。我不知道还有哪个国家享有如此好的吸引外国资本和熟练工人的机会和资源。

美国通过保护性关税吸引外国的资本和熟练工人的同时，也会防止国内人口和资本极其不利地在广大的陆地上扩散。先生，我并不是以美国的州的数目来衡量美国的国力和财富。但是，正如历史上罗马人的军事力量由于他们的版图的扩大而被削弱一样，我也担心美国的国力、文明进步、国民实力会因州的数目的增加而受到扼制。如果 5 000 万美国人分属 100 个州而散居在整个北美大陆，那他们会干什么呢？——垦地，种麦，糊口。如果不按杰斐逊工农业并举的主张办，100 年后整个美国历史，就只能用这六个字概括之。工农业并举是阻止人口和资本撤向西部的唯一办法。工农业并举就可使东部和中部得到发展，然后逐步推进，这样，不久之后俄亥俄就会像宾夕法尼亚一样人口众多——然后是印第安纳，伊利诺伊——然后越过密西西比河，落基山脉——最后转向中国而不是英国。这样一来，宾夕法尼亚及所有的东部和中部各州就可以增加人口，发展艺术和科学，促进文明和增加财富。美国只有促进制造业，才能越来越强大。先生,我认为这就是真正的美国政治经济学。

怀着最崇高敬意的

您最卑贱顺从的仆人

弗·李斯特

注释:

① 参阅亚当·斯密:《国民财富的性质和原因的研究》,第四篇,第二章;萨伊:《政治经济学概论》,第一篇,第十七章。

② 参见科尔奎霍恩:《大英帝国的财富》,第 91 页。

第 五 封 信

雷丁 1827 年 7 月 19 日

亲爱的先生:

就国家经济学而论,由于各国所处的环境不同,同样的措施、事件、个人条件和个人技艺的效果也不一样;一般可以这样说,如果这些因素能促进国家的生产力,那就是有益的;反之,就是无益的。每个国家都必须根据自己的国情,发展生产力;换句话说,每个国家都有其独特的政治经济学。

进一步地说,就个人经济学而言,同样的事态、事件等可能有利于一些人,却可能有损于社会;或者正好相反,它们可能有损于个人,却非常有利于社会。可见,个人经济学并非政治经济学。

同样,如果所有国家都遵循相同的原则和采取同样的措施,可能有益于人类却有损于一些国家,或者相反,可能有益于一些国家却有损于人类。可见,政治经济学并非世界主义经济学。

I. 每个国家都有其独特的经济

人口的增加会促进国家经济目标的实现吗？对美国来说，答案是肯定的；但对中国和印度斯坦来说，答案却是否定的。人口从食物短缺和劳动过剩的国家移民出境是公共的福祉；相反，美国公民移居加拿大，却是可悲的景象，尽管黑人的输出也许对美国有利。因为虽然输出黑人会减少美国人口，但那是丢掉包袱，而不是力量的流失。

劳动会促进国家经济学目标的实现吗？在劳动分工合理的国家，答案是肯定的。在劳动分工不合理的国家，有一部分劳动就会浪费掉。例如，在农业国，如果剩余产品没有出路，无法用这种剩余产品交换到其他生活必需品和舒适品，那么，这种剩余产品就只会导致人口的增长，除此之外无所作为。人们只能闲混消磨时间，而不能以其劳动从事生产。由此可见，外国禁令会毁掉我们一部分劳动，我们只有采取针锋相对的政策，创造工业生产力，以工业品交换剩余农产品，才能使这部分闲置的劳动得到利用。

所有纯农业国的情形都是如此吗？不，在新开发国家，过剩的劳动和产品长期被用来开垦和改良土地、修筑房屋和粮仓、多养家畜。所以我们看到，美国西部各州能通过农业迅速发展生产力，而东部各州仍然处于停滞状态。——在自然资源开发到一定程度后，西部各州也会停滞不前，农产品过剩。如果东部各州不兴办工业，西部的剩余农产品越多，东部的农业就萧条得越厉害。

各种限制措施在所有国家都是同样有效和可取的吗？不。墨西哥和南美诸共和国如果限制外国商品换取自己的贵金属和初级产品，那就不明智了。这些国家的人民由于没有受教育，懒散、不习惯享受，所以首先必须激起他们享受的欲望，然后培养勤劳的习惯，进而改善其智力和社会条件。俄国的情况是，除非这一庞大帝国的皇帝能像德国皇帝一样授予俄国城市自治权，否则兴办工业决不会成功。德国城市由于获得自由特许状，几个世纪就由野蛮之地变为非常富有和高度文明的城市。西班牙首先必须摆脱迷信、专制势力和僧侣统治。任何国家首先必须有一定程度的自由、安全、教育等条件，然后才可能促进制造业的发展。美国就有充分的这类条件。

如果美国平均用力促进所有的工业，这种行动是合理的吗？决不。每一进步都必须逐步取得。像美国这样的新国家，只有先促进雇用大量的劳力、消费大量农产品和原材料的制造业，才会增进它的生产力；这类制造业可以得到机器体系和巨大的国内消费市场的支持(如化工、毛纺、棉纺、五金、铁、陶器等的生产，就属于这类制造业)，而且产品不易走私。对舒适品和奢侈品制造业也平均用力，就会损害上述制造业的生产力发展。如果进口舒适品和奢侈品比我们自己制造合算，所有劳动阶层都会乐于使用，从而会刺激美国生产力。然后随着这类产品的消费变得越来越重要，总有一天，只要适当加以鼓励，国内也会生产这些产品。

运河和铁路对一个国家的发展有利吗？这要视条件而定。如果劳动分工合理，运河和铁路可以使人们和产品彼此更为接近，就能促进交换，提高劳动效率。否则，就会加剧剩余农产品的竞争，使一个国家的某些地区获益而其他地区受到损害。所以，我坚持认为，宾夕法尼亚的东部地区只有培植制造业并以其剩余制成品交换西部农产品才能从运河、铁路等交通条件的改善中获得好处。

机器和新发明对一个国家的发展有利吗？对于人口密集、没有商业和工业、劳动力过剩的国家来说，机器和新发明可能是一种公害；而在美国，机器和新发明的任何进步都可以视为公共的福祉。我希望，总有一天我们美国的奴隶是用铁和黄铜制成的、以石油和煤为动力的机械而不是被鞭子驱赶的人。

消费是否对国家的发展有利？按萨伊所说，消费是再生产性的，所以会增加财富。但问题是，消费是否会提高生产力？在一个闲人充斥的国家，可能坐吃山空而不创造财富。但是，在人民勤劳如斯的美国，如果劳动分工适当（威士忌酿酒业除外，因为这种制造业的生产对国力不是加强而是削弱），很难想象诚实无害的消费不会刺激生产力。在美国，消费和享受并进。享受的愿望——不断地获得更多地享受的愿望而且是永无止境的愿望——甚至还有使后代享福的愿望，会激发劳动和生产，生产又促进消费。因此，消费刺激生产，生产同样刺激消费。

克俭对国家发展如何呢？如果在古老国家继承大量遗产的人过分节俭，那肯定不会是公共的福祉，只会牺牲社会下层的利益，加剧贫富差距。如果新开发国家的农民把所有收入、时间和劳动都用于改良土地，增加积累，而他自己赤脚走路，穿自制的皮衣，那么这种克俭就会增加生产力，因为没有这种克俭，土地就不可能得到改良。在一个开发较早的国家，同样的克俭只会削弱生产力：克俭就会造成农民不戴帽、不穿鞋，也就没有消费面包的制鞋匠、制帽匠了。

律师、医生、教士、法官、立法者、行政管理人员、文人、学者、教师、音乐家、演员等社会成员会增进生产力吗？对西班牙来说，这些人中的多数不增进生产力：立法者、法官、律师压制人民；教士吸食民脂，助懒为奸；教师只会教育身受重压的阶级承担更多的负担；音乐家、演员只会使游手好闲者更加纵情享受，游手好闲；甚至连科学也是有害的，因为那儿的科学不仅没有改善人民的处境，反而使之恶化。在美国就不同了，这些社会成员的努力往往会大大增进生产力：律师、立法者、行政管理人员、法官改善公共条件；教士、教师、学者、出版商提高人民的智力和道德水平；甚至连那些给人以健康的娱乐的人，对生产力的提高也是有益的，因为他们给那些为了新的奋斗需要集聚新的精力的人们带来享受和娱乐。

货币的输入会增进生产力吗？西班牙的情况恰好相反。获得和花费货币的方式、政府和人民的状况使货币的输入构成对西班牙人民和政府的损害。同样是货币输入，如果是以其产品作为交换，却能极大增强美国的国力。一个国家可能拥有过剩的贵金属（如墨西哥），因而，贵金属的输出有助于增进生产力。如果与国家产业相比，贵金属太少，那么货币的输入是有利的。

必须记住，我在这里并不打算把诸如此类的问题全部罗列出来，我只想提出足够必要的证据证明：每一个国家在发展生产力的过程中都必须根据自己的国情走自己不同的道路。

怀着最崇高敬意的

您最卑贱顺从的仆人

弗·李斯特

第 六 封 信

雷丁　1827 年 7 月 20 日

Ⅱ.个人经济学并非政治经济学

个人只需满足自己及其家庭的需要,不管他人或子孙后代;他的视野和手段有限,不能超越私人事务的圈子;他的产业受其生活的社会条件的限制。而国家要满足其大多数成员的社会需要,个人是不可能靠自己的努力满足这些需要的;国家不仅要满足现在的一代人的这种需要,而且要满足未来几代人的这种需要;国家不仅要满足和平时期的这种需要,而且要满足战争时期的这种需要;国家不仅要着眼本国,而且要放眼全球。个人在促进其自身利益时可能会损害公共利益;国家在促进公共福利时可能会抑制其一部分国民的利益。为了普遍的福利,国家必须限制和控制个人的活动,因为个人只能从社会的强大中得到力量。没有社会制约的个人是野蛮人;让每个人自行其是的原则在印第安人中最盛行。这里,真理也介于两个极端之间。通过个人努力也许自行管理得更好、发展得更好的地方,运用社会力量制约一切、推动一切是糟糕的政策;但是,只有通过社会力量的干涉才能促进的事物让其放任自流,同样是糟糕的政策。

请看看周围吧,个人的行动和努力随处都受到基于公共福利原则的限制、管理或奖励。因此,只有这些商人才会天真地宣扬“自由放任、自由通行”这种由一个商人发明的陈词滥调。[①]

只有个人利益和国家利益绝不冲突时,“自由放任,自由通行”这一原则才行得通。但事实并非如此。一个国家可能有许多富豪,但这个国家仍然可能是一个较穷的国家,因为财产分配不平等。对于一个国家来说,奴隶制是一种公害,然而有些人却由于从事奴隶贸易和蓄奴而大发横财。尽管缺乏自由制度可能对一个国家生产力的充分发展极其有害,但某些阶层却可能在这种可悲的环境中找到发财之道。国家可能因为没有制造业而深受其害,有些人却可能因经营外国制成品而发迹。运河和铁路可能大大有利于国家,马车夫却会抱怨交通的这种改善。任何一种新发明都会给许多人带来一些不利的影响,然而它们却是公共的幸福。某个人为了做实验可能搭上了他自己的所有财产,国家却可能从他的这种努力的结果中获得巨大的生产力。个人可能会因克俭而变富,但是如果整个国家效法这种做法以他为榜样,那就会没有消费行为,产业也就无所依。美国东部各州越是努力多种棉花、越是努力向英国供应廉价原棉,棉花在英国市场上的卖价就越低,美国从棉花种植业所得的收入就越少。个人可能会通过冒险的金融投机方案而成为暴发户,公众却可能会因此受损失。

没有国家权力的干涉,就没有人身财产安全,没有对货币和度量衡的信任,没有海港卫生安全措施,没有海军提供的海上贸易安全保障,没有领事和公使为侨居外国的公民交涉,没有土地所有权,没有专利权,没有版权,没有运河、铁路,没有国家公路。完全放任自流的产业转眼就会毁灭。国家如果让一切事物自行其是,无异于自杀。

旧理论的信徒们对此也深有所感!但令人惊奇的是,他们拼命否认这种观点，以回避由于承认这种观点而引起他们的体系彻底崩溃的后果。库柏先生深深感到承认国家的真实性质（正如我所定义的）和人类分为许多国家的一切后果（正如我在前面信中所述）就会推翻整个旧体系，所以他完全否认国家的这种真正性质。他在其《政治经济学》一书中写道："所谓国家，只是一种拟人化的道德存在——一种文字称谓而已。但是，它却被赋予了一些实际上并不存在的性质。这些性质纯属某些人的想象，这些人会把一个语句转化为一种事件，把一种纯粹的文字称谓转换成实际存在的智慧之物。然而，极为重要的是，我们应该认识到这种错误，认识到所谓国家仅仅是为了避免限定、描述和冗长的陈述而发明的一种文字称谓；这正如我们只用代数学的符号和字母进行推理而不用它们所代表的更复杂的数字进行推理一样。"

我越是深信库柏先生那卓越的才能和渊博的学识，就越是为之竟然把政治经济学体系建立在如此荒谬的理论基础上而感到震惊。他竟然试图以这样一种体系启发整个民族如何认识其国家利益，他竟然试图用这样一种体系教育美国青年怎样对待未来的政治生活。这是一种导致国家自取灭亡的理论体系。要揭露库柏先生被坚持旧理论的狂热所迷惑而在基本措词上所犯的严重错误，只需寥寥数语就足够了。库柏先生把文字称谓和道德存在或民法学家所说的道德人混为一谈了。道德存在或道德人指的是一种特定社会，是一个由具有共同权利和义务、共同利益和制度的许多人组成的群体。一种文字称谓纯粹只是用以指称不同的事物和人的名称，而且仅仅是为了（像库柏先生所说的那样）避免累赘的限定、描述等。如律师、自耕农、暴民等名称就属此类文字称谓，这些文字称谓的人既无社会权利，也无社会义务；既不能以这样的称谓向法庭起诉，也不能以这样的称谓受到指控。但是，也许库伯先生从许多起诉的标题就可以知道，美国作为一个国家却是既可以以美国的名义提出起诉，亦可以在这一名称下被指控的。国家是一种可以选举总统和代表、拥有海军、拥有领土和负有债务、可以宣战和缔结和约、拥有不同于别国的独自利益、代表国民的权利和义务的存在，绝不只是一种文字称谓。它具有理性存在和真实存在的所有品质；它有躯体和真正的情感；它有灵性，用法律向其公民表达自己的意见，并与它的敌人进行对话——这种对话不是用个人的语言而是用武力之口进行的。

由于立论的错误，库柏先生的整个体系土崩瓦解。他机巧的见解和类比都无济于事，他的一切学术观点亦徒劳无功。常识就可以驳斥他那源于错误原则的推理。看到一个才能如此卓越的人竟会把政治经济学体系建立在律师、哲学家和学识渊博的政治家都会谴责的论据之上是发人深省的。假如库柏先生是美国司法部长，假如一个被告的辩护律师对这位部长的起诉进行反驳说，美国只是个文字称谓，只是个字面上的存在，只是个文字概念转换成的实际存在和精神存在，因此不能向法庭提出起诉，那么面对这种反驳，库柏先生会作何对答？

怀着最崇高敬意的

您最卑贱顺从的仆人

弗·李斯特

注释：

① 这一陈词滥调是法国进口商古尔内先生发明的。

第 七 封 信

雷丁　1827 年 7 月 22 日

我接着阐述第五封信的第三个论点。

Ⅲ. 政治经济学并非世界主义经济学

通过不同观点、不同利益、不同国家之间在精神上、物质上的永恒竞争改善人类的状况、增强其力量和本领,看来是上帝的安排。历史似乎证实了这种想法。意大利和德国的城市是在没有安全保障的不设防国家中建立起来的,然而,却通过与当时的强盗的斗争而富强起来,这种斗争迫使它们把各自的力量联合起来。菲利普的刽子手逼出了一个荷兰联邦,这个新兴共和国与西班牙的战争却使其富强达到了前所未有的程度。可见起初看来有害于个人并且确实对现在这一代人产生了不利影响的事件却成了后代幸福的原因。一些似乎会削弱人类的东西,恰恰造成了相反的结果。看看英国和法国的历史,每一页都证实了这一真理。而且,先生,美国历史比任何其他国家的历史都是更好的例证。假如是英国自愿解放美国诸州而没有那场独立革命战争的刺激,这些州会变得如此惊人地富强吗?难道不是最近这场战争[①]创造了一支美国海军、给美国制造业奠定了基础吗?

因此,虽然哲学家们可能设想永恒的和平、整个人类大家庭在共同的法律之下的联合会给人类带来最大的幸福,然而事实却是:国家之间的争斗虽往往对文明有害,对文明造成破坏,但随着国家

反对压迫、反对专制、争取自由、谋求独立的斗争,往往会促进文明,增强国力,从而推动人类走向更加完美的境界。

对于各国之间的工业竞争,道理也是一样的。虽然我们可以设想自由贸易对人类有利,但是对于共同法律下毫无干涉的自由贸易是否会像现在的竞争那样促进生产力的发展,却仍然是大有疑问的。即使可能,现实世界也不具备那种毫无限制的自由贸易赖以存在的条件。只要人类被分为相互独立的国家这种状况继续存在,政治经济学与世界主义经济原则就有天渊之别,正如个人经济原则与政治经济学有天渊之别一样。在目前情况下,一个国家为了促进整个人类的福利而牺牲自己的国力、福利和独立是不明智的行为。把发展自己的实力作为国家政策的首要原则,这是自我保存的律令。一个国家在自由、文明和工业方面比其他国家越进步,就越怕丧失独立,竭尽全力提高生产力以增强其政治力量的动机就越强烈。反之亦然。

库柏先生的意见与此不同。由于他完全否定国家的性质,他自然就得出了如下的推论:

“根本不值得为任何贸易和制造业而发动战争。我倾向于认为,一个商人离开本国到其他地方经商时,他应该对自己的行为负责,不容许危害本国的和平、引起国家间的争端而破坏国内消费者的安宁。他的职业不值得他所要求的那种保护。”

从这段摘引中我们的大海运商也许可以看到,世界主义体系意在引导国家自取灭亡,他们也难逃厄运。库柏先生会置他们的船只于突尼斯地方长官和阿尔及尔地方长官的任意肆虐而不顾,就如同他让美国制造业听任英国竞争而认为不值得受国家保护一样。库柏先生不信任国家商业或国家制造力——他只看到个人和个人利益。这样一种政策会产生什么样的后果呢？第一艘美国商船在外国海域受到侵袭而不给对方以惩罚，就会是美国海运商的所有财产被劫掠的信号。我们的航运很快就会损失殆尽——我们只能依赖外国船只进行对外贸易，受制于外国的条规和利益，我们就会被置于英国海军的掌握之中——一言以蔽之，很快就会失去我们的独立。对于这样一种引导国家自取灭亡的体系，要找到一个适当的字眼对其狠狠抨击还真需要一点耐心才行。

一国的贸易需要保护，以抗击外国的侵略行径，哪怕要国家付出极大的代价，哪怕要冒战争风险也在所不惜。同样，一国的工业和农业也需要保护和促进。如果证明没有这样的保护性措施，国家就决不能使经济臻于必要的完美或决不能保障已经获得的完美，那么，哪怕要牺牲多数人的利益也在所不惜。这是可以证明的，我会对此作出证明。如果世界主义理论的大师和信徒们不相信这种保护的必要性，那倒不是他们有什么能证明这种必要性不存在的理由，而只能证明他们不理解政治经济学的真正性质。

制造实力也像海上实力(照我理解，这个名称不仅包括一国的海军而且包括一国的整个航运业)一样，只有通过长期的努力才能获得。要使劳动者对不同的工艺获得经验和养成习惯，要使每个行业任何时候都能获得足够的这种劳动者，需要很长时间。一个行业要求的知识、经验和技能越多，愿意从事这一行业的人就越少，如果不能确保终生能以此谋生的话。由于缺乏经验和技能，从事每一种新行业都意味着在相当长的时间内会有很大损失。每一种工业的进步都取决于其他许多工业的进步，取决于厂房设施和机器设备。这使新企业的开办极其艰难。企业家必须克服缺乏有技能、有经验的劳动者这一困难；最初的营业费用是最沉重的负担；刚刚起步兴办工业的国家的非熟练劳动者的工资往往高于老工业国家熟练工人的工资。这一切成本会使产品价格高出一倍；营业中的任何差错都会造成巨大损失，甚至使整个企业失败；此外，在很多情况下，新办企业的企业家们还不精于如何以最有利可图的方式和手段得到原材料，同时又不得不奋力对付种种困难。他们必须努力争取买主，常常要与那些不能放弃自己老一套的生意之道、往往助长外国工业的本国客户的歧视作斗争。即使得到本国买主的支持，新办企业第一二年造出的成品也比不上第三四年的成品，售价仍然偏高。所以，本国客户们对新建企业的歧视也许往往是对的。即使消费者们相信购买本国商品会鼓励新建企业改善产品质量，从而在不久的将来就可以获得比外国产品更廉价的本国产品，也不能指望他们会自愿购买价高质差的商品以支持本国工业。

所有的这些经营环境就是为什么这么多的新办企业如果让其放任自流就会失败的原因。一个企业失败，就会毁了一个企业主，因为他用于购置机器和引进国外劳工等开支的大部分投资都已付之东流。一个企业失败，就会影响所有新建企业的信心，而且即使是最有利的企业以后也许找不到资本家的支持。

我们看到，老工业国家的情况正好相反。每一种行业都有大量的熟练工人，只要以适当的条件就可以雇到；所有厂房、机器、设备都完美无缺；大部分购置费用都是以已经赚得的利润偿付的。靠已有的经验和技能，制造商花钱不多就能随时改善厂房和设备。可以节省开支，完善产品质量。制造商本人就拥有技术、管理才能和资本。他不会遇到三者缺一的难堪局面。而新办企业的技术、资本和企业的拥有分属不同的人，只要有一个人退出，整个企业经营就会马上陷入瘫痪。老工业已建立起信用和信心，从事这些工业的企业家很容易找到新的投资者的支持，而这对一个新企业家却是很难办到的。企业家的产品和市场的信誉一经确立，他就能以较低的成本生产出成品，且有能力允许客户赊购。

这些就是老工业国家和刚开始建立工业的新兴国家之间的自然差异。只要老工业国家保持其自由、活力和政治实力，就会在自由贸易中控制新工业国。要不是爱德华、伊丽莎白及其后历届政府对贸易的管制，要不是法国和西班牙国王们所干的傻事，荷兰人的工业优势就决不会被英国人摧毁。此外，新工业国家的制造实力不能与老工业国家的制造实力相抗衡。老工业国家的国内市场越受到进口关税的保护，新工业国家的国内市场由于种种弱点和缺乏关税制度的保护而受到老工业国家产品竞争的压力就越大。对于这种人为手段所造成的影响，我准备在下一封信中再谈。

非常尊敬您的

弗·李斯特

注释：

① 指1812—1814年的英美战争。——译者

第八封信

雷丁　1827年7月25日

政治经济学并非世界主义经济学
（续　前）

明智的关税保护制度可以带来如下好处：

1. 通过关税保护国内市场，本国工业就可以免遭价格波动和国外政治经济情况变动的冲击。国外政治经济情况的变动可能会使外国产品在一段时间内价格比本国产品便宜，这虽然是暂时的，却会影响本国工业。因为几年的停滞就可能会毁掉我们的企业：厂房可能会倾圮或改为他用；机器设备可能被毁或作为废铁、木柴卖掉；工人可能流失到国外或改行从事其他产业；资本可能流到国外或改为他用；顾客及资本家的信任可能全部丧失殆尽。对一个不实行关税保护制度的国家来说，一项尚处于保密状态因而不能及时效法的外国新发明就会毁掉本国的某一工业。但是，在这种情况下，实行关税制度的国家却可以对自己的工业进行保护，直到新发明的秘密公开，然后加以利用，借此增进本国的生产力。

2. 通过关税政策保护国内工业品市场，不仅使国内工业能够满足国内需求、免遭国外政治经济事变的冲击，而且还能使本国工业在与其他没有得到这种保护的外国工业的竞争中获得优势。这种优势与一个有天然屏障和人造工事防御的民族在与不设防的邻国的对抗中享有的那种优势相同。对这样一个不设防的民族来说，所有的冲突都将是不利的；它甚至会被自己的胜利所毁灭；它永远享受不到绝对安全的滋味；今天失地败北的敌国，明天又会卷土重来，总之，这个国家会被摧毁成为废墟。一个国家受到明智的关税制度保护而另一个国家却遵循自由贸易原则时的情形正与此相同。

每一个熟悉工业实务的人都知道，一个企业的生存取决于其销售收入足以弥补资本利息、生产成本并给企业家提供合理收入的产品数量的效率和速度。如果企业还达不到这一目标，就只有继续经营，以期达到这一目标；如果经过一段时期的努力仍然不能实现这一目标，企业就只有倒闭。此外，尽人皆知，企业的生产成本在很大程度上取决于产量。如果一个人每年纺织 1 000 码的绒面呢，并且以每码 6 美元的价格出售，他可能会亏本；但是，如果他每年纺织的同等质量的绒面呢是 2 万码，且以每码不超过 4 美元的价格出售，他可能会赚到钱。产量对工业的兴衰影响极大。如果一个英国厂商能够确保向国内市场大批供货的市场份额，他也就获得了维持其企业经营所必需的产品数量的稳定销售。例如，如果他每年能够在国内以每码 6 美元的价格销售 1 万码的绒面呢，他就能在弥补经营成本之外还赚到可观的利润。由于确保了这一国内市场份额，他就能另外再生产 1 万码的绒面呢销往国外市场，并根据国外市场的情况调整销售价格。由于国内销售所得已经弥补了经营成本，他为国外市场生产的这 1 万码绒面呢的成本就低多了。因而，即使以每码 3 美元或 4 美元的价格出售这部分产品，他仍然可以获利；即使现在不获利，将来也会获利。鉴于外国厂商亏本经营的情况，他可以连续数年无利销售，等到外国厂商倒闭破产之后，他就可望渐渐获利，直至长期每年获利 2 万美元或 3 万美元。

这个英国厂商非常平静地进行着这场竞争;他一无所失,对未来的赢利稳操胜券。与此同时,没有关税保护的外国厂商却在每天的亏损中挣扎着,抱着一种徒劳的希望,最终走向确定无疑的、不可避免的彻底破产。这个不幸的人的处境与他那受到关税保护的英国竞争对手的情况截然不同。正如我们前面所说过的,他要与创办新企业所遇到的种种困难作斗争,而这些困难共同作用的结果往往会使他甚至无法在几年之后以含有公平利润的价格出售产品;他要与本国买主的偏见作斗争;他的信用贷款关系不畅;他的销售量很小,这就使其产品的价格较高,亏损也就较大。他因为要弥补创办企业的成本而不得不在最初几年提高产品销售价格,与此同时,他的竞争对手却在降低价格。特别是在绒面呢行业中,这两个竞争者开始竞争时的价格差异肯定在50%到80%之间。对这外国厂商来说,如果没有国家的干涉,这场竞争是无法长久坚持下去的。他的企业正走向破产,其遭遇对他的国人是个前车之鉴——在一个根本不懂得国家利益之所在的国度不要有什么创业精神——不要把资本投入日益衰落的国家生产力——一切都不要做——一切都由它去吧。在这种条件下,厂商的情形无异于下述海运商的处境:这些海运商得不到航海法和海军的保护,甚至当遭到外国人侵犯时本国海军都不肯冒着与外国作战的风险保护他们的利益,他们的船只被置于阿尔及尔地方长官的任意摆布之下(正如库柏先生建议的那样)。因此,他们最好是到落后的边远地区去开垦土地,把船锚改铸成犁铧。

由此可知,斯密和萨伊先生把关税、退税、航海法作为垄断是不妥当的。只有它们给整个国家以某些工业部门方面的特权这一世界主义意义上来说，它们是垄断行为。但是，根据政治经济学的原理，它们就不具有垄断的性质，因为它们赋予这个国家的每一个公民以平等的权利，可以分享这种国家特权的利益。如果美国政府不设法使它自己的公民占有国内市场，那么，英国政府授予英国人占有国内市场的特权就会长期损害美国的利益。

3. 我无法设想，世界主义理论的另一种陈词滥调“如果我们可以从国外买到比自己制造更便宜的产品，就应该向国外购买”，怎么经得住批驳。我们仅能在最初几年从外国买到便宜货，却要在漫长的时期内，几辈人不得不购买索价高昂的外国货；我们在和平时期会买到便宜货，但在战争期间只得购买昂贵的商品；如果我们以现在的货币数额来估算商品价格，我们购买的显然是便宜货，但是，如果我们从未来购买力源泉的角度来估价用于购买外国货的资财，那么，所购买的外国货就昂贵异常。我们可以用自己的小麦和家畜向本国同胞交换布匹，但不能与外国进行这种交易。我们的布料消费受到外国愿意接受的支付手段的限制，这会使我们的布料消费水平日渐减少。而我们对国产布料的消费会随着我们粮食和原材料生产的增加而增加，这种增加几乎无以穷尽，随着我们的人口增长，每 20 年就会使国产布料的消费水平增长一倍。

可见，如果他们的理论基础是错误的，如果他们把世界主义经济原理当作国家政治原理，如果他们只探讨物质交换的作用而不探讨生产力兴衰的原因，那么，知识渊博的学者也会犯非常严重的错误。斯密和萨伊只考虑到物资交换的物质利益，因此建议我们购买比自己生产更便宜的外国商品。但是，权衡一下物质的利益与生产力的损失，孰轻孰重？让我们来看看吧。

斯密和萨伊自己对国内工业重要性的评价就远远高于对外贸易；他们没有贸然作精确地估算，只是认为不论任何国家，对外贸易与国内工业相比是微不足道的。但是，其他法国学者对国内工业的估价，比对外贸易的估价高出20—30倍。库柏先生的估价高出10—12倍。若我们在最高估价和最低估价之间取中间值（20倍），不会太离谱。但为了稳重起见，我们采用库柏先生的估价。倘若我们不实行关税保护，根据前面第2点所述，我们的整个织布业肯定会被一个得到保护的外国织布业完全毁掉。倘若在这种情况下我们向外国购买布料，比如说在最初两三年我们向英国购买800万码绒面呢比我们自己制造要便宜200万—300万美元。但是这种便宜200万—300万美元的好处难道不是以牺牲我们本国的制造业为代价得到的吗？我们的制造业要是得到国家政策的帮助而成长起来，就会生产出12倍于我们进口的数量（按库柏先生的估计）也就是7 200万码，20年后人口和消费翻番，产量就是14 400万码。为了证明此理不谬，我们只需把进口绒面呢的数量（最近3年来年均进口800万码）按全国人口平均分摊，结果是人均只有价值0.75美元的绒面呢和毛料。如果纺织业得到适当保护，劳动分工合理，美国人人都会穿得很好，就像现在人人都吃得很好一样。那么每年人均至少消费价值6美元的毛料，这相当于年7 200万码布料的制造能力，20年后达到年14 400万码的制造能力。而目前从贸易中得到的好处只是每年便宜200万—300万美元。这就是根据世界主义原理进行的推论和根据正确的政治经济学原理进行的推理之间的差别。

4. 世界主义理论的创始人和信徒完全忽视了一条普遍适用于所有企业的规则。实际上，在绝大多数情况下，个人产业和国家产业的成功都有赖于这一规则付诸实践。这一规则就是:一旦认为有必要并且发现可行,就必须保证从事某一工业活动的连续稳定。每一个新企业开始经营时,必然会有巨大的支出,并且在处理生产和购销中的繁琐小事方面缺乏经验和知识,因而易犯错误。企业经营的时间越长,就越有利可图,处理事务的手段就越高明,所生产的商品就越完善,销售的数量也就越大,价格也就越便宜。严格地一直从事他们开始就经营的产业的许多人之所以获得成功,而经常变换行业的许多人的企业之所以停滞不前,究其原因,皆因为前一类人遵循连续稳定规则,而后一类人违背了这一规则。同理,在国民经济中遵循这一规则就会繁荣昌盛,违背这一规则就会停滞衰退。再也没有什么能比经常打断生产力发展的事件和环境更有害于一国的工业发展的了:此时扶持某一工业部门,而彼时又使它完全停顿。

如果对某种工业部门的扶持使之达到罕见的繁荣境地,那么,该部门就会把其他部门的资本、劳动和技能吸引过来;异常丰厚的利润会导致异常高的价格;这就会提高工资,增大劳动者、企业家、资本家的消费和需求;如果这种异常的繁荣纯粹是暂时的和偶然的,那么,随之而来的就是异常猛烈的衰退,从而走向另一个极端;财产不仅锐减,而且根本就不值分文;劳动者以其熟悉的这一行业谋生,甚至无法保持温饱;资本没有出路,厂房和机器因闲置而被毁——简言之,到处都是破产和灾难,最初看来是有利于公众的繁荣,结果已经被证明不过是走向有害于公众的灾难的第一步。

因此,国家经济中要采取的立场之一就是通过政治手段实现持续稳定,尽可能防止倒退。实现持续稳定的主要手段是实行明智的关税政策。国家越能在供销、价格、工资、利润、消费、需求、劳力、企业等方面实现稳定——稳定发展，决不倒退——国家就越能实现其生产力的发展。

斯密把英国的经济繁荣归功于英国的政体，归功于人民的创业精神、勤劳和克俭，否认英国关税法规的有益效果。可见，斯密对于国家繁荣的原因完全缺乏正确的观点。自伊丽莎白时代以来，英国的织布业从来没有受到外国入侵和外国竞争的破坏。每一代都可以在前一代建立起来的基础上利用前人的生产手段、技术、能力不断改善和扩大前人的成果。相比之下，德国在古代曾多么发达啊，德国后来的进步又是多么微小！事变和外来的竞争在一个世纪内毁掉的东西往往是前几代人创造成果的两倍，每一代人都不得不从头做起。

先生，想想美国在这方面的命运吧。历史上，多少次事件使美国的工业和农业得到栽培，又有多少次来自外国的竞争使美国的工业、农业衰退，最终给国家带来灾难？只要考察一下从最近那场英美战争到现在这段时期的情况，就足以说明问题。那场战争使养羊业和羊毛加工业成为国内有市场的有利可图的产业；但战后和平时期这两个行业又都给毁了。那场战争刺激了农业的发展，农产品价格、工资和资产价格都上升到了很高的水平；但是战后的和平和外国的政策使这一切衰落到如此程度，以至于在繁荣时期根据收入调整消费、根据预计的地产价值改善地产等这一类的农民破了产。现在，正当制造业又恢复了一点生气之际，英国的竞争又要让它们趴下了。要是有一场战争，肯定会使它们重新恢复活力，但是战后的和平肯定又会毁掉它们。如果我们不制定明智的关税法规，不为保障我们的生产力高筑关税壁垒(就像我们筑起要塞保卫国土那样)以对抗外国入侵、外国事变、外国法规、外国资本、外国工业和外国政策，那么今后几个世纪我们的工业都要经历建起又毁、毁了又建的磨难了。

保护工业要持续稳定。持续稳定会把美国的生产力提高到一种超过我们的最美好想象的水平。

一个让自己的工业任凭外国风暴(哪怕是最轻微的风暴)吹打的国家怎么能够与一个为了后代的利益保护自己的企业的国家竞争?

怀着最崇高敬意的

您最卑贱顺从的仆人

弗·李斯特

第九封信

雷丁　1827年7月26日

政治经济学并非世界主义经济学
(续　前)

亲爱的先生:

读了前面的信后，您相信坎宁和赫斯基森先生真的相信斯密、萨伊的世界主义理论是真理吗?不能相信，先生。坎宁先生也像皮特一样，根本就不认为这种理论是真理。虽然皮特无论走到哪儿都带着一本亚当·斯密的著作(正如斯密的信徒们得意洋洋地对我们所说的那样)，但可以肯定，他带着此书的目的只是为了反其道而行之。而坎宁先生看来是很用心地研读了斯密的著作，言必称斯密，而意在反其道而行之。正如一位妙趣横生的美国人诙谐地评论的那样，以这种方式宣扬某个学者的观点，一直就不是为了国内实践而是为了出口需要而发明的新花招。

目前的英国政策越是看起来自相矛盾，用以掩盖其实质的神秘面纱对美国的危害就越大；正因为如此，美国看清这种政策的庐山真面目的必要性越迫切，那么，如果我不能使之昭然若揭，我的内疚感就越重。

确实令人惊讶的是：现在的英国内阁得到英王的支持和英国人民的爱戴，但是法国、西班牙等国家的民族主义者却非常仇视它；它一方面承认世界主义理论如果付诸实践就会剥夺英国迄今为止所享受着的垄断特权，但另一方面又小心翼翼地伺机阻止其他竞争国，特别是美国的每一种进步。人人都觉得言行之间必有蹊跷。坎宁先生是位高尚的、富于同情心的热爱自由的君子，谁敢怀疑！但是根据他的自白我们知道，他竟然让西班牙遭受专制、混乱、外国侵占这三大恶魔之害以达到促使南美诸国成立的目的。他促成南美诸国的成立肯定不是出于对自由和人类的无私的热爱，而是正如他不打自招时所说的，是出于为英国开辟广阔国外市场的欲望。给葡萄牙提供一部自由宪法（没人会相信当时兼任葡萄牙皇帝的那位巴西皇帝会自愿提供这样一部宪法），并且催促派军队到葡萄牙，随时注意事态，以防止西班牙的狂热分子侵犯这部新宪法，这确实是热爱自由的行为；但是，即使我们承认支持其盟国的宪法是英国的职责，我们还是认为，如此急促、如此热心的出兵使人不得不怀疑这种行动必定包含着极大的自身利益成分。不错，当时坎宁先生是在设法使西班牙退兵。但是，这出于什么目的呢？消除外患后，葡萄牙势必又会陷入内乱，英国可以趁机而入。

在欧洲，坎宁先生也许可以为他不同的政治措施找到不同的借口，以应付不同的民族。但在美国，我们可以有条件观其行而看其意，不会根据他用以掩盖其真实动机的托词轻下判断。我们习惯于先看一个人的动机，有时还求教于历史，我们从历史中知道，千百年来，国家也像个人一样，总是在谋求实现某一主要目标。我们研究了英国的真实目的，发现其目的就是增强它的工业、商业和海军的实力，称霸全球。我们看到，为了实现这一目标，英国对国内支持自由原则，在亚洲却扮演征服者的角色并利用和支持那里的专制势力；与此同时，在西印度群岛和加拿大却满足于家长式的统治，吸收一点权利和自由制度，使这种统治形式显得柔和一点。我们看到，为此目的，英国置其昔日的同盟加纳共和国于君主统治之下，恢复汉萨城市的独立(目的在于使其主要工业品占有德国市场)；为此目的，英国雇用军队反对法兰西共和国，并为西西里制定了一部自由宪法；为此目的，英国资助欧洲君主国的军队，征讨法兰西，把荷兰共和国变成荷兰王国；为此目的，英国毁了西班牙的自由制度，策动南美诸共和国的诞生，设计葡萄牙自由宪法，为反对西班牙民族主义分子入侵葡萄牙而出兵，交涉法国从西班牙撤兵一事。如果我们仅凭原理判断这类行为，只会感到不可思议；但是，如果我们考察英国的真实动机，就会看到这类行为与其真实动机是一致的，其目的始终是增强其工业、贸易、海军和政治实力，称霸全球。它始终根据具体的条件调整自己的行动——此时此地运用自由原则，彼时彼地使用武力和金钱；要么支持自由，要么压制自由，一

切以自己的利益为出发点。据说，甚至英国反对奴隶贸易的措施也是出于自身的利益，是阻止其他国家殖民地得到奴隶供应的借口，而当时它却已拥有充足的奴隶。

任何一个大脑健全的人难道会相信坎宁先生改变了英国的这一目的？即使坎宁先生基于世界主义立场和世界利益而想放弃国家立场和牺牲国家利益，难道他就能改变英国的这一目的吗？不，没人会相信的。坎宁先生只是根据现时的环境变换达到这一目的的手段而已。如果说 15 年或 20 年前资助半个欧洲以图摧毁拿破仑的大陆体系、出兵欧洲大陆是符合英国当时利益的话，那么现在，昔日协助英国推翻拿破仑帝国的那些列强自己恢复了另一种大陆体系却不符合英国的利益了。从目前英国的目标来看，这种体系不仅威胁到英国在欧洲大陆的势力，而且有与之在南美贸易中分庭抗衡的危险。因此，卡斯尔雷勋爵的原则不再符合英国的利益；相反地，现在，只有加强英国对大陆的影响和抵消大陆列强政策的影响的手段和原则，才被视为是有用的。坎宁先生在其著名讲话中把这一点阐述得颇为清楚明白，意味深长地提到英国在大陆上具有以自由思想为基础结成某种同盟的巨大力量。他似乎是为了对这种威胁作必要的强调，在此之前就已经协助葡萄牙制定过一部自由宪法，从而使自由思想触及欧洲大陆西端的新同盟国；他的前任卡斯尔雷勋爵第一次以武力威胁和金钱利诱的方式把葡萄牙拖入反对拿破仑大陆体系的斗争之中。到底坎宁先生的恫吓是为了迫使大陆列强缔结不平等贸易条约，还是让公众接受自由思想以便向专制斗争，不熟悉英国内阁内幕的人谁也说不清楚。但可以非常肯定的是，他打算以任何一种方式达到他的目的。他的讲话明显地流露出

对法国政府的不满。从这些言辞中，我们可以断定他肯定是对法国政府在他的某次诱人的计划中的行为感到失望。在他访问法国宫廷前夕，就有人知道可能要缔结一项商业条约。从英国报纸的动向中，我们也有理由得出这一结论。因为，当时的英国报纸不同寻常地忙于赞美斯密和萨伊的世界主义体系，认为如果付诸实践，这一体系就会给这两个国家带来巨大的利益：一方面使英国人能够顺利地继续进行他们的工业活动，另一方面使法国人能够扩大葡萄种植业。在流露出这种不满情绪时，坎宁先生肯定不是出于满足个人的某种愿望，而是另有更深层的动机；一位英国大臣绝不会冒着影响本国政策的风险而宣泄个人的不满情绪。法国极不可能误解坎宁先生言辞之中的威胁之意；况且，后来要求法国军队撤出西班牙的言辞颇为清楚地说明，坎宁先生的意图在于，为赢得整个佩宁苏拉作为英国的新同盟而作初步的准备工作。

然而，我无意于探讨欧洲的政策。到目前为止，我只是一般性地说明坎宁先生的政策的目的，即抑制欧洲大陆的势力，垄断南美市场。对美国，坎宁先生担心的不是它现有的工业力量，而是这种力量的发展，因为这种发展在三个方面威胁到英国工业势力的利益：第一，会使英国制造商失掉美国市场；第二，与英国制造商角逐南美市场；第三，极大地增强美国的国内外航运业，而这是美国未来的海军优势的基础。现在，时逢南美人民解放运动之际，美国要抓住这一机会，利用未来几年极佳的时间，发展本国生产力，扩大对外贸易和国内外航运业，从而力争在势力和财富方面与英国平分秋色。这种机会千载难逢。只要错过这几年的时间，英国就会在南美独占鳌头，就会由于坎宁先生的政策而使英国的富强变得无法想象。到那时，美国就既不可能在工业上与英国相竞争，也不可能在政治势力上与英国相匹敌。先生，就两个竞争国家之间的关系而言，非此即彼，不是变强，就是变弱。如果英国的势力比现在强大一倍，而与此同时美国仍然没有变化，那么，美国的势力就会比英国弱一半。很清楚，坎宁先生对如何阻止美国实施某种国家体系特别感兴趣。但是，他会采取什么手段来阻止美国的行动呢？在北美大陆上他没有可以培植的敌对势力对我们进行威胁。坎宁先生能够做到的，只是利用英国在我们美国的代理商的利益和冒牌理论家的刚愎任性，培植我国航运商和南部种植园主的亲英感情，以虚假的言辞欺骗他们，好像我们是为了一些制造商的个人利益而牺牲航运和棉花种植业的利益似的。我们在后面的信中会对何以要促进工业给出充分的理由。而且，看到竟有人对最终会促进所有行业发展的保护工业措施持反对态度，每个头脑健全的人都会吃惊的。

非常尊敬您的

弗·李斯特

第 十 封 信

雷丁　1827 年 7 月 27 日

政治经济学并非世界主义经济学
（续　前）

亲爱的先生：

一个国家不仅会因为从其他国家进口而变成别国的附庸，而且会由于出口而变成别国的附庸。大量出口原材料和粮食，常常是灾难、国力衰弱和依附外国势力的祸根，而不是国家繁荣之源。

坎宁先生认识到，抑制美国工业的利益和垄断南美市场是英国的真正利益所在。我确信，如果他能够说服议会两院的农业利益集团，他会采取权宜之计，乐意给我们的小麦开放英国的港口。

美国农民是否会为了未来的长久利益而拒绝坎宁提供的暂时利益尚属疑问；也许，坎宁先生可以通过这种措施而使美国的农业利益集团享受他的自由贸易理论所带来的好处。但这种措施会给美国造成什么样的后果呢？一任自由竞争摆布的美国制造业就会毁于一旦。投入工业企业的绝大部分资本就会付之东流，只有投入农业的资本能够幸存。工业中所运用的劳动、技术和所有的生产力又会转入农业。小麦和谷物的价格会提高到 1.5 美元，土地价格和工资会以同样的比例上升，农民会根据增加的利润重新调整自己的消费和改善农业经营。银行会按同样的比例扩大经营。在此期间，英国会极大地增强其工业实力，垄断南美和所有其他地区的市场。要是英国还没有能力在极短的时间内给美国的整个工业以致命的一击，那美国就足够幸运了。但是，一旦坎宁先生、英国政府或上下两院的想法改变，那就会给美国工业造成毁灭性的打击。英国在提高其工业水平之后，很可能就会重新采用改善其地产或土地所有者状况的老办法，恢复谷物法。这样一来，英美之间要么可能爆发战争，要么可能像去年英属西印度殖民地的情形一样，英国大臣对美国的敌意激起他通过再次排斥美国的谷物而对普鲁士和波兰的谷物给予特惠等方式削弱美国的力量和财富，扰乱美国的宁静和国内和平。可以肯定，一旦经济上依附于英国，此后英国议会每召开一

次议会都会令绝大多数美国居民诚惶诚恐，他们对威斯敏斯特的举动和法规的担心或期望，都胜过对华盛顿的举动和法规的担心或期望。进而，他们对国家独立的关切和对美国的感情就会消失。英国每次控制我们的谷物输出到英国去的措施会产生什么后果呢？过去的14年中，大家已经看到了这种后果——工资下降，利润下降，资本减少，土地价格下降；习惯消费水平和收入之间的关系因为收入减少而失调，土地改良和地租之间的关系也失调，因此，产品滞销，企业破产，银行倒闭，国家陷于灾难之中。如果我们过去一粒谷物也不卖给英国，那情形岂不更好？难道不是外国人、竞争对手、敌对势力的恣虐使我们美国的繁荣在极短的时间内中止、整个国家呈现出倒退的迹象吗？

先生，这里正好可以谈谈我们目前的金融体系和国民经济体系之间的密切联系。我认为，对此至今尚缺乏完整的理解。金融体系的稳定、兴衰与地产价格变动密切相关。一般情况下，银行发行的钞票要比它们持有的金属现金多得多。库柏先生认为，银行可以发行三倍于金属现金持有量的钞票，据此，我推断银行的钞票发行量和现金持有量的比例至少是3∶1。如果这些流通中的钞票只有三分之一代表金属现金，那么，其余的三分之二代表着什么呢？因为它们本身不过是印有标记的纸片而已，如果它们不代表某种有价值的东西，就根本不会有人持有它们。实际上，它们代表地产价值的货币名义数额。但是，地产的实际价值取决于土地的市场价格；如果土地的市场价格上升，那么，纸币的可靠性就会提高——如果土地的价格下降，这种可靠性就会降低。因为银行是建立在地产基础之上的，如果土地的价格根本就无法实现，那么，地产就不可能转换成现金，纸币的持有者也就没有什么可靠保证。土地的价格以及把土地转换成现金的可能性，是随着土地产品的价格升降而提高或下降的。如果小麦的价格很高，那么，种植小麦的土地的价格也就很高；如果种植小麦赚到的钱不足以支付劳动的报酬，那么，没有一个人会傻得对种植小麦的土地出大价钱。因此，每一种导致农产品价格下降的原因，同样会造成土地价格的下降和这个国家银行界的衰落；反之，每一种导致农产品价格下降和银行界衰落的原因，同样会造成农产品价格的下降。因此，像这样一种金融体系的主要条件在于农产品市场的持续稳定，而这种稳定有赖于一种国民体系。这种国民体系要能阻止市场的巨大波动，而这只有保证本国工业品占领国内市场才能够实现。在这种条件下，金融体系就会发挥生产力的作用，而在没有实现关税保护的国家，金融体系随时会摧毁工业的根基——良好的信贷关系。让我们回顾一下过去 14 年的情况：如果美国政府在最近那场英美战争之后就立即对制造业进行保护，那么，小麦价格、工资、土地价格、利润就绝不会跌到如此低的地步，许多银行就绝不会倒闭，多达占人口十分之一的国民就不会被迫背井离乡。如此众多的土地所有者所遭受的这种灾难，其主要原因绝非一般所认为的那样是出于金融界的疯狂行为，而是出于对外国市场的依赖、外国市场价格的波动、外国的条规和限制所引起的产品和土地价格的巨大变动。金融界的欺诈行径和立法机构的过错可能加剧了这场灾难；但是，除非以一种国民体系防止这种灾难的主要原因的出现，否则，大量的土地所有者破产这种恶果是不可避免的。而且，即使美国根本就没有银行，只要由外部因素引起的土地和产品价格的巨大波动这一主要根源不除，这种恶果随时都会再次

产生。即使没有银行，谷物价格异常上涨所引起的土地价格上涨也会诱使土地所有者为了名义货币数额而出卖他们的土地；他们会满足于接受以现金支付土地价款的三分之一或四分之一，对其余的价款，则乐意采取以法律确定债权或以其所出卖的地产作为抵押延期支付的形式。手头现金不足的无地产者也乐意以这种方式获得土地，指望借助于谷物价格高昂可以如期付款；那些以继承的方式占有土地但本人又只是这块土地所有者之一的人们，大多数人以这种方式出卖土地，以此侵犯他们的共同继承人的权益。其他不出卖土地的人会根据土地价格已提高的情况相应地改善经营，并且开始经营抵押票据。如果这种事态持续几年的时间就突然中止，就足以使这个国家的绝大多数公民破产，毁掉美国半个世纪以来在道德、工业和信用方面的成就。在德国，我们就看到过在没有国家银行的情况下出于这种原因的相同后果：只要产品价格上涨，土地的价格也随之上涨，就有大量的土地出卖；由于信用关系发展，持有少量货币的人就可以利用抵押支付其余款项的方式购买价值高昂的不动产。德国半数以上的土地通过继承、买卖、合同等方式易主，并且都以极高的价格被抵押。被抵押的土地的所有者，因为坚信这种谷物价格和土地价格高昂的事态会持续和稳定，根本就不急于收回款项，即使急需货币，也很少要求债务人还钱；他可以把他的土地抵押票据卖给那些想给他们的钱找到生利出路并且有信誉保障的资本家，这样就可以缓解急需货币的情况。但是，当时正逢所谓王政复辟和自由贸易之际，英国人利用自由贸易，把他们的制成品输入德国，摧毁了德国的工业，并且通过谷物法和羊毛法禁止德国的谷物和羊毛输入英国，摧毁了德国的农牧业，其地产价格急剧下跌，对纸币的信任以及通过出卖抵押票据收回货币的可能性都消失了。因此,就像美国发生的那样,随之而来的就是绝大部分农民的破产。直到现在,在德国,通过出售财产所能够收回的价款总值要小于抵押总额。

世界主义体系的创造者一点都没有谈到土地价格升降的原因以及这种升降的后果。由于一国的繁荣在很大程度上取决于地产价格的稳定(地产构成一国财富的较大部分),因此,就使得这种疏忽更令人惊奇。然而,这种疏忽的原因却是很明显的。在斯密先生潜心构造他的体系的国家,虽然构成生活基础的是地产,但大部分地产却是不能自由买卖的。因此,他只看到地租的变化,而没有看到土地价格的变化。萨伊先生虽然生活在几乎所有的不动产都可以自由买卖的国度里,但由于盲目追随他的老师,忽视了他老师的疏忽;除了在某些无足轻重的问题上做些补充而外,他总是盲从其师。在美国,不动产的交易比任何一个其他国家都大。因此,在这里,我们可以指出那个著名的理论体系的一个具体的不足之处。如果一个国家忽视这个不足之处,顶多25年就会毁掉这个国家的土地所有者。真的,我越是深入探讨我在前几封信中提出的原理,我就越想宣布萨伊先生的体系是根本站不住脚的。正是这种体系破坏了政治经济学中的常识,断送了那些把其空话视为深奥名言的国家的繁荣。

非常尊敬您的

弗·李斯特

第十一封信

雷丁 1827年7月28日

政治经济学并非世界主义经济学（续 前）

亲爱的先生：

外国的法规随时都可能使我们的国外谷物市场化为乌有，因此，国外谷物市场不仅不是繁荣的源泉反而是灾难的根源，不仅不是力量的源泉反而是软弱的根源。同理，依赖于像英国这样的国家的棉花市场，也是惹祸之道。以其占优势的政治实力和对美国的敌意，英国能够而且很想不久之后就从其他依附国家得到棉花供应。如果美国南方的代言人号召追随者们以理性而不是以武力来支持他们的行动，那效果肯定要好得多；而且，如果他们冷静而谨慎地研究这个问题，他们肯定会这样做的。

首先，让我们来看看究竟谁是最近南方一位著名的政治家在作祝酒词时断然所说的那种杀鸡取卵的傻瓜。为此，我有责任探讨一下库柏先生兴高采烈地称之为“一派胡言的年度财政报告”，并且，要冒昧地从这一报告中引出还说得上有意义的看法。这份报告中的附表公布了如下结果：

出 口

1816年：原棉8 100万磅	价款2 400万美元
1826年：原棉2.04亿磅	价款2 500万美元

由此可见，1826 年出售 2.5 磅原棉的售价只等于 1816 年 1 磅原棉的售价，因为欧洲无法消化美国南部各州所供应的那么多的原棉。如果每个棉花种植者把其收成的一半抛入密西西比河，只出售一半，其收入无疑与出售全部原棉一样多，而且还可以免除用袋包装抛入密西西比河的那一半棉花的麻烦。所以，情形就成为这样：人们可能劳而无益，生产力可能自我毁灭，有益于人类的生产可能会危害一个国家——因此，个人经济学确实不是政治经济学，政治经济学的确不是世界主义经济学。1825 年，资本收益很少的种植园主考虑到棉花价格极低的行市，曾想通过扩大产量来弥补损失，这是非常好的个人经济学。但是，当时所有的种植园主都如此盘算；因此，棉花的总收成量以同一比例增加，与此同时，欧洲市场的需求量却几乎没有增大，结果，棉花的价格也就按产量扩大的比例下跌，种植园主并没有因为产量比前一年增加而多得一分钱。这里，我们从明确易懂的数字中可以看到，如果原材料产量增加一倍，譬如说从 2 增加到 4，而产品价值有时可能只增大到原来的 $1\frac{1}{2}$ 或者比这还少。因此，我敢冒昧地预测，棉花种植园主如果扩大产量，每年都会导致这种结果，他们最终会生产出 3 亿磅棉花，但所获得的收入不会超过 2 500 万美元，甚至比这还少。到那时，他们才会认识到供给必须与需求相适应。然而，根据世界主义原理，棉花种植园主净得多少，是无关紧要的事。因为，世界财富增加了，一切都会好的。但是，我还是怀疑，美国南部种植园主是否会宁可不增加他们私人的收入也不使人类的利益有丝毫的减少。

现在，南部各州正蒙受着经济上极大的损失，其原因与导致种植谷物的各州经济衰退的原因如出一辙。南部种植的棉花太多太

多啦，而那些州种植的谷物也太多太多啦。二者都缺乏适当的劳动分工。不论南部各州，还是种植谷物的各州，都应该抽出一部分人力，寻求其他出路——寻求更有利可图的就业机会。这就是使这两类州的经济状况得到改善的总秘诀。

但是，南部各州还有什么有利可图的方式来利用他们的奴隶呢？有人提议他们应该养蚕产丝；其他人建议，种植葡萄。我本人却认为，这两种行业目前都不可能带来足以弥补这些州的损失的利润。对我的这种看法，我会在其他地方进行证明的。他们为什么就不可以生产粗布(粗制衬衫料子、条格平布等)呢？我简直不明白为什么不这样做。安装起机器之后，纺织粗布所需要的劳动技能肯定不会超出奴隶的能力之外。埃及的帕夏在利用奴隶从事这种工作方面就做得非常好；古希腊人也是利用奴隶劳力从事所有的制造业。利用机器之后，南方人就可以享受到一些特别的好处：第一，可以让第一流的青年从事某种工业，并保障他们的技能可以终生运用于工厂；第二，纺纱厂可以较充分地利用现在几乎派不上什么用场的妇女和儿童的劳动；第三，他们可以得到较便宜的棉花，而且比英国更靠近南美市场；第四，他们可以利用国内种植的染料特别是靛青来染布，而根本无需备制染料。[①]

让我们来看看，如果南方人利用现在种植棉花的四分之一的奴隶，且只把占产量八分之一的棉花制成粗布，会产生什么样的结果。

	磅
现产原棉 ……	204 000 000
因为用四分之一的奴隶纺织粗布，所以，原棉生产将减少 ……	<u>51000 000</u>

还剩原棉 ……………………………………………… 153 000 000

原棉的八分之一用于加工 ………………………………… 20 000 000

还剩原棉 ……………………………………………… 133 000 000

按照1820年的价格和销售量来匡算(当年他们售棉1.27亿磅,收入2 250万美元),他们出售剩下的原棉可以得到收入 ……………………………… 美元 24 000 000

此外,用于加工的2 000万磅棉花,原价值为350万美元,制成粗布后价值增加6倍 ……………………………… 21 000 000

这样一来,每年的总值就是 ……………………………… 45 000 000

而不是2 500万美元了。

因此,投入纺织业的全部劳动所创造的价值就是净利。虽然纺织业所使用的全部劳动不超过用于种植棉花的劳动的四分之一,但这部分劳动创造的价值却几乎等于其余四分之三的劳动所创造的价值。

通过这样的说明,南方种植园主也许能够认识到,他们承担着蓄奴的各种麻烦并倾其全部土地种植棉花,但所得到的收入不过是欧洲国家利用他们的原棉可以创造的价值的二十分之一。但非常可能的是,南方种植园主也会像法国的激进派一样,抵挡不住顽固的眼前利益的诱惑,不能明智地处理这种利益以实现其长期利益。过去的美好时光,只有靠新思想才能复兴,新思想的实现要靠机器,而不是靠空空两手。

美国南方种植园主因为内部竞争而毁掉自己的劳动果实,而与此同时，英国肯定正在向其他国家寻找棉花的供应来源，以便使自己在棉花的供应方面掌握着比美国更大的主动权。英国想鼓励巴西和其他南美国家种植棉花。此外，土耳其帝国正面临着崩溃，即使不是被外国势力所颠覆，也必然会因为自己内部的虚弱而衰落。这个帝国的衰亡将使大量种植棉花的若干国家成为英国的附庸国。在这种情况下，英国也许就会以埃及和小亚细亚为目标，不仅如此，它还会控制住红海，继而控制东印度。美国南部各州的情况就足以说明，只要有适宜的土壤和奴隶的劳动，一个国家就可以大力扩大棉花的生产。这样一来，英国势必不断地排挤美国的棉花，利用棉花法案取缔美国南部各州的棉花，就像它先前以谷物法和羊毛法排挤种植谷物和发展羊毛业的国家那样。

只有事先防范，才能避免英国使用这类手段所造成的灾难。按其目前的情况，英国还离不开美国的棉花；还不能不购买美国的棉花。如果从现在起就扶持棉纺织业，美国南方就会渐渐减少原棉的生产，扩大国内的原棉加工业。这样做既可获得双倍的收益，又可确保英国的原棉市场。实现这一目标的方式如下：如果美国人发展棉纺织业，他们就会在国外市场上与英国纺织业进行竞争；如果英国人排斥或打击美国棉花进口，英国国内的原棉价格就会上升，美国棉纺织产品就可以在外国市场上以较低的价格出售。这是迄今为止一个制造行业能给南方各州带来的最大好处。南方各州可以借此置英国于进退两难的境地，结果肯定对南方各州有利。而要是按照过去的老办法，南方各州要么原棉生产出现过剩，要么受外国限制措施的打击，无论如何都要吃亏。

奈尔斯先生在其论美国农业的优秀论文中以令人信服的理由

说明,要不是国内有年加工能力已达 6 000 万磅原棉的棉纺织工业,南部诸州在欧洲销售棉花的收入还到不了那几百万英镑。对发展本国工业建议持反对态度的某些人一直对美国年加工 6 000 万磅原棉这一数量持怀疑态度,我却深信不疑。根据法国海关署长德·圣克里克伯爵的陈述,法国上一年生产消费的棉花不少于 2 000 万公斤或约 6 400 万磅,而前年的消费量不超过 2 400 万公斤或约 4 800 万磅;法国的棉花消费一年内增加 1 600 万磅,这一数量表明每个居民一年消费两磅棉花。但是,在法国,每个人都穿亚麻衬衫等等,棉织品的消费量不及美国的一半那么多,因此,我们至少可以估计美国每人平均消费 4 磅棉花,这就意味着,即使没有出口,国内也可以容纳 4 800 万磅棉花。

非常遗憾,我没有英国的统计数字,否则就可以推算出英国国内的棉纺织品消费情况了。据估计,英国去年的原棉进口总量为两亿磅,其中,国内消费肯定占到五分之二。

根据上述情况推之,10 年后,法国的棉花消费可能增加到一亿磅。而美国也可以容纳这么多,几乎相当于美国目前卖给英国的原棉数量的两倍。德国和瑞士开始以哈佛·德·格雷斯方法生产棉花自用,也会以同样的比例扩大消费。与此同时,一旦这些市场的原棉需求增长,英国就无法离开美国的棉花,因此,美国毫无损失,只会得益。法国既没有一支战无不胜的海军,也没有以其纺织品充斥世界的野心;法国会是美国棉花可靠的好市场。有充分理由可以认为,如果美国采取适当措施增加进口法国产品,法国会乐于增加进口美国的其他产品,特别是烟草、火腿、猪油以及牛脂。美国如何区别对待英国和法国的政策问题一直被忽视,这是可以肯定的。

美国曾经与法国结盟、摆脱英国而获得政治独立，现在，它可以用这种办法——也只有这种办法——实现它的经济独立。

非常尊敬您的

弗·李斯特

注释：

① 对于工业如何利用奴隶劳动这一重要的论题，我会在一封信中表述我的具体意见。

第十二封信

雷丁 1827年7月27日

政治经济学并非世界主义经济学（续 完）

亲爱的先生：

在前面两封信中我已经说明发展国内制造业对谷物种植者和棉花种植者都同样有好处，现在，还需要说明的是，国家的这种进步在总体上不会减少航运和商业利益集团的利得。前面我已经说过，促进本国制造业的发展会大大增加国内毛织品、棉织品等的生产和消费。国内原材料、粮食与制成品的交换会以同等的比例促进国内贸易、海岸运输、内河运输和运河运输的发展。现在，还必须补充说明的是，制造业的发展会扩大我们的制成品出口，进而增加进口。亚当·斯密本人也承认，工业大国消费外国商品的数量远远超过贫穷的农业国。[①] 只要随便看一眼英国的情况，就可以证实这一论断，这比任何其他论据都更好。如果英国的对外贸易仅限于以初级产品交换外国制成品，那么，英国的贸易和航运业会是什么样的呢？现在又如何呢？尽管英国的对外贸易规模很大，仍然不到国内贸易的十分之一；尽管英国的对外航运十分发达，仍然无法与国内沿岸、内河和运河的运输吨位相比。即便是英国的对外贸易和对外航运业，不也都是以其制造业为基础发展起来的吗？一句话，美国要使其航运吨位数、对外贸易和海军发展到与英国并驾齐驱的程度，唯一的办法就是，使制造业发展到与其自然资源和人口资源相适应的水平。

为什么现在一提起扶持国内工业就会听到乱哄哄的一片反对声？为什么这种喧嚣来自海运商和棉花种植者？为什么他们疯狂地开会、发表激烈的讲话、受到狂热的欢迎呢？看到那些其职责本来就在于把正确的原理、道理和法律知识教给青年的人竟然在大庭广众的集会上站起来以最激烈的言辞对“美国的利益”提出疑问，是多么令人痛心疾首啊。

“朱庇特，您又要击出雷电，这次您错定啦！”美国是一个崇尚理性和正确原理之邦，而不是可以任意恐吓之国——它有三重的理性之盾保护着，您朱庇特如果使用雷电，这雷电一定会回击到您的头上。从国父华盛顿最后一次给其子民演讲以来，在美国，何时听到过“全国的利益”这种呼声呢？当制造商因为缺乏适当的保护而破产、同时棉花种植者在产品过剩中挣扎的时候，听到过这种呼声吗？当宾夕法尼亚的谷物种植者被迫拍卖土地的时候，听到过这种呼声吗？没有，在此之前根本就听不到这种呼声。甚至于连那些因为最高立法机构有重大失误而致使他们从富足的生活跌入分文不名的贫困境地的人，也不曾发出过这种呼声。

棉花种植者现在有什么好抱怨的呢？他们目前的困境完全是由于他们生产的棉花过多而造成的。他们对于棉纺织业的发展又有什么可担忧的呢？棉纺织业的发展只会使他们摆脱困境——给他们提供一个永久的、稳定的市场。棉花生产者和航运商之所以反对这样有力的措施，只是因为他们听信了那些浑水摸鱼者的论调，误解了自己的真正利益所在。

因此，让我们还是不要情感用事，盲目反对；不要被表面现象所惑；大多数南方种植园主不久之后就会成为我们的支持者；让不理智的言行——这并非国家之福——见鬼去吧！除了英国的代理商外，美国体系最终不会使任何一个阶级有所失；自从讨论美国体系以来，我们所听到的各种反对声就是来自英国的代理商的鼓噪。他们开初用英国会宣战来恫吓威胁我们，见这一计谋不成，又拿美国的利益来蛊惑人心。

非常尊敬您的

弗·李斯特

注释：

① 《国民财富的性质和原因的研究》，第三篇，第三章："世界上从未存在过而且也绝不可能存在完全没有制造业的大国，这里所说的大国没有制造业，指的只是精良进步的制造业，或其产品适合于远地销售的制造业。各大国绝大部分居民所穿的衣服、所用的家具，都是本国产业生产的。此种情形，在通常所说的无制造业的贫困国家，尤为常见，而在通常所说的制造业发达的富国，反而不常见。与贫国相比较，富国下等阶级人民日用的衣服和家具，大部分是外国的产品。"

图书在版编目(CIP)数据

政治经济学的自然体系/(德)弗里德里希·李斯特著;杨春学译.—北京:商务印书馆,2024
(汉译世界学术名著丛书:120年纪念版:珍藏本:增订本)
ISBN 978-7-100-23809-0

Ⅰ.①政… Ⅱ.①弗…②杨… Ⅲ.①政治经济学—研究 Ⅳ.①F0

中国国家版本馆CIP数据核字(2024)第078639号

汉译世界学术名著丛书
(120年纪念版·珍藏本·增订本)
政治经济学的自然体系
〔德〕弗里德里希·李斯特 著
杨春学 译
王进邦 校

商务印书馆出版
(北京王府井大街36号 邮政编码100710)
商务印书馆发行
北京新华印刷有限公司印刷
ISBN 978-7-100-23809-0

2024年5月第1版 开本710×1000 1/16
2024年5月北京第1次印刷 印张18½
定价:102.00元